学科成果：怀化学院美术与设计艺术学院设计学省"双一流"特色应用学科成果之一

整合与再生：
湘西民俗文物产品开发与设计

魏璋 著

吉林出版集团股份有限公司
全国百佳图书出版单位

图书在版编目（ＣＩＰ）数据

整合与再生：湘西民俗文物产品开发与设计 / 魏璋
著. —— 长春 : 吉林出版集团股份有限公司, 2022.10
ISBN 978-7-5731-2554-5

Ⅰ.①整… Ⅱ.①魏… Ⅲ.①文物—文化产品—产品
开发—研究—湘西土家族苗族自治州 ②文物—文化产品—
产品设计—研究—湘西土家族苗族自治州 Ⅳ.
①G127.642

中国国家版本馆CIP数据核字(2023)第002686号

整合与再生：湘西民俗文物产品开发与设计
ZHENGHE YU ZAISHENG： XIANGXI MINSU WENWU CHANPIN KAIFA YU SHEJI

著　　者	魏　璋
出 版 人	吴　强
责任编辑	冯津瑜
助理编辑	李　瑶
装帧设计	北京万瑞铭图文化传媒有限公司
开　　本	710mm×1000mm　1/16
印　　张	12.25
字　　数	210 千字
版　　次	2022 年 10 月 第 1 版
印　　次	2023 年 8 月 第 1 次印刷
出　　版	吉林出版集团股份有限公司
发　　行	吉林音像出版社有限责任公司
	（吉林省长春市南关区福祉大路 5788 号）
电　　话	0431-81629667
印　　刷	吉林省信诚印刷有限公司

ISBN 978-7-5731-2554-5　　定　价　78.00 元

如发现印装质量问题，影响阅读，请与出版社联系调换。

【前言】

民俗文化是一个民族和国家的精神文化象征，这种文化从它产生的时候起，在漫长的发展过程中，就与各国和各族，特别是那些临近的民族的民俗文化相互交流、影响和传播。多姿多彩的民俗文化反映了不同国家、不同地区人民的智慧，是一个地区、一个民族、一个国家区别于其他地区、民族和国家的显著的文化标志。而民俗文物是民俗文化的物化，这些平凡的器物与各个民族的造物文化一脉相承，其造型、装饰和技艺体现着人们的智慧，是民俗文化的主要组成部分。在过去，这些造型不同、材质各异的器物默默发挥着其应有的作用，丰富了人们的生活，并给人们的生活带来了极大的便利。如今，这些平凡的器物正在逐渐退出人们的生活，有些进入了博物馆，有些甚至早已消亡。但作为文物的一类，民俗文物的价值及其所蕴含的文化内涵不能被我们忽视。

的确，民俗文物是人类在历史发展过程中遗留下来的器物，不同的民俗文物从不同的侧面反映了各个历史时期人类的社会活动、社会关系、意识形态以及利用自然、改造自然和当时生态环境的状况，是人类宝贵的历史文化遗产，对于人们认识自己的历史和创造力量，揭示人类社会发展的客观规律，认识并促进当代和未来社会的发展，具有重要的意义。然而，在社会形态发生改变之后，随着人类生活方式的改变，一些传统的民俗以及民俗器具正逐渐从我们的生活中消失。不得不承认，有些民俗器具的消失似乎不可避免，但其背后的文化和价值应该被传承下来，毕竟民族的才是世界的，失去自己的民俗文化特色，就失去了民俗文化的生命力，也便失去了民族发展的根基。所以，在保护和抢救民俗文物的同时，我们也应该以民俗文物为基础，进行衍生产品的设计和开发，从而让民俗文化以一种整合后的形态实现再生。

湘西，位于湖南省西北部，地处湘鄂黔渝四省市交界处，介于巴山楚水之间的武陵山中，其境内不仅山水风光丰富奇特，而且历史文化悠久，人文积淀深厚，特别是极其浓郁的原始民俗风土人情和多姿多彩的原始文化，令无数人向往。它的神秘和美丽不仅来自大自然的鬼斧神工，缔造了奇特秀丽的山水风光和绚丽的民俗民情，更归结于勤劳聪明的人民，创造了如诗情画意的山光水色、蕴山野情趣的风土人情。在湘西境内，被收入国家级非物质文化遗产保护名录的共有28个，土家族、苗族都有各自独特的语言、习俗、服饰、建筑、音乐、舞蹈，其民俗文物丰富多样，且独具特色。分析、研究湘西民俗文物，设计和开发相关的文化产品，不仅有利于湘西民俗文化的传播，促进湘西民俗文物的保护，也可以带动湘西地区经济的发展，对于湘西地区而言意义匪浅。

【目录】

第一章 从民俗文物开始说起

第一节 民俗文物概述

关于"民俗文物"这一名词，若是单从字面意思上进行解读，可以直观地看出"民俗文物"是由"民俗"和"文物"两个名词复合而成的。其中，"民俗"是指民间风俗，指一个国家或民族中广大民众所创造、享用和传承的生活文化；而"文物"则是指人类创造的物质文化遗存和精神文化的物化遗存。当"民俗"和"文物"两个名词复合成为一个名词时，也便产生了新的意义，即民俗文物是一个国家或民族中广大民众所创造、享用和传承的民间生活文化中的物质文化遗存和精神文化的物化遗存。当然，这只是对"民俗文物"一词字面含义做的初步解释，是结合"民俗"与"文物"两个名词的意思，通过逻辑推导而得，所以要进一步地了解民俗文物，还需要分别对"文物"以及"民俗"的概念做更深一步的解读。

一、文物概述

（一）"文物"一词的历史发展

就"文物"一词而言，其最早见于春秋时成书的《左传》，《左传·桓公·桓公二年》："夫德，俭而有度，登降有数，文物以纪之，声明以发之；以临照百官，百官于是乎戒惧而不敢易纪律。"这里的"文物"意指礼乐典章制度。《后汉书·南匈奴传》有：制衣裳，备文物。此处的"文物"指祭器、礼器。到了唐代，杜牧诗中有"六朝文物草连空，天淡云闲今古同"之句，这里的"文物"较之以前其概念有了一定的延伸，不再局限于器物之类，而是对文化、事物的泛指。到了宋代，人们开始把青铜器和石刻等称为古物，又将古代器物称作古董、古玩、古器物，其中的有些概念一直沿用至今。近一个世纪以来，随着近代考古学、博物馆学的发展，"文物"一词的概念不断拓展，所指的内容也在不断增加。至 20 世纪 30 年代，国民政府于 1930 年公布了第一个文物法规，谓之《古物保存法》，其虽然采用了"古物"一词，但"古物"所指的范围和种类已包括"与考古学、历史学、古生物学及其他文化有关之一切古物"。再后来，"文物"一词的内涵再次得到扩展，其所指内容扩大到古建筑、古器物乃至整个的历史文化遗存。到了 1948 年，东北行政委员会根据《中国土地法大纲》，在哈尔滨成立了东北文物管理委员会，同时颁布了《东北解放区文物古迹保管办法》和《文物奖励规则》两部法令，此处所用的"文物"其概念和含义与现代已大致相同。

到了 1949 年 10 月底，中央人民政府决定在文化部（现文化和旅游部）下面设立文物事业管理局，领导和管理全国的文物、考古、博物馆和图书馆工作。其"文物"工作的对象便是"革命文献及实物、古生物、史前遗物、建筑物、绘画、雕塑、铭刻、图书、货币、舆服、器具"。通过十几年的实践，国家保护文物的范围有所拓展，并采用法律的形式确定下来，具体内容为，"与重大历史事件、革命运动和重要人物有关的，具有纪念意义和史料价值的建筑物、遗址、纪念物等；具有历史、艺术、科学价值的古文化遗址、古墓葬、古建筑、石窟寺、石刻等；各时代有价值的艺术品、工艺美术品；革命文献资料以及具有历史、艺术和科学价值的古旧图书资料；反映各时代社会制度、社会生产、社会生活的代表性实物"。在 2002 年进行了重要修订之后颁布的《中华人民共和国文物保护法》进一步明确："在中华人民共和国境内，下列文物受国家保护：（一）具有历史、艺术、科学价值的古文化遗址、古墓葬、古建筑、石窟寺和石刻、壁画；（二）与重大历史事件、革命运动或者著名人物有关的以及具有重要纪念意义、教育意义或者史料价值的近代现代重要史迹、实物、代表性建筑；（三）历史上各时代珍贵的艺术品、工艺美术品；（四）历史上各时代重要的文献资料以及具有历史、艺术、科学价值的手稿和图书资料等；（五）反映历史上各时代、各民族社会制度、社会生产、社会生活的代表性实物。"

（二）文物的价值

在了解了"文物"一词的历史发展之后，我们再谈谈文物的价值，这是文物本身所固有的。文物的价值和作用，二者既有联系又有区别。人们对文物价值的认识不是一次完成的，而是随着社会发展、人们科学文化水平的不断提高而不断深化的。比如，最早对文物价值的确定体现在其历史、艺术、科学价值上，后来增加了社会价值和经济价值。另外，文物作用的大小，取决于文物价值的高低，因而文物的作用也会随着人们对文物价值认识的深化而变化。有时同样的文物，在不同时间、地点、条件下，其价值也会发生变化。当然，这种变化通常不是改变或降低了它的固有价值，而是增添了新的价值。

1.历史价值

文物的历史价值主要包括文明史、文物考古、社会学、政治学、文献学等方面的价值。文物是历史的产物，携带着丰富的历史信息，在历史信息系统中占有重要的甚至不可或缺的地位。历史价值的内容：其一，由于某种重要的历史原因而建造，并真实地反映了这种历史实际；其二，在其中发生过重要事件或有重要人物曾经在其中活动，并能真实地显示出这些事件和人物活动的历史环境；其三，体现了某一历史时期的物质生产、生活方式、思想观念、风俗习惯和社会风尚；其四，可以证实、订正、补充文献记载的史实；其五，在现有的历史遗存中，其年代和类型独特珍稀，或在同一类型中具有代表性；其六，能够展现文物古迹自身的发展变化。总的来说，文物是一定历史时期人类社会活动的产物，具有时代的特点。各种类别文物的产生、发展和变化的过程，反映了社会的变革、科学技术的进步、人们物质生活和精神生活的发展变化，是帮助人们认识和恢复历史本来面貌的重要依据，特别是对没有文字记载的人类远古历史来说，它成了人们了解、认识这一历史阶段人类活动和社会发展的主要依据。

2.艺术价值

文物的艺术价值主要包括审美价值、欣赏价值、愉悦价值、借鉴价值以及美术史料价值。审美价值主要是从美学的深层次给人以艺术启迪和美的享受；欣赏价值主要是从观赏角度给人以精神作用，陶冶人的情操；愉悦价值主要是给人以娱乐、消遣；借鉴价值主要是从文物中吸取精华，在表现形式、手法技巧等方面学习借鉴；至于美术史料价值，主要是作为研究美术史的实物资料。

3. 科学价值

文物的科学价值主要包含科学、技术、材料、城市规划、建筑以及景观与生态方面的价值。文物古迹的科学价值专指科学史和技术史方面的价值，具体表现在以下几个方面：一是规划和设计，包括选址布局、生态保护、灾害防御，以及造型、结构设计等；二是结构、材料和工艺，以及它们所代表的当时科学技术水平或科学技术发展过程中的重要环节；三是本身是某种科学实验及生产、交通等的设施或场所；四是在其中记录和保存着重要的科学技术资料。由于文物形成的年代不同，我国又地域辽阔、民族众多，文物散落在全国各地，这些不同类型的文物古迹作为一个时代的象征，清晰地勾勒出了城市发展的轨迹，同时反映出我国在科学技术方面所取得的成就。

4. 社会价值

文物的社会价值主要是指场所的认同、归属作用，历史延续性，国家责任感，意识形态的教化，地域精神的体现等。这方面的价值是近年来建筑遗产保护新观念的主要反映之一，其内容的核心是文化认同。所谓的文化认同，其表层的含义是每个民族在社会文明进程中寻找自身落点的依凭，其深层的作用则是通过这种文化落点和文化归属的认同，在强调本体价值、尊重多元文化并存的现代社会文化中产生一种凝聚作用，以期达到民族之间的共处和国家的巩固。我国应大力提倡塑造地域的精神内涵，而我国所拥有的众多的建筑遗产将为之提供丰富的源泉。例如，北京圆明园遗址会激发起人们强烈的民族责任感，成为爱国主义教育基地；世界文化遗产曲阜三孔依然受到人们心理和行为上的膜拜，在人们精神追求的过程中，孔庙所承载的传统价值观和思维方式依然发挥着自己的作用。

5. 经济价值

文物的经济价值主要是指文物的使用价值、旅游资源的开发等。这些文物为我国的旅游产业增添了丰富而独具韵味的内涵。由文物古迹社会价值形成的地区知名度，促进了当地经济的繁荣和相邻地段的增值。同时，旅游业的繁荣又带动了商业、服务业和其他产业效益的增加。文物旅游以门票的形式实现的收益成为其经济价值的直接实现，以文物的知名度带动起来的收益是文物经济价值的间接实现。文物经济价值的直接实现是有限的，而间接实现是可以延伸的，是无限的。

二、民俗概述

（一）民俗的概念

民俗通常指一个民族或一个社会群体在长期的生产实践和社会生活中逐渐形成并世代相传、较为稳定的文化事项，可以简单概括为民间流行的风尚、习俗。民俗起源于人类社会群体生活的需要，在各个民族、时代和地域中不断形成、扩大和演变，为人民的日常生活服务，是一种来自人民，传承于人民，规范人民，又深藏在人民的行为、语言和心理中的基本力量。民俗现象千差万别、种类繁多，比如，劳动时有生产劳动的民俗，日常生活中有日常生活的民俗，传统节日中有传统节日的民俗，社会组织中有社会组织民俗等。中国是一个具有悠久历史民俗传统的国家，在中国境内土生土长的各民族中，都有广大人民群众创造的各类民俗文化。这些民俗代代传承，不仅丰富了人们的生活，还增加了民族凝聚力。

（二）民俗的属性

民俗的根本属性是模式化、类型性，并由此派生出一系列其他属性。模式化的必定不是个别的，自然是一定范围内共有的，这就是民俗的集体性：民俗是群体共同创造或接受并共同遵循的。模式化的必定不是随意的、临时的、即兴的，而通常是可以跨越时空的，这就是民俗具有传承性、广泛性、稳定性的前提：一次活动在此时此地发生，其活动方式如果不被另外的人再次付诸实施，它就不是民俗；只有活动方式超越了情境，成为多人多次同样实施的内容，它才可能是人人相传、代代相传的民俗。另外，民俗又具有变异性。民俗是生活文化，而不是典籍文化，它没有一个文本权威，主要靠耳濡目染、言传身教的途径在人际和代际中传承，即使在基本相同的条件下，它也不可能毫发不爽地被重复。在千变万化的生活情境中，活动主体必定要进行适当的调适，民俗也就随即发生了变化。这种差异表现为个人的，也表现为群体的，包括职业群体的、地区群体的、阶级群体的，这就使民俗具有了行业性、地区性、阶级性。如果把时间因素突出一下，一代人或一个时代对以前的民俗都会有所继承，有所改变，有所创新。这种时段之间的变化就是民俗的时代性。

（三）民俗的分类

自然状态的民俗丰富多彩，所以很难将民俗界定到一个范围中，但为了系统地认识和描述民俗，不少学者对民俗进行了分类。比如，乌丙安在《中国民俗学》中把民俗分为四大类，即经济的民俗、社会的民俗、信仰的民俗、游艺的民俗；陶立璠在《民俗学概论》中则将其分为物质民俗、社会民俗、口承语言民俗、精神民俗；法国的山狄夫在《民俗学概论》将民俗分成了三类，即物质生活、精神生活、社会生活。总的来说，划分民俗的范围和类别的原则总是与民俗的定义联系在一起的，既然我们把民俗定义为群体内模式化的生活文化，那么，我们就以民俗事象所归属的生活形态为依据来进行逻辑划分，于是，我们得到三大类八小类的民俗：一是物质生活民俗，包括生产民俗（农业、渔业、采掘、捕猎、养殖等物质资料的初级生产方面）、工商业民俗（手工业、服务业和商贸诸业等物质资料的加工服务方面）、生活民俗（衣、食、住、行等物质消费方面）。

二是社会生活民俗，包括社会组织民俗（家族、村落、社区、社团等组织方面）、岁时节日民俗（节期与活动所代表的时间框架）、人生礼俗（诞生、生日、成年、婚姻、丧葬等人生历程方面）。

三是精神生活民俗，包括游艺民俗（游戏、竞技、社火等娱乐方面）、民俗观念（诸神崇拜、传说、故事、谚语等所代表的民间精神世界）。

民俗是丰富多彩的，同时它也是流动的、发展的，它在社会的每个阶段都会产生变异，并在变异中求得生存和发展。当中国社会处于经济转型的关键时期，民众思想观念和生活方式的转变必然表现在民俗文化的变化上，这是不以人的意志为转移的客观现实。寻找民俗文物，留下民众生活的历史，已成为一个严肃的课题。中国是一个历史悠久的民俗文化大国，民俗文化不仅是历史的延续，而且将会继续延续下去。正是这种民俗文化，在它形成和发展的过程中，造就了中华民俗的精神传统和人文性格，因此弘扬中国民俗文化传统，对增强中华民族的凝聚力有着十分重要的意义。

三、民俗文物的内涵

（一）民俗文物的概念

民俗文物是一个国家或民族中广大民众所创造、享用和传承的民间生活文化中的物质文化遗存和精神文化的物化遗存。这是对"民俗文物"一词字面含义做的初步解释，是建立在对"民俗"和"文物"两个名词的字面含义概括的基础上的。而当我们对"民俗"与"文物"有了更深一步的认识之后，对于"民俗文物"的概念和内涵也便有了一定的认识。民俗文物，既是民间生活文化的一个重要组成部分，同时也是反映着民间风俗、习惯等民俗现象的遗迹和遗物；既是人类文化遗产的重要组成部分，同时也是中国传统物质文化的基础之所在。不得不说，中国的民俗文物所包含的对象物的范围非常广阔，几乎涵盖了历史上民间社会生活的衣、食、住、行，生产，信仰，节日活动等各个方面，涉及全部的社会生活和相应的社会关系，又反映着上层建筑的各种制度和意识形态。通过代表着不同民族、不同地域之风俗的民俗文物，人们可了解到某个民族或本民族的某个地区民间物质文化及其相关民俗文化的发展和变化，了解到这些民间的物质文化怎样规范着人们的社会行为方式和促进着生活方式的进程，了解到人们在用物的过程中所创立的民间审美观念和工艺规范的发展、调整、巩固的轨迹，而这些对于我们今天以及未来社会的发展都具有非同寻常的意义。

当然，民俗文物不完全等同于文物，它与其他文物既有共性，也有区别。其一，民俗文物和其他文物反映的母体不同。作为民俗文物，先要看它是不是民间传统的生产品，是生活用品，还是宗教用品，或是礼仪用品、陪嫁品以及陪葬品；然后要考察它在研究一个地区、一个民族民间传承文化中的地位，它反映了民间传统生产、生活习惯和风俗的哪些原因、特点、规律；还要考察它代表和反映的民众心愿，以及禁忌、习惯和宗教信仰的关系等。其二，民俗文物和其他文物反映的时间、地域范围、人际范围不同。从一个侧面讲，民俗文物反映的主要是近现代社会中仍在民间生产、生活中传袭的文化的规律和特点。俗话说，"十里不同风，百里不同俗"，某一地区的民俗文物反映某一地区的民俗。

（二）民俗文物的特性

1.多元性与复合性

中国民俗因为民族文化的关系呈现出多元的特征。中国是一个多民族共存的国家，在变迁和发展中形成了今天 56 个民族共处的状态。在中国发展的历程中，各族人民仿佛一盏明灯，随着其文化的不断兴盛，共同造就了光辉灿烂的中华文化。而在中华各民族的不断融合中，民族习俗被接纳到中华文化体系之中，但又程度不一地保存着各自的民俗特性，这极大地丰富了中国的民俗文化。中国民俗的多元特性不仅体现在各民族不同的习俗上，还表现在不同历史阶段的民俗共存上，既有繁华的都市民俗，又有古朴的乡村民俗，部分地区甚至不同程度地保持着原始的民俗生活形态。在中国统一的地域空间内共存着不同性质的民俗文化，体现了中国民俗的多元特性，由此而产生的民俗文物必然具有多元性。

当然，我们在探讨中国民俗多元性特点时，不能忘记中国民俗的另一特性，即复合性。其实就复合性来说，它与多元性有着一定的相似性，但也有着本质上的不同。中华文化一向以包容四方的气象著称于世，尤其对各民族文化的包容更是如此。自古至今，民族文化的融合总是先表现为民俗层面的接纳，接纳各族人民的生活、文化习俗，如此才有了众多民族的大一统。以汉族的习俗为例，汉族习俗其实复合了不少少数民族的习俗，可以说从来就没有纯粹意义的汉俗，只是民俗复合时间的早晚而已。同样，现存的各少数民族也程度不一地受到汉俗的影响，所以有些民俗文物也就不可避免地存在着一定的复合性。

2. 稳定性与变革性

从稳定性来说，大致表现在两个方面。一个是从其自身而言，表现出明显的稳定性。很多民俗文物自出现以来，便以不变的质地、形态、格式、色彩和内涵出现于各自相应的民俗活动中，所以其自身就表现出了较强的稳定性。另一个是从传承的角度出发，也表现出了一定的稳定性。只要某项民俗活动在反复传承着，它也就以不变形态反复而稳定地出现在相应的民俗活动中。的确，很多民俗文物在日常生活中人相袭，代相传，具有相对稳定的特性。例如，在各种传统的契约、喜具丧具、祭器纸马、各种生产生活用具上，这种特征表现得甚为明显。总体来看，稳定性是各民族民俗文物的突出表现之一。以农业相关文物为例，中国经历了几千年的农业社会，虽然发生了几十次大规模的王朝更迭战争，但农业社会的基础并未被动摇，几千年一以贯之的农业宗法社会性质没有发生大的改变，由此围绕着农耕社会所形成的大农业民俗及其民俗文物得到相对稳定的传承。

此外，民俗文物虽然具有较强的传承性，但因为历史时代的变迁，它在传承与传播过程中并非一成不变。相反，它随着时空的变化不断地发生变异，形成了与稳定性相联系的变异性特征。不止中国民俗文物呈现出这种特征，任何事物的稳定性都只是相对而言的，所以我们在讨论民俗文物的稳定特性时应考虑其变异的特性。民俗在传承中变异，在变异中传承。民俗文物的变异性从整体上看，与历史性、地方性相关联，同类民俗文物在不同时代、不同地区都会有各自的特点。民俗文物的变异性还表现在横向的地域分布中，我们在论述民俗文物地方性特征时已涉及民俗文物的地方变异问题。确实，同一种民俗文物在各地会出现不同形态，有的是因为发生的基础不同，有的是在传播过程中的变形。民俗文物的变异性一般有三种情况：一种是民俗文物表现形式的变化，一种是民俗文物性质的变异，还有一种是旧俗的消亡。民俗文物的变异性特征为移风易俗提供了学理的依据，人们可以依据民俗文物变异的规律化民易俗，删繁就简，推陈出新，为建设民族的新文化服务。

3. 阶层性与地方性

就社会民俗的纵向分布而言，民俗文物表现出了较为明显的阶层性。中国传统社会中，处于社会中下层的广大民众是民俗文化的主要创造者和承载者，因此民俗文化主要体现了他们的认识与思想要求，具有较强的民间性。不仅中下层社会相较于上层社会有着层位的差别，就是中下层社会内部亦有着民俗差异。农民与手工业者是物质财富的直接创造者，因此形成了淳朴、节俭、勤劳的民俗本色。而属于中层社会的商人与城市平民，他们的民俗观念与民俗行为有着自己的层位特色，在行业的竞争与酬对中，他们逐渐养成了铺张、浮靡、好新慕异的风尚。居于社会支配地位的达官贵人，他们拥有明显区别于社会中下层的生活方式，因此有着不同的生活习俗，使用的器物也与他人存在一定的差异。当然，在传统社会中，各阶层之间仍然有着部分具有共同意义的习俗及器物。

另外，各民族的民俗有一些是地方独有的，具有很强的地方性，这不仅表现在物质民俗和社会民俗上，更体现在精神民俗层面。以湘西的建筑为例，因为湘西地势呈现出三维的空间特征，所以房屋多是依山脉、河流的指向而建，依山傍水，鳞次栉比，层叠而上。正是因为湘西的这一地域特点，在单体的木质建筑的组合中，随着梯坡的变化和构架的起落，房屋高低错落，构成了极具节奏感和层次之美且气势恢宏的吊脚楼群。正所谓"十里不同风，百里不同俗"。民俗文化的发生、发展、演变是在一定地域空间下进行的，它受地理环境、人们谋生方式与历史传统的影响和制约，因此民俗文物的地方性特征随之凸显。

4. 实用性与神秘性

实用性是中国民俗文物最本质的特点，民俗文物服务于人们的生产，丰富人们的生活。民众创造了民俗文物，民俗文物服务了民众。其实，只要对民俗文化有些许了解，或者参观过民俗博物馆便可以知道，很多民俗文物虽然在今天失去了使用价值，但在很多年以前，这些文物是人们生产生活中不可或缺的，正是这些文物满足了人们生活的需求，推进了民族的发展。当然，很多民俗文物的实用性不仅在民众实际生活中发挥着效用，在很多民族信仰的民俗活动中也发挥着一定的作用。

神秘性也是民俗文物具有的一个特征。中国传统民俗的神秘奇异与中国人民所经历的历史道路有着一定的关联性。中华文化传承数千年，虽然在今天普遍倡导"不语怪力乱神""相信科学"的理性思考，但在古代民间却流传着大量的古风古习，"万物有灵"的原始观念非常浓郁，尤其随着佛教、道教的传播，中国传统民俗的神秘性愈加浓重。对于偏远、孤立的地区而言，这一点似乎更为凸显，因为相较于比较普及的佛教文化、道教文化，很多民族的精神信仰并不被外人熟知，这就更为其增添了几分神秘的色彩。

第二节　民俗文物的历史发展

一、民俗文物的起源

在上文我们提到，民俗文物是一个国家或民族中的广大民众所创造、享用和传承的民间生活文化中的物质文化遗存和精神文化的物化遗存。在这句对民俗文物的解读中，有三个非常重要的关键词，即"创造""民间生活""物质文化"，其中"创造"一词关系民俗文物的起源。

对创造的动机进行追溯：它是为了满足人类自身的需要而进行的生产活动，也是人类区别于其他动物的能力标志。诚然，动物也生产，它们为自己营造巢穴或住所，如蜜蜂、海狸、蚂蚁等。但是，动物只生产它自己或它的幼仔所直接需要的东西，动物的生产是片面的，而人的生产是全面的；动物只是在直接的肉体需要的支配下生产，而人甚至不受肉体需要的影响也进行生产，并且只有不受这种需要的影响才进行真正的生产是真正的生产；动物只生产自身，而人在生产整个自然界；动物的产品直接属于它的肉体，而人则自由地面对自己的产品；动物只是按照它所属的那个种的尺度和需要来建造，而人懂得按照任何一个种的尺度来进行生产，并且懂得处处都把内在的尺度运用于对象。从这一意义上来说，人类的历史就是从创造开始的，创造源于人类为生存而进行的造物活动。

最初，人类的创造只是为了生存。以物质文化形态表现着的那些材质不

一、造型各异、功能完备的生活用品，从衣、食、住、行的各个方面，满足着人们社会生活的多方面需求，给人们的生活带来了诸多便利。尤其是这些由劳动者创造的、在民间广为流传并与劳动者朝夕相伴的极为平凡的生活用品，是人们社会生活的物质基础。后来，经过了漫长的历史时期，人类的创造从生活逐渐过渡到文化，人类的文明也在这种过渡中逐渐发展起来。例如，早期的席地而坐的起居方式，虽然自在却不舒服，且因距地面太近易受地气影响而致病，"抬高地面"的需求便催生了床榻的发明；坐在床榻上使腿得到解放，但时间一长依然容易疲劳，"搁手靠背"的需求便催生了对床榻的改良，将床榻之面及其配件的尺度缩小而制作成椅子。尔后，方便移动的需求促使人们将椅子的靠背去掉而改制成凳子，摆放物件的需求又催生促使人们将凳面加大、凳腿加粗加长而发明了桌子；而由之衍生出来的琴几、香案、书桌、圆桌、半桌等各种样式的"桌"的同类，都是适应着种种生理的、生活的、文化的、社会的需求而制作出来的。可见，人们在原有的需求得到满足后，又会产生新的需求，不断的新的需求便是人们的造物活动持续发展的动力。

的确，最初创造的器具在功能上多是兼用的，造型的结构与装饰也较为简单。随着生产力的发展和人们对自然界认识的深化，为了满足人们不断增长的社会生活需求，人们创造的器物品类越来越多，器物的功能越来越完善，器物的造型和装饰也日益丰富起来。可以说，在人们的社会生活的各个领域里，都有相应的系列器具各司其能。仅是用于饮食的，就有各种尺寸的盆、碗、盘、碟和筷子、调羹以及贮放筷子的筷笼等，有喝酒的杯、盅、壶、瓶等酒具和多种样式的酒令筹，制作点心的有各种材质的模具，盛放菜肴的有不同造型的食具，如此等等；就连提鞋，也有利用多种材料制作的长短不一的鞋拔给人以方便。更有甚者，还有一种用竹条编成的圆笼状物品，是南方于夏日睡眠时为防止汗津四肢用来搁手脚的，谓之"竹夫人"。也正是造物的出现，使得各种各样的器具开始出现，从某种程度上来说，这是民俗文物的起源。

二、民俗文物的发展

造物满足了人们的社会生活需要，用物亦便利了人们的生活，而造物、用物的过程经过流传和规范则成就了民俗，也成就了民俗文物。造物、用物的过程以及流传受不同地区、不同时代的生活与文化的影响，而在这一过程中，民俗文物出现了多元化的发展。例如，宋代的深色釉茶盏与清代的青花盖碗茶盏，虽然都是茶具，却代表着不同时代的生活方式和饮茶习俗。宋代饮茶多用"点茶"之法，将优质茶叶研成末，加水调匀成膏状，再注入开水使茶汤表面出现汤花，色泽以白为上，故要用深色釉茶盏为衬，且其厚重的造型，完全能够承受操作时的力量。到了清代，茶叶加工工艺的进步和人们饮茶趣味的演化，使饮茶更加讲究"色、香、味"，故采用了白胎瓷碗为器，形体轻薄玲珑的青花盖碗茶盏则顺应了人们品茶的需求。

再如月饼，宋人周密在《武林旧事·卷六》中列举各种蒸食糕饼时，便有"月饼"在列；元人陶宗仪在《元氏掖庭记》里亦载有"酌元霜之酒，啖华月之糕"；而在明人田汝成所著的《西湖游览志余·卷二十》里，才明确说："八月十五日谓之中秋，民间以月饼相遗，取团圆之义。"其时，馈赠、品尝月饼与拜月、烧斗香、走月亮、放天灯等活动方才构成了完整的中秋节日习俗。在中秋之日，月饼作为应时点心，既是亲友之间馈赠的礼品，也是人们的品尝之物，故求质而不重量，其用料、制作均较为讲究，除了好吃外，还要求好看。明人词中对此已有描述："一双蟾兔满人间，悔煞嫦娥窃药年；奔入广寒归不得，空劳玉杵驻丹颜。"清代以来，月饼的生产多采用专用的月饼模制作，以保证其造型的一贯性和外形的美观。民间流传的月饼模，外形大多为圆形，象征团圆，其中的图案则取材于民间关于月宫的神话故事和民间吉祥图案等，图案的简繁由月饼模的大小来决定，而月饼模的大小亦不以尺寸定，而以斤两论。一般以五斤（直径约为 40 厘米）、四斤、三斤、二斤、一斤、半斤为一套，特别大的需要专门定做，还有刻成瓜果形的。这样的月饼模做成的月饼多用来馈赠亲朋好友，其大小依关系之亲疏来决定。月饼模用过后，须抹上食用油进行保养，挂在墙上则成了装饰品。而雕刻其上的民间故事和纹样的寓意，则往往是老人们讲古时所津津乐道的。在这里，可重复使用的月饼模具成为传承民族民间文化的重要载体。

此外，在不同的历史时期，人们对美化和丰富生活也有着不同程度的需求。不同的需要导致了人们在造物活动中的创造的多元化。造物的过程也是创造者的情感物化的过程，因为，造物者是带着情感进行工作的，从选料、取材、制作到售出价格之高低，均能够看到人们情感的痕迹。在这里，所有的情感均以物化的方式体现出来，器物造型的威严、庄重、清灵、秀美、精巧、艳丽、丰润、厚实、纯朴，以及与之相适应的纹样装饰，也是造物者个性与趣味的体现。

当然，在众多影响民俗文物发展的因素中，地域是最为重要的一个。由于不同地域、不同民族的人们都有着自己独特的生活方式以及文化特色，所以必然也会导致民俗文物的发展呈现出明显的地域性和民族性。在民间流传的所谓"南船北马""南腔北调""南拳北腿"等俗语，便形象地说明了某些行业在不同地域的形式特征，而隐藏于其后的具有鲜明地域特征的民俗文物和社会文化必然也更丰富多彩。

三、民俗文物的成熟

民俗文物的成熟主要体现在其功能价值上，因为经过长时间的流传，民俗文物已经深入人们的生活之中，甚至深入人们的精神文化追求之中。的确，民俗文物对人们的生活方式所起的作用是巨大的，其自身既是生活方式的一部分，又是变更生活方式的主要动力。物质生活的生产方式制约着整个社会生活、政治生活和精神生活的过程。与此同时，物质文化是塑造或控制下一代人的生活习惯的历程中所不可缺少的工具。人工的环境或文化的物质设备，是机体在幼年时期养成反射作用、冲动及情感倾向的实验室。对于任何个人来说，作为物质文化的民俗文物在其一生中所起的作用是极为重要的。这样的作用一方面表现在便利生活的实用价值方面，另一方面极为重要而又非常容易被人们所忽视，即其对人的思维模式和行为方式所产生的各种明显的或潜在的影响。从某些角度来说，民俗文物是在民间广为流传的、直接地满足着人们衣、食、住、行的需要的日用器物。在这些器物上积淀着人类造物的观念、经验和多方面的知识，具体体现为人的技艺、人对材料的认识程度与驾驭能力，以及人造物的尺度。看似平常的桌子、板凳、筷笼、茶叶罐、水桶、木盒、竹椅等，表现着劳动者在制作时的匠心和质朴而巧妙的构思。这些审美与实用相结合、科学与情感相统一的物品，有可能在人们反复接触的过程中，潜移默化地改变着人们的世界观，提高着人们的审美能力，最终，作为一种精神的力量，又反作用于人们的社会生活。

不得不承认，每个人都是在一定的社会环境中接受着一定的社会文化的教化成长起来的。人们的知识、技术、经验，人们的宗教、信仰、风俗习惯、道德观念、行为准则、价值标准，人们的衣、食、住、行，婚、丧、嫁、娶的生活模式、行为模式等，均是社会文化教化的结果。因此，一定的社会文化，不仅影响着人们的思想感情，也影响着人们的行为、生产和生活。民间的社会文化是在长期的社会实践中积累起来的，分散在民间社会生活的各个方面。它作为一种没有教科书的非文本的文化，比较集中地在民俗文化的各个方面得到体现，同时，又被积淀和固化在民俗文物之中。在中国传统的民俗文化中，民间文学、民间戏曲、民间音乐、民间舞蹈、民间美术等艺术形式，各以其独特的方式展示和传承着民众的社会文化，通过年节的装饰、乡间的社戏、婚娶的鼓乐、田头的赛歌、老人的摆古等活动，寓教于物，使人们日复一日、年复一年地接受着不同类型的、直接的和间接的民间社会文化的教化。

总的来说，在民俗文物中，所谓"动的形式"指人们在社会实践中改造自然的创造力量，以及各种在长期实践中积淀下来和约定俗成的观念的、历史的、风俗的、道德的、伦理的、规范的、行为的、价值的等呈素流状态的社会文化知识的因素。当这些方面的因素通过民俗文物的有意味的造型、完善的功能及丰富的内涵体现于"存在的形式"之中时，便能给人们以直接的启迪和联想，或是在潜移默化中发挥长效的作用。

第三节　民俗文物的基本特征

一、集体性特征

（一）集体性特征的发展

民俗文物的集体性特征是建立在成千上万个劳动者的创造成果之上的，尤其是那些流传已久的民俗文物，更是集中了众多不知名劳动者的智慧和才能，体现着民间集体创作的特征。其实就人类文明的发展来看，在原始文明阶段，由于人个体的力量相对薄弱，难以对抗一些大型的食肉型动物，所以原始时期逐渐形成了部落或者氏族。在部落和氏族中，每个个体都将自己和部落紧密联系在一起，通过个体之间的相互协作获取食物，从而在弱肉强食的竞争中生存下来。在这一时期，集体性活动是一种重要的活动方式，一切事物都要依靠集体的力量，所以当人们制作一些工具的时候，也必然要从集体的角度出发。后来，随着人类文明的发展，王朝出现在了我们生活的这片大陆上，但民俗文物的集体性特征并没有就此消失，因为生活在一片土地上的人们同样是一个集体。虽然没有了部落，但个体与个体之间的关联依旧非常紧密。

如果对民俗文物进行分析和研究便可以发现，很多民俗文物都是由民间的劳动者创造的，集中了劳动者的智慧和才能，并经过了长时间的发展，深深地扎根于民间。在民俗文物产生的过程中，劳动者是关键，是民间文化物质创造的主体，他们为了满足自身需求而进行创造。因为劳动者是一个庞大的集体，所以在器具制作的过程中必然以适宜集体的需求为主，而不是为了满足某一个人的需求，因此必然会显现出集体性的特征。另外，从某种程度上来说，劳动者既是民俗文物的创造者，同时也是使用者和传承者。在长时间的使用过程中，劳动者又不断地总结经验，对一些器具进行改进和完善，使其以更加完善的功能和形式去满足更高的需求。久而久之，人们对民俗文物逐渐形成了一种"约定俗成"的认知，集体性由此深深地烙印在民俗文物之中。当然，有些用品或器具虽然出自个人之手，但其使用和传承却经过了一个大的集体，所以也必然会逐渐带上集体性的特征。

（二）集体性特征的具体表现

民俗文物的发展首先是基于功能性的，但同时也不能缺少了审美性，所以功能性和审美性是民俗文物集体性特征的两个具体体现。一方面就功能性来说，民俗物质文化的产生是为了满足劳动者自身的需求，但劳动者同时也是使用者，民俗文物的发展是由劳动者创造和使用这两个过程构成的。在使用的过程中，虽然其功能和形式在不断完善，但其最主要的功能被确定了下来，进而在无形之中形成了一种创造和使用的"规矩"，这种功能上的规矩便是民俗文物集体性的一种体现。例如，在创造一些较小的物件时，因为劳动者个体便可以完成，所以创造出来的样式也会五花八门，如小孩穿的虎头鞋，虽然样式不同，但其功能却是相同的。这种影响是一个较为漫长的过程，也是一个潜移默化的过程。在这个过程中，每一个个体劳动者在集体的影响下，其行为方式和思想意识基本和集体保持一致，所以物质文化的功能性也便与集体紧紧地联系在了一起。

另一方面，就审美性来说，民间文化物质之所以能够流传下来，是因为其除了具有较强的功能性之外，也必然具有一定的审美性，能够在视觉或听觉等方面为人们带来一种精神上的享受，并且在长时间的发展中，这种审美性不断完善，最终形成了一种约定俗成的审美标准。例如，一些流传着的和民俗文物有关的口诀，如年画中的"佛容要秀丽，神像须伟壮，仙贤意思淡，美人要修长，文人如颗钉，武夫势如弓"，绘画用色中的"红靠黄，亮昂昂"，竹刻中的"弯节不弯干，枝梢顺风舞"等，都反映了民俗文物中审美标准的约定俗成，是集体性的一种突出表现。

二、娱教性特征

（一）娱乐作用

对于人类来说，除了物质上的需求外，还有精神层面的需求，尤其是精神愉悦上的需求对于劳动人民来说不可缺少。显然，民俗文物的出现为劳动者的生活增添了极大的乐趣。例如，风筝是一种民俗文物产物，在很多地方都有放风筝的传统活动，当然，这里所指的风筝并不是市面上常见的小风筝，而是一种体型非常大的风筝，无论是制作还是放飞，都需要多人的合作。在放飞的过程中，需要一位有经验的人做指挥，然后十几名年轻力壮的小伙子逆风而站，每隔十几米站一人，从第一人开始，依次拉着风筝逆风奔跑，直到将几百米长的麻绳放完。风筝飞起之后，人们除了欣赏风筝及聆听风筝哨子发出的悦耳声，还会在一起品尝酒肴，好一派欢快的景象。

民俗文物的娱乐作用不仅体现在使用者身上，有时也体现在创造者身上。相比于使用者来说，创造者的欢愉更多的是来自自我的满足。因为在创造的过程中，劳动者的想象力和创造力得到了物化，得到了一种自我的肯定和满足，并且当他人通过这些事物获得欢乐之后，这种满足和肯定又会得到进一步的提升。例如，在陕西的农村，很多母亲都会为孩子特制一种耳枕，其外形多为青蛙、鲤鱼等动物形象，特点是其中间开有一个小洞，当孩子侧着睡觉时，不会压着耳朵。而在孩子醒着的时候，由于耳枕的外形非常有意思，又能充当孩子的一件玩具。对于母亲来说，不仅从耳枕的制作过程中得到了精神上的享受，孩子的欢愉又进一步催化了这一享受，她们获得的欢乐有时是无法用语言表达的。

（二）教化作用

人创造环境，同时也受周围环境的影响。确实，我们生活在一定的人文环境中，在不断创造一些人文产物的同时，也在一定程度地接受着人文环境对我们的教化。在教育还未普及的时候，人的知识、信仰、道德观念、价值标准、行为模式，包括衣、食、住、行等生活模式，都是人文环境中社会文化教化的结果。即便在教育已经普及的今天，我们也或多或少地受着社会文化的影响，这一点是毋庸置疑的。显然，民俗文物除了满足人们的生活需求，为人们带来欢愉之外，还以不同的方式使人们直接或间接地受到教化。

如民间文学、民间戏曲、民间舞蹈、民间音乐等文化，除了为人们提供了欢愉外，也通过无形的内涵以及有形的物质对人们进行了一定的教化。从一定意义上来说，民俗文物是一种没有形成教科书的文化，在人们生活的各个方面都得到了充分的体现。

例如，剪纸和年画等民间美术作品，作为民间用来装饰环境的用品，有着极强的审美性，能够在视觉上给人以透空的感觉和艺术享受，对于人们的审美倾向具有一定的教育意义。当然，这只是其表观上的教化作用，因为年画和剪纸等艺术作品通常都蕴含着一定的寓意，具有极强的故事性，这些寓意和故事是教化人们的主要载体。如印有八仙的年画，蕴含的就是有关八仙的所有故事，而八仙作为中国民间广为流传的八位神仙，其故事全都是正面和积极的，在人们道德观念的教化中起着一定的作用。再如戏剧脸谱，有着不同的颜色和造型，代表着不同的人物性格和特点，红脸象征着忠义、耿直，黑脸象征着威武有力、粗鲁豪爽，白脸象征着奸诈多疑，蓝脸象征着性格刚直、桀骜不驯，这些脸谱通过其直观的颜色告诉了人们什么是善恶忠奸，也起到了一定的教化作用。

在历史发展的进程中，人类不断地创造、改变着事物和周身环境，而周边的环境也在不断地影响着人类，二者相互影响、相互作用。劳动者在创造民俗文物的过程中，根据自己在功能和审美等方面的要求，不断对民俗文物的形式和功能进行完善。劳动者在某种需求被满足的同时，又会产生更高层次的需求。在这个过程中，劳动者不断创造出更新更好的事物，给历史留下了丰富的文化积淀和艺术传统，同时也使劳动者自身得到完善。

三、区域性特征

（一）区域性特征的形成

在交通还不是非常便利的时候，在一定地理区域内生活的人，其活动的范围也往往受到一定的局限性，因之而形成的社会文化传统也自然会带有明显的地域特征。如"南人食米，北人食麦"便揭示了南北方人们饮食上的不同，而导致这种饮食文化不同的是地域气候，因为南方降水较多，多以水稻为主；北方气候寒冷，多以小麦为主。其实，任何一种文化形态，其发展都与其地理环境有着紧密的联系，并在长时间的发展中形成了各自的地域性特征，这是人类文化共有的特征之一。区域性的社会文化塑造了当地人的性格特点，影响着当地文化的演变，构成了独具地域特色的社会文化。在此影响下，与民俗文化相呼应的民俗文物自然也不可避免地会受到地理环境、气候条件的影响，从而带上鲜明的地域性特征。

如果进一步分析，民俗文物地域性特征形成的另一个原因就是材料的约束。具体到物质文化上，物质的产生需要材料，但由于交通、运输等方面的限制，很多器具的制作只能是就地取材。中国地域宽广，各地的物产资源存在着一定的差异性，所以基于物质基础的地域性，物质文化的地域性也自然会与之呼应。如广东南雄盛产竹子，有着丰富的竹类资源，当地的竹制器具造型非常精美，并且经久耐用，玩具的样式也非常丰富，除了小猪笼、小竹篮等编制的玩具外，还有竹编的小鸟和竹响蝉等。再如常见的年画，虽然各地的年画在内容上大同小异，但在形式上却存在着不小的差异，例如色彩上，四川绵竹的年画多用黄丹、桃红、佛青、品绿，以使画面显得清凉；广东佛山多以红丹为底，以金、银、黄等色为辅，显得绚丽多彩；陕西凤翔年画强调大红、大紫、浓墨，色调显得异常浓烈热情。这些色彩是各地人对色调认识的具体体现，也在一定程度上凸显了其物质文化的区域性特征。

（二）区域性特征的深化

社会文化环境以及自然物产资源是民俗文物地域性特征形成的主要因素，而随着人们对自然认识的不断深化，随着物质功能和形式的不断完善，其区域性的特征非但没有减小，反而在不断得到深化。民俗文物产生于一定的自然环境和社会文化之下，是人们"就地取材"的造物模式的产物，虽然劳动者为了满足更多的需求不断对其进行改善，但由于区域内已经从功能和审美上形成了一定的"规矩"，所以这种改善只会使得器具的区域化特征愈加深化。其实，民俗文物的产生从一开始就因为其地域、社会文化等方面的不同存在差异，包括要求、材料、情感技术等多个方面的差异，所以随着时间的推移，在劳动者长期的创造和改进中，民俗文物的地域性不是被缩小，而是被逐渐地扩大，显得更加鲜明。

另外，让我们再将视角放到人们的交流活动上，因为无论是人的思想观念，还是工艺技术，都与现实生活中人们的交流活动密切相关，物质文化的产生同样受此影响。在以往的民间社会生活中，人与人之间的主要交流活动大致可以分为三种：一是走亲串门，二是参加民俗活动，三是参加庙会或赶集。从地域范围上来说，这三种交流活动的范围都不算大，人与人之间的交流也没有超出某一个"圈子"，所以很多物质文化便在这个"圈子"里逐渐深化。如在某个村庄，李家的媳妇跟张家的大娘学习刺绣，张家的闺女跟李家的大婶学习剪纸，王家的儿子跟赵家的大爷学习木工……这种小范围的较为封闭的交流无疑进一步促进了民俗文物区域性特征的进一步深化。

四、延续性特征

（一）延续的基础

民俗文物是为了满足劳动者的需要创造出来的，在传承的过程中，因为一直满足劳动者的需求，所以才没有间断其传承。确实，没有需要，就没有生产，也就没有创造。任何事物的创造都是因为存在直接或者间接的需求，这是创造行为产生的根本动因。

一方面，从实用性的需求来说，很多器物被看作人体功能的延伸，很多生产劳动都是通过器具来实施的，尤其在手工业时代，器具的作用更为突出，可以说是劳动者的第二生命。因此，很多器具都因为劳动者劳动的需求被不断传承和延续。当然，因为社会在不断发展，分工也在不断细化，不同类型的工作需要不同的工具来完成，当传统的工艺不能完全满足劳动需要的时候，就会在此基础上作出拓展。很多器具经过了几代人的改进，不仅外观上更加美观，功能上也得到了拓展。如江苏南通地区的"锄头箫"，既是可以种田的农具，也是可以吹奏娱乐的乐器，满足了劳动者劳动与娱乐的多种需求。从这一层面来看，改进也是一种延续，是一种满足时代发展的延续，而不是让其在时代发展的浪潮中被淹没。

另一方面，从精神层面的需求去看，民俗文物中有很多是为了满足当地风俗习惯的需求而制作的，如祭祀、祈祷用的器具。风俗习惯是在长时间的积淀下形成的一种文化现象，具有稳定性的特征，所以与之相关的民俗文物也稳定地传承了下来。如湘西的傩面具，是湘西傩文化的重要组成部分，是傩文化中傩祭、傩仪中使用的道具，是较为原始的面具造型，是原始的图腾再现，是祛灾纳祥的吉祥象征，是自远古时代以来人们的重要精神力量。傩面具经历了从原始神灵崇拜到娱神、娱人的类型变化，具有宗教艺术的品位和民间艺术的特征。傩面具根植于民间，凝聚了世代民众的审美情趣，更反映出人的一种本质力量，一直传承至今，其延续性可见一斑。

（二）延续的形式

在"自给自足"的模式下，劳动者依靠自己的创造，满足着自身的需求。当某一被创造出来的器具被人们接受之后，便会对人们的劳动产生强烈的影响，如果这种影响能够持续一段时间，那这一器具的样式便会以一种相对固定的样式延续下去。然而，有些器具的制作并不简单，不仅生产过程非常复杂，还需要多种工艺技术，有些甚至连原材料的采集都充满了困难。不仅如此，这些工艺技术以及生产过程并没有所谓标准的教科书或者说明书，大多都是通过口传身授的方式，并进行反复的实践才能够掌握。对于民俗文物来说，口传身授是最基本的延续方式，包括如今少数民族生活中常见的很多器具，都是依托这种方式延续至今的。

不得不承认，人的发展和成长非常依赖学习，这是基础和根本。对于每个人来说，家庭是其生活的最小单位，也是最早的学习场所。当孩子年龄太小的时候，家长不会将器具制作的有关技术传授给他们，但生活在家庭之中，即便年龄再小，也会耳濡目染，受到影响和熏陶。孩子虽然无法从根本上了解和掌握，但也形成了一个较为清晰的印象。当孩子成年之后，便会在家长以及乡亲的指引下开始接触一些器具的制造，这时，孩提时所受的熏陶和感染便开始凸显其作用，使他们很快能够认识到民俗文物的本质并掌握相应的创造技巧，然后在他们孩子成年之后再传授给他们。在这一个过程中，每个人都先是旁观者，然后是参与者，最后成为传授者，民俗文物就这样得以一代代地延续下去。

当然，有些优秀的民俗文物由于其自身所具有的功能和审美价值，会被人们自发地推动其发展和传承。民俗文物虽然是"物"，但不同于一般的"物"，它是一种美化了的"物"，蕴含着劳动人民的智慧、知识和经验。在人们自发推动其发展和传承的过程中，这些民俗文物被反复制作，其技艺和工序也被反复传承，最终不仅延续了下来，更在这种延续中逐渐得到完善和提高，显得更为美观。

第四节　湘西民俗文物资源分析

一、湘西民俗文物资源的分类及其保护

（一）湘西民俗文物资源的分类

民俗文物是一个民族民俗特征的再现，是研究人类学、民族学的"活化石"，其包含的范围非常广泛，种类也非常多，如少数民族人民使用的生产工具、生活用具、宗教礼仪用具以及民居建筑等都属于民俗文物的范畴。为了对湘西的民俗文物有一个更为清晰的了解，我们参考湘西土家族苗族自治州博物馆（简称：湘西州博物馆）对文物分类的方法，按质地对其进行分类，大致分为石器、石刻、砖瓦、玉器、陶器、瓷器、铜器、铁器、金器、银器、其他金属器、玻璃器、织绣、皮革、竹木器、牙骨器、书法、绘画、雕塑、文献、文具、货币、印章、徽章等。在湘西众多的民俗文物中，织绣品如衣、裤、鞋、帽、围裙、背裙、披肩、门帘、桌布、帐檐、枕档、被面等花色品种繁多，绣制工艺各异，具有鲜明的民族特色和极高的收藏保护价值，在馆藏民俗文物中所占比例较大。

按质地对民俗文物进行分类这一方法由来已久，无论是博物馆还是私人藏家，大多是按照民俗文物的质地对其进行分类和保存，因为同一质地的文物对湿度、温度等条件的要求相近，所以这种分类方式更便于文物的保存。从这一角度来看，对民俗文物的分类并非学术的需求，而是藏品保存的需求。确实，在学术研究中，民俗文物的功能是一个不能忽视的属性，但不同质地的文物或许有着相同的属性，如农具中既有石质农具、木质农具，又有青铜质地农具和铁制农具；兵器有石制、骨制、铜制、铁制等，虽然质地不同，但功能属性相同。从功能属性的角度看，任何单个的民俗文物的物理性质不管有着多大的差异，只要具有相近的社会生活的功能属性，均有可能被视为同属一类的民俗文物。

其实，对民俗文物进行分类的方法不止以上两种，还有时代分类法、存在形态分类法、来源分类法等，如果一一赘述，恐怕会让很多人对民俗文物的分类感到混乱，最终适得其反。所以，我们在此以湘西州博物馆按质地分类的方法为标准，作为对湘西民俗文物分类了解的一个入口。

（二）湘西民俗文物资源的分类保护

在上文，我们采用了质地分类的方法对湘西的民俗文物资源进行了较为细致的分类，下面将从几个大的方面着手，针对湘西民俗文物资源的分类保护谈几个需要注意的地方。

1. 纺织类

人们的生活离不开衣服、被褥等纺织品，尤其对于湘西地区的人们来说，很多妇女擅长纺织和刺绣，形成了独具苗族特色的刺绣艺术，这是湘西民族文物资源中的一个大类。对于纺织类的民俗文物，保护工作的重点是防湿，因为一旦纺织物吸湿后，其织物的物理性质和化学性质都会发生改变，而文物的损害是不可逆的，因此纺织类文物保存的相对湿度要控制在 50% 左右，尤其在梅雨季节，防潮工作显得更为迫切。另外，对于很多有色的纺织物来说，过量的光照会导致褪色、变形等问题，所以为了保护纺织类文物的色泽，要尽量避免过量的光照。

2. 纸张类

纸张类的民俗文物包括书籍、文献档案、刺绣图稿、年画等，有些纸张类的文物因为其年代久远或者研究价值很高，甚为珍贵。与纺织类文物类似，纸张同样易于吸湿，如果吸入过量的水分，会导致纸张发霉，从而导致纸张的字迹难以辨认。由此可见，纸张类民俗文物的保存也需要防潮，要将相对湿度控制在 45% ~ 60%。另外，温度也需要进行控制，因为纸张多是有机纤维物质，如果温度适宜，会促进霉菌的滋生，所以纸张类民俗文物保存的温度要控制在 15℃左右。

3. 银器类

在湘西地区的少数民族中，银质类的器物较为常见，其中以苗族的银饰最具特色。苗族的姑娘非常喜爱银饰，盛装的苗族姑娘，其身上银饰的重量达到 30 多斤。湘西的民俗博物馆中收藏了不少银饰品，虽说银的属性相对比较稳定，但如果保存的环境不当，同样会出现氧化等问题。对于苗族的银饰品来说，虽然造型、工艺是人们关注的重点，但如果色泽变暗，同样会影响银饰品的观赏价值。从银的性质上看，银除了会和空气中的氧气发生缓慢的反应外，还会和硫化物以及氯化物发生反应，虽然空气中硫化物和氯化物的含量不高，但同样会对银饰品产生细微的腐蚀。因此，针对银器类文物的保存，要减少和空气的接触，最好将其密封保存。

4.竹木类

竹木类的民俗文物主要包括一些手工艺品，如竹雕、木雕、民族乐器等。竹木类文物的保护要做到防湿和防虫，但在防湿的措施中要避免湿度过低，因为如果周围的环境太过干燥，木制品和竹制品容易开裂，竹木类文物的相对湿度要控制在50%～60%之间。在防虫的措施上一般采用熏蒸法进行杀虫处理，不过为了避免文物表面的色彩图案被破坏，通常采用二硫化碳和四氯化碳（1∶4）的混合液进行熏蒸杀虫。

二、湘西民俗文物资源的定级

鉴定珍贵民俗文物的级别基本遵循三个原则：一是文物必须具有典型的民族特色，具有本民族特有的文化内涵和研究价值；二是文物必须保存基本完整，品相较好，具有收藏价值；三是数量稀少、濒危而制作工艺又有代表性，具有一定的艺术价值。具体的定级标准如下。

一级民俗文物的鉴定标准：独具民族特色，文化内涵丰富；保存基本完整，制作工艺精湛，能代表某一领域的最高水平，具有特别重要的历史、艺术、科学价值，现存数量有限，非常珍稀。例如，湘西州博物馆珍藏的民国苗族银接龙帽和民国苗族四层叠板刻花银项圈系，由民国苗族民间工匠采用纯银手工打制而成，工艺精致美观，装饰图案丰富多彩，堪称银饰中的鬼斧神工之作。这两件银器是湘、鄂、渝、黔四省边区仅存的精品，具有典型的地方特色，因此极其珍稀。清土家族八宝铜铃是土老司举行祭祀活动时专用的道具，起源于汉代，仅在土老司中世代相传，具有深厚的民族文化内涵，是研究土家族宗教信仰和祭祀活动不可多得的一件实物资料。清土家族蓝呢镶云勾花边开襟广袖男夹衣，装饰图案主要采用云勾纹饰，色彩搭配素雅，由于"改土归流"，土家族传统男式服装传承下来的甚少，据目前已知信息，该衣是湘西唯一仅存的一件清代土家族男式夹衣，因此极为珍贵。清土家族红绫镶青缎边八幅罗裙相传为土老司所穿，据大文豪沈从文考证，是正宗土家族服饰，绣工精美绝伦，体现了土家族织绣工艺的最高水平。

二级民俗文物的鉴定标准：具有鲜明的民族特色和丰富的文化内涵，保存基本完整，制作工艺精美，传世较少，具有重要的历史、艺术、科学价值。例如，清苗族大红呢贴花百褶裙、清苗族绣凤凰云肩，采用贴花、绣花、补花等具有特色的民族工艺手法制作而成，图案美观，构思精巧，创意新颖，具有很高的收藏价值。清土家族打溜子乐器，一套四件，是演奏土家族民间音乐"打溜子"特有的打击乐器，音调抑扬顿挫，讲究相互配合，演奏场面十分喜庆热闹，是湘西土家族喜爱的一种乐器，独具民族特色。

三级民俗文物的鉴定标准：具有典型的民族文化特色，制作工艺精良，形制美观大方，品相较好，保存基本完整，具有比较重要的历史、艺术、科学价值。例如，纯度较高、制作精美的各类少数民族银饰，尽管在少数民族聚居地现在还有使用，但由于其工艺精致美观，仍然具有很高的艺术价值，可鉴定为珍贵文物。例如，湘西苗族木雕傩戏面具，是湘西傩文化传承的重要载体，随着社会的进步和文化的统一，这些具有地方民族特色的神秘文化不断受到冲击，已濒临消失，所以抢救和保护这些珍贵文物，为研究意识形态领域的民族宗教信仰、民族心理提供了非常重要的实物资料，这些文物的价值也因此得到了提升。

三、湘西民俗文物资源的价值体现

中国历史文化悠久而厚重，在每一个地区都留下了地区特有的民俗文物，能够反映我国社会的发展进程。具体而言，湘西民俗文物资源的价值主要体现在以下几个方面。

其一，体现在历史价值上。由于民俗文物是在历史的发展中所产生的，其最重要的价值就是历史价值，它反映了当时中国各地区社会的政治、经济和社会发展，一定程度上再现了当时的社会原貌，具有真正的历史价值。

其二，体现在艺术价值上。民俗文物往往能够体现出当时社会中的民俗艺术和民俗技艺，其造型和外观具有审美价值，所以民俗文物具有鲜明的艺术价值，能够使人们从欣赏的角度对其进行观赏和研究。同时，民俗文物也能提升人们的审美水平，培养人们的艺术情操。

其三，体现在文化价值上。民俗文物在我国历史的发展过程中凝聚了我国古代劳动人民的智慧，能够体现出当时社会的文化状况，反映出当时社会的历史状况。因此，民俗文物有利于后人对古代历史发展进程和当时社会的生活状况进行研究，具有传统的文化价值。

其四，体现在经济价值上。民俗文物作为我国重要的历史文化遗产，对于很多人都具有一定的吸引力，所以仅仅立足于民俗文物资源本身，可以在一定程度上带动当地旅游业的发展，进而提高经济效益。另外，随着人们对传统文化的重视，文创产品开始走红，受到越来越多人的喜欢，而湘西的民俗文物资源无疑是文创产品开发的一个重要基础，所以从民俗文物的文化延伸去看，文创产品的开发同样可以实现经济效益上的增长。

当然，文物的价值和作用，不只是表现在对具体文物的研究、说明个别方面的个别问题上，更重要的是把微观研究的成果综合起来，在宏观上研究各个历史时期人类社会活动的各个方面及其相互联系、相互制约的社会关系，从而从不同的方面探索和揭示人类社会发展的客观规律。同时，通过文物所反映的历史上人类利用自然、改造自然的状况，可以探索和揭示人类社会活动与自然界生态环境之间相互联系、相互作用的演变规律，运用人们不断认识的客观规律自觉地、能动地协调人类社会系统与自然界环境系统的关系，最终促进当代和未来社会的持续发展。

四、湘西民俗文物资源的优势与面临的挑战

（一）优势

1.资源丰富多样

湘西民俗文物资源丰富，并且具有得天独厚的优势。

其一，民族艺术的多样性、民族风俗的悠久性、民族服饰的识别性以及民族饮食的独特性等，使湘西的民俗文物呈现出多样化的特点，并且由于湘西处于崇山峻岭中，较少受到外来文化的影响，传统的民俗文化得以完整保存，因此湘西的民俗文物资源具有浓郁的民族特色，富有乡土性和原生态性。

其二，湘西拥有别具一格的民间文化，较为有影响的包括巫文化（梯玛、傩戏和绺巾舞等）、神话传说（盘瓠遗址、摆手歌等）、渔猎文化（椎牛、茅古斯和上刀梯等）、服饰文化（银饰、蜡染、织锦等）、喜庆文化（哭嫁、土苗歌舞等）、节气传统（三月三、六月六、社巴、赶秋等）和民间戏曲等，这些民间文化也衍生出了种类繁多的民俗文物。

其三，即便是在湘西地区，同一少数民族的风情也会因地方的差异而形成不同的民俗文化，如湘西苗族妇女的服饰因地区不同而有差别，凤凰的苗族妇女用较长的花帕平缠于头顶，花垣的苗族妇女用短青帕扎头，泸溪、古丈的苗族妇女用帕上绣有四对青色花蝶的白帕缠头，这又进一步促进了湘西民俗文物的多样性。

2.工艺悠久独特

在湘西的民俗文物中，有很多是传统的手工艺品，如银制饰品，作为苗族人民特有的装饰品，完全靠手工制作，种类繁多，精致生动，除了少数为男人佩戴，多为妇女佩戴，这样工艺高超的银饰至今仍是当地人喜爱的装饰品。一套讲究的银饰，可以重达几十斤。再如，苗绣是中国苗族民间传承

的刺绣技艺，有着悠久的历史。唐代时，东谢苗族是"卉服鸟章"，即在服装绣上许多花、鸟图样；明代时，贵阳苗族喜用彩线挑成"土锦""织花布条""绣花衣裙"；清代文献记载苗族刺绣织锦的很多，如黔东清水江苗族刺的"锦衣"和绣的"苗锦"。在风格技巧上，苗族刺绣具有独特的民族风格和技巧。针法很多，有平绣、辫绣、结绣、缠绣、绉绣、贴花、抽花、打子、堆花等十来种；图案有视为吉祥的麒麟、龙、凤和常见的虫、鱼、花卉、桃子、石榴等；颜色有大红、水红、紫红、深蓝、浅蓝、深绿、浅绿、橙黄、深黄等。苗绣一般以绸缎作底，绘上或贴上图案，因此剪纸又成了妇女们必须掌握的一种艺术。总的来说，苗绣作为湘西民俗文化的代表，在长期的演进中，形成了自己独特的表现风格和刺绣技巧。

（二）面临的挑战

1.民俗文物保护中的挑战

作为传承民族民俗文化的载体，民族民俗文物不但是我国文物藏品体系的重要组成部分，而且所涵盖的内容十分丰富，文化底蕴非常深邃，无论是在历史上还是在现实生活中，都发挥着十分重要的作用，所以保护民俗文物资源已经成为越来越多人的共识。但是，就目前民俗文物保护的现状来看，仍旧面临不少的挑战。

其一，表现在人们对民俗文物的认识上。很多人在提到民俗文物的时候，总是将重心放在"文物"二字上，认为只有具有一定的历史年限和历史价值的东西，才能被称为"文物"，而很多民俗文物并不满足这一特点，所以导致一些民俗文物在保护的过程中被人们忽视。

其二，表现在现代文化的冲击上。这一点似乎不可避免。在现代文化的冲击下，大批有历史、文化和科学价值的村寨、村落遭到破坏，大量依靠口头和行为传承的技艺、习俗、礼仪、器皿等文化遗产正在不断消失，原始农耕文明构架下的许多文化形态和方式在迅速瓦解，民间的不少为人们所喜闻乐见的戏曲、歌舞、故事、歌谣、谚语、谜语、技艺、游艺、民俗演示、传统竞技、传统体育、手工艺等民族特色逐渐消失，甚至因传承人的逝去而濒于消亡，大量有历史、文化价值的珍贵实物和资料遭到毁弃。相比较而言，现代文化对传统民俗文化和物质的冲击更不可避免，民俗文物的保护面临的挑战也必然更大。

2.民俗文物利用中的挑战

湘西民俗文物利用的主体是民俗博物馆，利用的模式主要有科学研究、展览、文创产品的开发三种。其中，科学研究是对民俗文物历史文化信息的研究，包括其历史发展、文化内涵、精神信仰等方方面面，以便使人们对当地民俗产生更为深入的了解。展览是民俗博物馆最为基础的一个作用，通过将民俗文物进行展览，让人们更近距离地接触到民俗文物，从而为人们了解民俗文化提供一个窗口。在上述两个层面上，民俗博物馆对民俗文物的利用较为充分，挑战主要集中在文创产品的开发上。所谓文创产品，概括来说就是博物馆根据民俗文物的特征与文化内涵开发出的具有一定艺术特征的产品，一方面可以促进民俗文化的传播，另一方面可以为博物馆带来经济效益。但是，在当前文创产品的开发中，由于人员、制度等方面的问题，湘西民俗博物馆文创产品的开发并不理想，其效果自然也不如人意。

第二章　民俗文化与旅游

第一节　民俗文化旅游的界定

　　自改革开放以来，中国经济实现了飞速的发展，而经济的发展带动了旅游产业的发展。旅游的需求随经济和社会的发展不断增长，面对人们不断增加的旅游需求，深层次地开发旅游产业无疑就成了一项重大的课题。旅游＋文化便是对旅游的深层次开发，这是一种以文化的内在价值因素为依据，以旅游诸要素为依托，作用于旅游生活过程中的一种特殊文化形态。于光远明确地指出："旅游不仅是一种经济事业，而且是一种文化事业。从旅游的角度看，文化事业的发展也是具有决定作用的事。"魏小安同时也提出："旅游文化的概念与广义的文化概念在外延上基本是重合的，而旅游文化的内涵则是对广义文化的消费，这样就产生了特殊的心理结构，形成了特殊的活动方式，进而成为一种独特的生活方式。所以，旅游文化可以初步界定为通过旅游这一特殊的生活方式，满足旅游者求新、求知、求乐、求美的欲望而形成的综合性现代文化现象。"民俗文化作为文化概念中的重要组成部分，将民俗与旅游结合起来无疑是一种更精细化，甚至是更深层次的文化旅游。在此，为了进一步对民俗文化旅游进行界定，我们将从其基本概念内涵与理论基础两个层面逐一作出剖析和解读。

一、基本概念

（一）旅游

"旅"是旅行，外出，即为了实现某一目的而在空间上从甲地到乙地的行进过程；"游"是外出游览、观光、娱乐，即为达到这些目的所做的旅行。二者合起来即为旅游。旅游与旅行虽然表面上意思相近，但有着本质上的不同：旅行偏重于"行"，旅游虽然也有"行"，但重点在于观光与娱乐。当然，这是对旅游概念的系统定义，我们也可以将其拆解开来，从多个角度对旅游做一个全方位的解读。首先，从目的定义来看，旅游可以理解为暂时在异地的人的空余时间的活动，其目的一般是提高自身的修养以及扩大自身的知识面与交际面。其次，从时间定义来看，旅游是为了消遣而进行的旅行，在某一个地方或国家逗留的时间至少超过 24 小时。再次，从生活定义来看，旅游是现代社会中居民的一种短期性的特殊生活方式，这种生活方式具有异地性、业余性和享受性的特点。最后，从相互关系定义来看，旅游可以定义为在吸引和接待旅游及其访问者的过程中，由于游客、旅游企业、东道政府及东道地区的居民的相互作用而产生的一切现象和关系的总和。

通过分析以上对旅游的定义，我们在对旅游的概念有更为深入了解的同时，也可以进一步总结出旅游具有的几项基本特征。

1. 知识性

古人讲："读万卷书，行万里路。"这从某种程度上说明了外出游历与读书同等重要，都可以开阔人的视野。的确如此，从主观意愿上来说，有些人旅游的一个重要的原因就是开阔视野，通过离开自己经常生活的地方，到自己未曾去过的地方，去发现更多的风景，去看更多的人，去遇见更多的事，从而增进自身对各地的了解，丰富自身的人文知识，提高自身的见识。或许有些人的主观意识并不是为了增长见识，但在无形之中也丰富了他们的见闻，这是旅游知识性的特征所赋予的。

2. 休闲性

随着经济的快速发展，人们的生活节奏也越来越快，公司与家的两点一线是很多人的日常，让人根本无法停下来喘口气，感觉要是停下来的话，随时都可能被社会淘汰。这种高速运转的生活工作频率，使人越来越感到生活的压力过大，所以人们需要在一些假日放松自己。显然，旅游具有很强的休闲性，在紧张工作后到心仪的度假地度假，或游泳，或阅读，或徜徉于海滨，或漫步于草原，或置身于温煦的日光下，使身心完全放松。这种放松，完全有别于日常的工作节奏，是一种身心的调整。

3.享受性

如果说旅游的休闲性主要体现在身体上，那享受性则主要体现在精神上。对于人类来说，生活的全部目的并不是生存，这是人类和动物的一个根本性的区别。虽然在快节奏的今天，我们可以支配的时间越来越少，但人们对生活质量的追求却一直存在。毋庸置疑，旅游便是一种精神上的享受，是一种脱离了物质，追求自我的体现。

（二）文化旅游

所谓文化旅游，通常指以旅游文化的地域差异性为诱因，以文化的碰撞与互动为过程，以文化的相互融洽为结果的旅游活动，具有民族性、艺术性、神秘性、多样性、互动性等特征。文化旅游的过程就是旅游者对旅游资源文化内涵进行体验的过程，这也是文化旅游的主要功能之一，它给人一种超然的文化感受，这种文化感受以饱含文化内涵的旅游景点为载体，体现了文化旅游审美情趣的激发功能，教育的启示功能和民族、宗教情感的寄托功能。

文化旅游是近些年才出现并流行的一个名词，它的出现有外在的推动力，如我国产业结构的调整，为旅游业快速发展提供了良好的机遇。但更多的还是来自人们的内在精神动力，人们在自身存在和发展的过程中，为了丰富精神世界，就需要去探索和认识外界的事物，或是为了自身和社会发展的需要，或是为了丰富知识、增强能力，人们的这种需求催生了文化旅游这一形式。

文化旅游和传统的旅游虽然都属于旅游的范畴，但却有着很大的区别。文化旅游具有综合性、延展性、体验性和创意性的特征。

1.综合性

从产业发展的自身特性与历程来看，文化旅游产业具有较强的综合性，不仅蕴含了文化产业的内涵，亦具备了旅游产业的运行体系和产业结构。

2.延展性

延展性是指其可扩充发展的可能性。在文化旅游的产业中，以一项产品为核心能进一步衍生出一系列的其他产品，这就是它的延展性。一般而言，

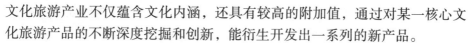

文化旅游产业不仅蕴含文化内涵，还具有较高的附加值，通过对某一核心文化旅游产品的不断深度挖掘和创新，能衍生开发出一系列的新产品。

3.体验性

有别于传统走马观花式的旅游方式，现代文化旅游更强调旅游者在活动过程中的文化体验和文化参与行为。确实，随着人们对精神文化的渴求逐渐加强，传统模式旅游意义已大打折扣。而文化旅游的出现，给予了游客在旅游过程中充分的体验与参与机会，让他们能够在实境中感受和体验当地的民俗文化。

4.创意性

创意是文化旅游的核心，一般旅游主要是从资源的角度出发寻找差异和特色，不管其挖掘过程是否考虑了市场需求和竞争关系，着眼点仍不能脱离资源。文化旅游则在一定程度上摆脱了资源的束缚，它能够综合各种因素，包括资源、环境、市场、社会背景等诸多方面进行创造。离开了创意，文化旅游亦将会失去生命力。

（三）民俗文化与旅游

就民俗文化与旅游来说，二者有着密不可分的联系。观风察俗、考察民间文化，从古代开始就是推动旅游的一种动力。很多人都将了解民俗风情，采录民间传说、山歌俚语的旅行看作一件非常重要的事。的确，旅游者对异域异族的民族风俗始终抱有一种认识的愿望和好奇心，正是民族间的文化差异激励着旅游者产生旅游动机及去实地游览的心理，并期望利用一切机会"入乡随俗"，到浓郁的民俗氛围中身临其境地感受和体验其生活方式。其实古今中外的大量游记中都有许多关于各地风土习俗、民间习尚、神话传说等民俗内容的记载，可见民俗对旅游的推动作用。的确，一个地区独具特色的奇异风俗，一旦为人们所知，便成了一种对游客的巨大吸引力，且不论当地的自然风景如何，这种民俗本身就构成一种独特的旅游资源。我国是一个由 56 个民族组成的国家，各民族都有灿烂的文化、绚丽的民俗风情。而不同的民族有各自奇异的风俗，甚至同一民族的不同区域民俗也会略有差异。这些差异吸引着旅游者去异域异族的目的地旅游，这种旅游是涉足、接触、观赏、体验异族或异地文化及其环境氛围的过程。总的来说，民俗既反映了旅游地的历史，又体现了旅游地的文化和社会生活，通过旅游这一方式，旅游者的生活节奏发生了变化，旅游者拓展了文化视野、调整了原有的文化系统、增添了新的文化气息，并且通过对民俗的直接体验，加深了对民俗风情的理解，获得了难得的文化享受，其意义已然超过了旅游本身。

当然，在面对民俗文化旅游这一概念时，如果我们从不同的角度出发，可以对民俗文化旅游作出不同类型的划分，这对于我们进一步了解民俗文化旅游有着积极的促进作用。如从民俗范畴的角度出发，民俗文化旅游可以分为物态民俗文化旅游、动态民俗文化旅游、心态民俗文化旅游、语态民俗文化旅游。

物态民俗文化旅游以民俗物品的观赏、品尝、选购为主，这里的民俗物品包括民居、民器、衣饰、民间食品、民间工艺品等，它借助静态的民俗物品展现一时一地的民间风俗。例如，山西丁村民俗博物馆利用33座明清时代的民居院落，陈列近代有关民俗的文物，还将当地的一些生活民俗做成模型展现给游人。

动态民俗文化旅游以活动为主，游人通过参与或半参与进入特定的民俗文化氛围，并从中得到愉悦和陶冶。例如，南京的秦淮河风光带，在以夫子庙为中心的秦淮河两岸分布有仿明清时代的古建筑群，楼阁、殿宇构成独特的布局，亭台、庙宇组成丰富的空间。十里秦淮河形成了具有一定规模和地方特色的文化用品、小商品、花鸟鱼虫、风味饮食、春节花灯的市场，体现了江南的风土人情。这里集游玩、参与为一体，夜晚还可乘坐画舫游览十里秦淮河，听船上的民乐弹奏，观两岸民俗风情，赏秀丽的江南水乡风光，令人赏心悦目。

心态民俗文化旅游指的是挖掘民俗中的精神文化因素，并转化为旅游产品，它涉及敬神、祭祖及其他信仰性活动。例如，炎帝陵的祭祖仪式，祭祖期间同时展示各种民俗活动，使悠久的传统得到展现。

语态民俗文化旅游指对声音、语言传承的民俗内容加以开发应用，包括戏曲、山歌、曲艺、方言等。例如，湘西苗族的传统节日三月三，在这一天，远近的苗族人自动聚集到约定的歌场上，对歌、听歌、跳舞、观舞，尽情欢乐，这一切都向游人展示了浓郁的民俗大观。

另外，按旅游者的行为动机民俗文化旅游又可分为消遣观光型民俗文化旅游、参与型民俗文化旅游、考察型民俗文化旅游。

消遣观光型民俗文化旅游是以静观或踏看为主的游览方式。绚丽多彩的民俗风情、异族情调吸引着游人去观光游览。这种游览方式目前在民俗文化旅游中所占的比例最大。游人希望在有限的时间内尽可能多地游览民俗景点，看到货真价实的、原汁原味的民俗事象。

参与型民俗文化旅游是在特定的环境中，同当地人或表演者共同演戏、生活或劳动。游人对异域异族的风俗抱有好奇心和认知的愿望，乐于身临其境体验当地的风土人情，真实感受另外一种生活方式。例如，迎合了这一旅游心理的内蒙古举办的"住蒙古包，穿蒙古袍，喝奶茶，吃手扒肉"的草原风情游倍受游人的青睐。

考察型民俗文化旅游是指通过对特定的民俗旅游地的考察，探索异域异族的民俗风情奥秘，获取某些方面的研究资料；或通过考察印证所学的知识，希望了解民俗风情的来龙去脉，认知其本质。

二、理论基础

（一）创新理论

"创新理论"是美籍奥地利经济学家熊彼得在《经济发展理论》一书中首先提出的，主要是指把一种从来没有过的关于生产要素和生产条件的新组合引入生产体系。在经济发展中，整个社会其实都是在不断地实现这种"新组合"，引进新产品、引用新技术和新的生产方法，开辟新的市场，控制原材料的新供应来源以及实现企业的新组合。根据熊彼得的观点，积极的发展分为四个阶段：繁荣、衰退、萧条和复苏，其中复苏阶段是一个新的均衡状态和发现阶段。在经济发展的周期中，创新是周期性波动的基础，如果产品的创新成功，它就会引起产品进入一个新的生命周期，进而使行业生命周期的循环往复。

创新理论同样适用于旅游产业，因为以某项旅游资源为核心的旅游产品和工业产品一样，也存在一个由盛转衰的生命周期。因此，要想延长旅游产品的生命周期，或者说，使其生命周期不断地循环往复，就必须要不断地对旅游产业进行创新。显然，民俗文化和旅游的融合便是对旅游产业的一种创新，这种创新不仅体现在旅游内容上，也同时体现在旅游观念上。

（二）产业融合理论

产业融合理论是现代产业理论体系中的重要组成，从实践视角来看，其是相较于"产业分化"而言的产业发展新范式。"产业融合"一词的出现，源于技术领域的发展，而后，"融合"一词的应用日渐广泛，并逐渐延伸到各个领域。在技术与经济并行发展的当下，产业间的融合发展呈现出蓬勃之势。在此过程中，传统产业的升级转型必然引发新业态产生，随着新旧产业的共同发展，彼此间的界限日益模糊，产业结构日趋复杂。民俗文化旅游显然就是"民俗文化"和"旅游"的融合，是以民俗文化为中心，以旅游为载体的一种新兴的旅游模式。

对于我国而言，民俗文化旅游资源丰富，而且很多人对于民俗文化也存在着探索的欲望，所以将"民俗文化"和"旅游"融合是旅游发展的一个必然方向。其实，早在2009年文化部、国家旅游局（现已整合为文化和旅游部）便印发了《关于促进文化与旅游结合发展的指导意见》，并在其中表述了"文化是旅游的灵魂，旅游是文化的重要载体"的这样一种关系。而民俗文化旅游就是站在文化的视角上，将聚焦的文化具体到民俗文化上，依托各民族、各地区优秀的民俗文化资源发展文化和旅游业，这不仅能增强当地文化旅游的独特性和吸引力，提升产业竞争力，还能保护和传承优秀的民俗文化旅游资源，达到"以文化城""以文化人"的效果。

当然，民俗文化和旅游融合不是单纯地对文化资源进行旅游产业化的开发，也不是在旅游过程中添加一些简要的文化元素，更不是产业间的消融解构、此消彼长，而是一种发展思维、一种发展理念。而且在文旅融合发展的过程中，要系统梳理优秀民俗文化旅游资源，注重对民俗文化旅游资源原真性、完整性、活态性的保护。以保护为前提，以市场为导向，以融合为路径，以科技为手段，推动民俗文化旅游可持续、高质量发展。

第二节　民俗文化旅游的特征与构成

一、民俗文化旅游的特征

民俗文化旅游除具有文化旅游的一般性外，还具有自身的特征，主要表现在乡土性、民族性、稳定性、参与性、愉悦性五方面。

（一）乡土性

正所谓"一方山水养一方人"，一方山水养育一方文化，一方文化繁衍一方风情。不同的自然地理环境，孕育出的民俗风情自然也带有浓郁的乡土色彩，这些浓郁的乡土色彩又反过来作用于自然景观，进而使得自然景观也充满了别样的魅力。"十里不同风，百里不同俗"或许便是来源于此。另外，由于地理环境的封闭与特殊性，其与外界的联系较少，因此受外界文化的影响也就越小，其民俗风情也就愈加别致和独特。

（二）民族性

如果追溯民族的起源，大致可以追溯到原始社会的末期，虽然当时的概念是部落，但无疑是民族的一种雏形。世界上有 2000 多个民族，中国便有 56 个，并且其中不少的民族还有几个至几十个不同的支系。各民族有自己的语言、地方方言、民间歌舞、地方风物、民族服饰、特色民居……作为一个群体的一种约定俗成、传承的行动，民俗文化无不打上民族的烙印，这些烙印在不断的传承中越来越深，形成了独特的民族风情。

（三）稳定性

从某种程度上来说，民俗风情产生于由上层社会倡导或个人发起，或者由下层社会创造，经历较长的时间得到社会的认可及众人的效仿，进而逐渐形成被人们所接纳的民俗。这种被接纳的民俗长期稳定下来，在一个民族中传承、延续，有着顽强的生命力。的确，很多深入民心的民俗历经几百年甚至几千年的传承，至今仍生机盎然地延续着。当然，民俗文化传承的稳定性是相对而言的，并不是绝对的稳定，随着社会的不断发展和进步，人们的价值观在不断改变，有些旧的民俗会逐渐消失，而有些新的民俗会慢慢出现。

（四）参与性

民俗文化既包含意识形态的部分，也包括非意识形态的部分，所以民俗文化旅游应该不仅是可以观看、欣赏的，更是需要涉足、参与和体验的，而不是像文物一样静止地放在那里让人们参观。确实如此，在互联网逐渐成熟的今天，我们可以从网络上了解任何一个地方、任何一个民族的风情和文化，却没有办法切身体验，这是互联网的局限所在。而民俗文化旅游以旅游为载体，让人们直接接触和体验各地的民俗文化，能够让人们在切身实地的参与中感受到异地或异族的文化及其氛围。

（五）愉悦性

愉悦性是旅游必备的一个属性，毕竟旅游的目的不仅仅是增长见识，还有身心上的放松和愉悦，这在生活节奏不断加快的今天显得愈加重要。但是，由于旅游内容的差异性不大，人们产生了审美上的疲劳，因此旅游带来的愉悦感也随之减少。而在民俗文化旅游中，因为民俗文化具有很强的民族性，所以对于游客来说，旅游的内容是新奇的，而且很多民俗本身就具有真切、热情的特点，这就进一步增加了游客的愉悦感。

二、民俗文化旅游的构成

民俗文化旅游属于文化旅游的重要组成部分，其旅游活动得以实现有三大必不可少的因素：主体、客体、媒体。主体是指民俗文化旅游者，它是民俗文化旅游活动的主要因素，是民俗文化旅游活动得以实现的主要载体；客体是吸引民俗文化旅游者进行旅游的民俗事象，也就是通常所指的民俗文化旅游资源；媒体是联系民俗文化旅游者与民俗文化旅游资源之间的媒介物，即民俗文化旅游业，包括旅行社、宾馆、交通等各个环节。在民俗文化旅游中，主体、客体、媒体三大因素之间相互依存、相互制约、相互促进。

（一）民俗文化旅游者

旅游者是指除了获得职业报酬以外，因任何原因暂时离开常驻地而去异地或异国他乡访问的人。民俗文化旅游者是旅游者的一个组成部分，参照于旅游者的定义可以将其具体为以涉足、接触、观赏、体验异族异地的民俗文化及其环境氛围为主要目的，暂时离开自己的常驻地去别的国家或地区旅行和游览的人。

民俗文化旅游者与传统旅游者有密切的联系，但两者之间也存在着明显的差异，如表2-1所示。

表2-1　传统旅游者与民俗旅游者之比较

旅游者 区别	传统旅游者	民俗旅游者
参观对象	山川、湖海、河流等自然景观，遗址、古建筑、主题公园等人文景观	参观与民俗有关的一切事物，包括时节民俗、信仰祭祀民俗、礼仪民俗、游艺民俗等
参与形式	既有主动式的参与，也有被动式的参与	多数是主动参与的形式，为了了解有关民俗文化的事象，也会将自己的情感注入民俗事象中，在赏心悦目的同时产生情感上的共鸣。
求知欲	期望通过旅游来丰富阅历、扩大见闻、增长见识	对异族异地的民俗文化具有极强的好奇心和求知欲，期望通过参观、调查等方式对当地的民俗文化有一个深入的了解，甚至参与到当地人的生活之中，从而获取直接的感受
自身素质	素质参差不齐	多数具有较高的文化素养，不满足于自身目前所了解的文化，向往着异族异地的民俗文化，期望对他们的文化有更为深入的了解。

当然，专门进行民俗文化旅游的人数并不是很多，但在目前已有的人数中，已经呈现出了较为明显的特征，相信随着民俗文化旅游的发展，这一旅游方式的人数必定会不断增加，其特征也会日益凸显。

（二）民俗文化旅游资源

从旅游资源的角度来看，旅游资源大体上分为人文旅游资源和自然旅游资源两大类，如果对其进行一个整体上的定义，旅游资源通常是指自然界及人类社会中能够对旅游者产生吸引力，激发其产生旅游动机，可为旅游业利用，产生经济效益、社会效益和生态效益的各种事物和因素。显然，民俗文化旅游资源是旅游资源中的一个具体分支，具体来说，它是能够对旅游者产生吸引力，激发其产生旅游动机到旅游地参加民俗文化旅游活动的，并为旅游业所利用，产生经济效益、社会效益、生态效益的民俗事象。民俗文化旅游资源的范围十分广泛，几乎包括一个民族的人们的生产生活的各个领域。不过按其属性及存在的形态可将其分为物质民俗文化旅游资源、社会民俗文化旅游资源、意识民俗文化旅游资源三大类，并且这三大类又可以细化到11类、42种基本类型。

1.物质民俗文化旅游资源

物质民俗文化旅游资源包括生产民俗和消费民俗两类。其中生产民俗包括采集民俗、渔猎民俗、畜牧民俗、农耕民俗、手工业民俗五种基本类型；而消费民俗包括服饰民俗、饮食民俗、居住民俗三种基本类型。

2.社会民俗文化旅游资源

社会民俗文化旅游资源包括流通民俗、人数礼仪民俗、岁时节令民俗、社会结构民俗、游艺民俗、口授语言民俗六类。其中，流通民俗包括交通民俗、通讯民俗、市尚民俗三种基本类型；人数礼仪民俗包括生育礼俗、成年礼俗、婚姻礼俗、寿庆礼俗、丧葬礼俗四种基本类型；岁时节令民俗包括传统节日、现代节日、宗教节日、二十四节气四种基本类型；社会结构民俗包括家庭民俗、亲族民俗、乡里民俗、社团民俗、帮会民俗五种基本类型；游艺民俗包括游戏民俗、竞技民俗、歌舞民俗、工艺民俗、技艺民俗五种基本类型；口授语言民俗包括民间神话、民间传说、民间故事、民谣谚语四种基本类型。

3.意识民俗文化旅游资源

意识民俗文化旅游资源包括原始信仰民俗、民间宗教信仰民俗、禁忌民俗三类。其中，原始信仰民俗包括自然崇拜、图腾崇拜、祖先崇拜三种基本类型；民间宗教信仰崇拜包括对各种宗教的崇拜，对于不同民族来说，有着不同的宗教崇拜，所以不一一列举；禁忌民俗包括生产禁忌、生活禁忌、民间宗教禁忌三种基本类型。

概括来说，以上种种民俗的存在形式和表现形式多样，内涵丰富，为民俗文化旅游的发展奠定了良好的物质基础。

（三）民俗文化旅游业

旅游业是为国内外旅游者服务的一系列相关行业。旅游关联到旅游者、旅行方式、膳食供应设施和其他各种事物，它构成一个综合性的概念，而且随着时间和环境的不断变化正在形成统一的概念。进一步来说，旅游业由旅游观赏娱乐业、餐饮住宿业、旅行社业、交通通信业、旅游商品销售行业及旅游管理机构构成。这些行业、部门如果主要开展民俗文化旅游业务或主要经营民俗文化旅游产品，它们就属于民俗文化旅游业的范畴。

具体来说，旅行社负责民俗文化旅游线路的组织、宣传，游人和接送和导游；餐饮住宿业提供餐饮住宿方面的服务；交通通信业实现旅游者的旅游信息的空间位移；观赏娱乐业向旅游者提供民俗文化的观赏娱乐产品；旅游销售业为游人提供具有独特性、文化性、民族性、纪念性和艺术性的旅游商品。这些为旅游者提供了种种的便利，可以说它们是旅游者与民俗文化旅游资源之间的桥梁，将二者更好地连接了起来。

第三节　民俗文化旅游开发现状

一、国内民俗文化旅游开发情况

我国的 56 个民族分布于幅员广阔的区域，各地的自然条件纷繁复杂，不同的地理环境、经济背景孕育出不同的风俗习惯。"十里不同风，百里不同俗"概述出民俗的地域差异。56 个民族在不同的发展与演变过程中，形成并传承着各具特色的民俗习惯，各民族的民俗文化千差万别、绚丽多彩。下面，我们将对国内各地民俗文化旅游开发的情况做一个简要的阐述，然后以湖南为重点，进行详尽介绍。

（一）国内各地民俗文化旅游开发情况简介

1. 中国民俗文化村

中国民俗文化村位于广东省深圳市的深圳湾旁，由香港中国旅行社与深圳华侨城经济发展总公司共同投资 1.1 亿人民币建造，是国内第一个集各民族的民间艺术、民俗风情和少数民族独特的民居于一园的大型民俗文化游览区。中国民俗文化村占地 22.2 万平方米，于 1991 年 10 月开放。修建者遵循"源于生活，高于生活，荟萃精华，有所取舍"的原则从不同的角度展现了我国多姿多彩的民俗文化。

民俗文化村将 21 个民族的 24 个村寨按 1：1 的比例修建再现。村寨是请各民族地区的有关单位设计、建造的。建筑材料、房内的陈设、生产生活工具——从当地购置。这样就将民族村寨真实、自然地移置了过来，形成了和谐、原始、古朴、简陋的整体环境。这里有蒙古包、陕北的窑洞、哈萨克毡房、北京的四合院、土家族的水上街市、苗族的吊脚楼、布依族的石头房、摩梭人的木楞房、傣族的竹楼等各具特色的民族传统民居。民俗文化村还设计有多个著名的民族景观，如傣家佛塔、独龙族的藤桥、侗族的风雨桥和鼓楼、以假乱真的云南石林、虽为人作宛如天开的黔仙洞、金碧辉煌的西藏大昭寺、富有几何变化的穆斯林清真寺，还有成片的海南椰林、古木参天的西双版纳热带雨林。

各村寨内有从各地少数民族土著民中聘请来的"居民"。他们身着本民族的服装，说着本民族的语言，过着日常的生活，平平常常地生活在村寨内。其中蒙古族、维吾尔族、藏族、佤族、侗族、彝族、傣族、黎族、苗族在各自的村寨内每日三场定时表演民族歌舞。每当夜幕降临后，在民族文化广场、中心剧场有大型的民俗艺术表演。热闹的威风锣鼓、热烈欢快的朝鲜族农乐舞、热情奔放的维吾尔族舞蹈、活泼多姿的高山族手拉舞等极富观赏性和艺术性。这些参与演出的演员都是从各民族地区挑选出来的，其中有50多位是身怀绝技的民间艺人。表演的内容也不是一成不变的，会不定期或者定期地进行更换。此外，每月的初一还举行大型的民间节庆活动，如傣族的泼水节、彝族的火把节、回族的花儿会、傈僳族的刀杆节等，整个民俗文化村充满了浪漫、祥和、欢快的气氛。游人在民俗文化村内可以参与到活动中去，与各民族的"居民"同欢乐，同时还可以参与各民族的歌舞表演，达到情景交融、物我两忘的境界。

2. 自然民俗村——贵州郎德苗寨

贵州雷山县郎德苗寨是1987年贵州省首批建立的露天博物馆，也是全国第一个露天博物馆，经过20余年有计划的开发，该苗岭山寨已具备了完整的自然民族村寨的旅游体系。

郎德苗寨的民居大都是依山而筑的干栏式吊脚楼，上下三层。底层进深极浅，往往只能关猪、牛，安放石磨。住人的中层外廊装有"美人靠"的曲木栏杆。一幢紧接着一幢的吊脚楼排列有致，清澈的小溪绕寨而过，数十架古老的水车"吱呀"唱个不停。寨内道路由一色石板卵石铺就而成，整齐洁净，石板路上还建有40多座小桥，有些架在要道上，有些架在河上，有些架在沟上，甚至是无水的凹地上也会架有小桥。小桥以杉木建造为最佳，而为求吉利，须是砍伐后还能再生的。当地民俗认为，人是从另一个世界通过桥来到这个世界的，因此这些桥不仅是交通设施，更是神灵之物，逢年过节还用祭品祭祀，更有二月初二的祭桥节，祭祀老桥，架设新桥。有为交通而架的"无意架桥"，也有为婚后不育（或有女无子）求子而特意架设的桥。架桥之后才出生的小孩被认为是桥显灵，此桥自然就成了小孩的"保爷桥"，而当孩子长大后生儿育女，这座桥又成了全家人的桥。

当游人来到苗寨临近寨门时，苗家人用苗歌和米酒恭迎远客，一边唱敬酒歌，一边劝拦门酒。在三、四道，有甚者可达十二道的"阻拦"劝酒声中浓情尽显，最后到寨口挂着一对牛角酒杯的小楼下，身穿民族盛装的姑娘还要捧上牛角酒。此外，在苗寨还随处可见心灵手巧的苗家妇女在自家的吊脚楼里刺绣、挑花、编织、蜡染……游人在郎德苗寨能从村民的生产、生活起居中感受到淳朴的苗族民俗、民风。这座民族村寨博物馆呈现出的民族风情，使众多游人流连忘返。

3. 贵州梭戛苗族生态博物馆

在贵州中部六枝特区的梭戛乡生活着一个不足 5000 人的古老而神秘的苗族支系。据当地传说，这些生活在深山老林的苗族人为了吓唬、迷惑林子里的野兽，头上戴起了奇特的头饰。这种头饰是在头发中扎上牛角样的木板，然后用麻线、毛线、头发等盘结而成，头发重者 2 公斤有余，披散下来头发有的竟有 3 米长。这奇特的头饰是辨识这支苗裔的一个主要依据。

在这里，苗家女子用灵巧的双手纺麻织布、蜡染印花。沿着石块铺设的路走进苗寨，路边、墙下晾晒着摊开的麻秆，撕剥下来的麻丝经过古老纺车的横编竖织就成了结实的麻布，然后经苗家女子一双巧手配以刺绣及蜡染的细白布，便可以缝合成别致的苗族服装。寨上的女孩五六岁学绣花，八九岁便操持着学蜡染。蜡染的方法并不复杂，先是用扁平的蜡刀点蜡液在细白布上勾画记熟的图案，然后将画好的布放入染缸染色，再用水煮去蜡，一块上好的蜡染便制作成功了。漫步在寨内，不时可看见苗家女子的手上绝活。

由于交通不便，梭戛乡的苗族很少与外界联系，原汁原味的民俗文化承袭至今。1998 年，中国与挪威两国政府联合在梭戛乡创建了中国乃至亚洲第一座生态博物馆，它以各种方式记载和整体保护梭戛苗族的民俗文化的精华。该博物馆由原生态的梭戛乡的 12 个村寨及建在梭戛寨脚的资源信息中心组成。该中心由圆石砌成的寨门伸出两只牛角状的饰物，显得气势不凡。进入大门便是一组当地民居的"翻版"：衫木结构的房子嵌着花格子窗户，茅草顶屋脊加厚堆高别是一番风味……集信息搜集、整理、资料文物展示和接待功能为一体的信息中心，述说着梭戛苗族的民俗文化概况，游人置身其中，感受着梭戛乡苗族独特的民俗、民风，仿若穿越时空一般，能产生一种神奇的体验。

（二）湖南民俗文化旅游开发情况

1. 湖南北部苗族、土家族民俗旅游区

湖南北部是该省少数民族人数最多、聚集程度高且旅游资源最丰富的地区，是湖南省内旅游业潜力大且发展最快的地区。此地奇峰、秀水、飞瀑、异洞甚多，民俗文化旅游开发的情况较好。

（1）吉首、凤凰旅游区

德夯是一个典型的苗族村寨。德夯意为"美丽的峡谷"，村寨四周高山耸立，林木郁郁葱葱，十几处瀑布悬挂在危岩断崖之上，曲溪、茂林、峭壁构成险峻的峡谷风光。在峡谷深处居住着近百户苗族人家，清一色的灰瓦木屋，清一色的石板路、石板坪、石板桥连接户与户，构成了可观、可游、可居的特色村寨。在这苗族山寨里有古朴的拦门礼、迎客酒、迎宾鼓舞，入夜还有村民的山歌对唱、篝火会。民俗旅游活动的展开已使村民们走上了小康富裕之路。

凤凰的黄丝桥古城位于凤凰城西25千米处，这是国内至今保存最好的一座城堡。古城始建于唐垂拱三年（公元687年），经宋、元、明、清各代改造修葺，新中国成立后湖南省县政府又拨款修复，成为一座雄伟壮观的石头城。这里古为屯兵之所，是历代统治者防止西部苗民生衅的前哨阵地。

古城系青石结构建筑，城墙高5.6米，厚2.9米，宽2.4米，东西长153米，南北长190米，周长686米，占地面积2900平方米，筑城所用石料皆为石灰岩的青光石，小的也有1000余斤。石面精钻细凿，表面平整，工艺考究。砌筑时以糯米稀饭拌合石灰来砌浆灌缝，使数百米城墙，浑然一体，坚固牢实。古城开有三个城门，均建有十余米高的清式建筑格局的高大城楼，东门城楼题"和育门"，西门城楼题"实城门"，北门城楼题"日光门"。

在黄丝桥古城内居住着几十户苗族人家。他们有的在自家的家门口办起工艺店，出售女主人亲手制作的刺绣、花带、苗族绣花衣裳，还展示自家留传下来的银饰；有的开起小饮食店，用苗家的特色菜肴款待远方来的客人。

（2）猛洞河风景区

王村古镇是秦汉时期酉阳城旧址，是一座有土家族民族特色和2000多年历史文化的古镇，是猛洞河水道旅游的门户、猛洞河风景区的南大门。这里铁路、公路、水运交通方便。镇中风光风情独特，五里青石板长街，两旁板门店铺、土家吊脚楼顺坡而建，淳朴的土家民族风情十分迷人。王村镇南临酉水，北依群山，北面有奇特的石林，东侧是王村瀑布，瀑布高 60 多米，宽 40 多米，发出巨大的轰鸣声。

王村幽深的小巷、青石板铺就的长街、土家的吊脚楼和纯朴的民风吸引了无数游人，同时也吸引了一些电影导演的目光。1986 年，著名电影导演谢晋把这里选作了电影《芙蓉镇》的外景拍摄地，于是王村又有了一个名字叫作芙蓉镇。完好的外景地，将饱你的"眼福"，品尝一碗"米豆腐"，将饱你的"口福"。在王村还有湘西民俗风光馆，馆内的展品述说着土家族的信仰、婚俗、狩猎等古朴的民俗。同时，还有摆手舞、哭嫁、咚咚隆、土家打溜子、土家情歌对唱等民俗节目表演。

王村镇的民俗景观丰富多样，融观光型、娱乐型、参与型景观于一体。民俗景观与其他自然景观、历史文化景观组合在一起丰富了民俗旅游的文化意蕴，将民族文化与特定的历史文化背景地域交通背景联系在一起，使游人无论是在观赏土家民居吊脚楼、品尝风味小吃米豆腐、欣赏民族歌舞表演时，还是在参与西兰卡普的制作时都能感受到土家文化的意蕴。

老司城，又名福石城，为全国重点文物保护单位。据《永顺县志》记载，这里从五代起，就是溪州彭氏土司政权的故都。土司政权延续 28 代，至"改土归流"止，达 818 年之久。其鼎盛时期城池宽达 2 平方千米，有内罗城、外罗城、正街、上街、背街等八街九巷和土司王的三宫六院，故有"城内三千户，城外八百家"之称。清代土家族诗人彭施铎诗云："福石城中锦作窝，土王宫畔水生波。红灯万点人千叠，一片缠绵摆手歌。"清雍正七年（1729 年）实行"改土归流"，从此这里走向衰败破落，被人们称为"老司城"。老司城的建筑大部分已消毁于历史的风雨之中，所幸的是"万马归朝"等山水风光依旧，黯色卵石铺就的街道仍可勾勒出当年都城的轮廓，祖师殿古刹以及皇经台、土司德政碑、土司王祠、翼南牌坊等古迹尚存，可供人观赏和凭吊。

（3）张家界风景区

张家界土家风情园坐落于中国著名旅游胜地张家界，景区总占地面积 5.3 平方千米，总投资 7500 万元，主要项目有土司城和毕兹卡圣火堂。

土司城原为永定土司城，是一座古老的土家山寨，于 1999 年由民营企业家杨刚年先生投资修缮。土司城内有醉人的土家拦门酒、神秘的土家祭祖活动、土家历史文物展示、土家民俗演示等，其中"九重天""千人茅古斯"获两项世界吉尼斯之最。土家园林艺术等丰富多彩，土家风情园自开业以来，得到了全社会各界的广泛关注，前后共接待 20 多位党和国家领导人来土家风情园视察，中央电视台等国内外多家新闻媒体也做了专题报道，均使其获得很高的赞誉与评价。2004年，土司城被列入国家 AAAA 级旅游景点、张家界旅游精品线。

在土司城内，有湘西最高的一座吊脚楼，高达48米，共12层，整栋楼竟无一根铁钉，堪称土家吊脚楼建筑史上的奇迹。此楼于2002年9月被评为最高吊脚楼，荣获世界吉尼斯之最的称号；与此同时，土司城内举办1000人参加表演的茅古斯舞蹈活动获得圆满成功，同时获得世界吉尼斯之最。土司城有独特的迎宾仪式，土家汉子迎宾鼓，吹牛角、放冲，土家姑娘拦门歌，敬拦门酒。游人们在城内，可在祭祀堂前参与举行的百人土家大祭祖活动，男女老少唱摆手歌，跳摆手舞，登世界最高的吊脚楼九重天，参观土家族千百年来的文化展示；还可到土家山寨，听土家歌，赏土家族最有代表性的风俗哭嫁、三棒鼓、花灯等民俗表演。

毕兹卡圣火堂于2003年兴建，其表演的晚会《土风苗韵》是土家风情园与湖南省民族歌舞团联手精心打造的旅游歌舞文化产品，通过"祈福""风情""婚俗"三个篇章，艺术地反映了中国湖南大湘西土家族、苗族的风土人情，充分展示了大湘西的神秘色彩以及这方水土人们的勤劳、纯朴和善良。一台节目，集艺术性、观赏性、娱乐性于一体，带给观众的不仅是艺术享受，更有意外的惊喜，为土家风情园增添了一道亮丽的风景。

2. 湖南西部侗族民俗旅游区

这一地区集中了九成多的侗族人口。侗族旅游资源占绝对优势，近年来该地也在大规模地开发，但由于本区其他各类旅游资源蕴藏量不大，质量不优，缺乏开发的依附地，所以本区旅游业发展缓慢，区内设施差，接待能力也较差。

（1）通道百里侗文化长廊

从通道双江镇出发，沿坪坦河而上至高步，转陇城至坪阳，全程有100余里。这一带是通道侗族传统文化最丰富、并保留得最完整的一个区域，是通道民俗生态旅游开发的一个重点景区。通道是文物大县，重点文物主要分布在这片区域。百里侗文化长廊现有国家级文物保护单位两个、省级重点文物保护单位四个、县级重点文物保护单位两个。经过专家的考评，百里侗文化长廊已具备申报世界历史文化遗产的基本条件，目前正向联合国申报。

百里侗文化长廊包括黄土、坪坦、陇城、坪阳四个乡镇，这一带的侗族建筑非常有风格，侗族建筑"三宝"在这里随处可见。公路沿线有大小侗寨39个，国家级重点文物保护单位——芋头侗寨、皇都侗族文化村都分布在这一区域；还有风雨桥十多座，包括中国侗区唯一的弧形风雨桥——回龙桥。

（2）怀化中国侗族文化城

侗族文化城位于芷江侗族自治县公坪乡境内的象狮坡省级森林公园内，距怀化市中心 6 千米，占地面积 200 平方千米。这里重峦叠嶂，森林茂密，山水相映，空气清新，自然环境十分优美。中国侗文化城的建设突出侗族独特的建筑文化、服饰文化、饮食文化、歌舞文化以及传统的风俗习惯形成的侗族独特的文化内涵。它集民族文化观赏、自然风景游览于一体，成为继张家界之后湘西的又一个旅游胜地。

（3）大寨侗族风情区

城步苗族自治县长安营大寨村位于南山脚下，这里的侗族风情多彩多姿，浓郁得令人陶醉。侗民喜欢唱山歌、盘歌、踢毽子、摔跤、耍狮子、玩龙灯、吹木叶、吹芦笙、跳芦笙舞，喜欢弹琵琶和听唱"琵琶歌"、唱"摇摇歌"、跳"摇摇舞"，擅长"哆耶"，保留有制作银饰、刺绣、织锦、绘画、编织等民间工艺。另外，大寨侗族同胞喜欢吃香糯饭、糯米粑粑、糯米团子、糯米甜酒、腌酸菜鱼等，喜爱制作侗茶饼，每日三餐要喝油茶，宾朋来到家里后，打油茶待客，情比茶浓，其味无穷。大寨村落规模较大，房屋鳞次栉比，寨子中的石板路纵横交错，寨前设有寨门，寨中有高耸的鼓楼，寨子四周筑有防盗的篱笆栅栏，寨外的溪河上修有精美的安龙桥。在村头寨尾都培植有松、杉、柏等风水林，形成古树群落，特别是大寨溪河沙滩上的 38 株古杉与河畔上的"湖南杉树王"，更是郁郁葱葱。

3. 江华、江永瑶族风情旅游资源区

江华、江永是湖南瑶族人口最多、聚居程度最高的地区，尤其是江华，集全省约 50% 的瑶族，区内的瑶族风情旅游资源占绝对优势，有闻名于国内外的瑶族"桃花源""千家峒"。

（1）九嶷山景区

九嶷山又名苍梧山，位于湖南省南部宁远县境内，属南岭山脉之萌渚岭，纵横 2000 余里，南接罗浮，北连衡岳。史载："苍梧之野，峰秀数郡之间，罗岩九峰，各导一溪，岫壑负阻，异岭同势，游者疑焉，故曰九嶷（疑）山。"相传舜帝死后，二妃娥皇、女英千里迢迢前来寻觅，溯潇水而上，沿大小紫荆河而下，由于九峰相似，令人疑惑，终未得见。九嶷山峰峦翠，巍峨壮丽，溶洞密布，绿水长流，自然风光十分秀丽。最著名的景点有舜源峰、舜帝庙、三分石、宁远文庙以及紫霞岩、玉琯岩、湘源温泉等。九嶷山是一个瑶族聚居区，瑶族的瑶歌、长鼓舞，以及瑶家姑娘出嫁"坐歌堂"的婚俗，都是风趣而极富情致的活动，可使人永志不忘。此外瑶家的银饰、刺绣、编织品、挑花等，都是久负盛名的手工工艺品，具有独特的民族风格。

盘王殿坐北朝南，为混凝土仿古式建筑，整座盘王殿远望错落有致，红墙琉瓦，金碧辉煌；近看雄伟、古朴、典雅，雕梁画栋，古色古香，具有浓郁的民族特色，堪称中国瑶族第一殿。

相传盘王是瑶族人民的始祖，而瑶族人民每到一地都要建立盘王殿，以纪念先祖。江华瑶族进入县境后，曾立有数座盘王殿，但风雨剥蚀，早已毁坏。为缅怀祖先，昭示民族传统文化，开发旅游资源，促进经济发展，根据瑶族人民的意愿，将原建于姑婆大山中的盘王殿迁建于县城沱江镇。迁建的盘王殿，坐落在风景秀丽的平头岩公园内，占地 1.4 平方千米，地势依序为低、中、高三级，与平头岩相对应。

盘王殿的彩绘，板面约有 1200 平方米，有 930 条龙、608 只凤，有苏式彩绘 346 幅、民族服饰 232 幅、瑶家山水 78 幅，以及不计其数的花草、鸟兽。吊脚楼式的厢房是瑶族历史文化的陈列室，陈列着各级领导的题词、瑶族生产生活用具、典祀、婚俗、文化活动以及军事方面的实物和照片，用直观的手法再现了瑶族悠久的历史文化。

（2）千家峒景区

瑶族人民世代相传的千家峒，自古被称为瑶家的"桃花源"。自元代官府血洗千家峒，瑶民出逃以后，千家峒究竟在哪里面，众说纷纭，莫衷一是，成了历史之谜。

位于江永县城北 11 千米处的千家峒瑶族乡，是瑶族祖居故地之一，此处四周群山环抱，进出只有"穿岩"唯一通道。这里至今保存着"盘王庙""盘宅妹墓""平王庙"等瑶族祖先留下的历史古迹，流传着神奇的民间传说，保留着全国仅有的"女书"文字。境内的鸟山、白鹅山、白鹅洞和大白水飞瀑、金童放牧、天女散花、狗头岩、三峰霁雪、仙女过桥等自然景色迷人。这里宛若仙境，被称为瑶家的"桃花源"。几百年来，无数迁居于国内外的瑶胞来到这里寻根祭祖。

江永千家峒人文古迹多，旅游资源丰富。千家峒古文献记载的峒口、四块大田、九股水源、枫木凹、白石岭以及造型奇特美观的鸟山、马山、石狗山等地形地貌特征就在江永千家峒内。元大德九年瑶民为抗击官兵围剿，在峒口的石山上筑起的古石墙仍依稀可见，现已成为千家峒的历史见证和奇特的旅游景点。另外，境内出土的古剑、古砖、火管、石碾、酒具以及最近发掘的湘南第一大古民窑遗址，更增添了千家峒的神秘色彩。1998 年，江永千家峒被湖南省人民政府定为省级风景名胜区，现已成为瑶族同胞寻根问祖，各地游客游览观光、休闲疗养的理想之地。

二、民俗文化旅游开发存在的问题分析

（一）过度开发使民俗旅游资源破坏严重

一些地方为了获得更多的经济利益，对民俗旅游资源实行掠夺式开发，结果造成许多民族文化资源被严重破坏，一些少数民族传统文化在我们还未来得及认清其社会性质与作用就已消失、解体。的确，不少民间习俗由于缺乏有效的保护，在强大的现代文明冲击下逐渐消失，不少民族文化遗址和民族建筑物遭受严重损害，有的甚至遭到了永久性的破坏。另外，还有很多的民间艺术品和手工艺品，为了迎合市场的需求，人们对其胡乱消减或增添，导致其失去了所蕴含的文化价值。从某种意义上说，过度的旅游开发，是以牺牲民族文化特征换取部分人的经济利益。实际上，不止民俗旅游资源如此，所有地方的旅游都存在此类问题，只有适度地开发利用，才能实现可持续发展。

（二）过分商业化扭曲了民俗旅游资源的原始性

在民俗旅游开发中，由于片面追求经济效益，传统文化商品化、庸俗化的现象时有出现。民俗旅游资源开发本应尊重民俗、弘扬民族文化，但个别旅游项目与个别地区却以低格调的民俗包装进行过多的文化场景模仿，人为地再造民俗节目，使民俗旅游被机械地舞台化，民俗旅游项目过于艺术化，民俗文化被随意地庸俗化，以致失去了民俗的本色与乡土气息。其结果便是一些民俗旅游脱离当地的社会生活，缺乏自然朴素的真情，淳朴的民俗被歪曲，甚至一些不健康的、迷信的陈规陋习也被错误地当成民俗特色大加渲染。民俗的地域性决定了民俗旅游必须发挥民俗的地方特色，以地域内特有的民俗事象来吸引旅游者，民俗旅游一定要有原汁原味的本土文化，只有这样才能体现文化特色，才能保持原始乡土气息。

（三）外来文化加速了旅游地民俗文化的变异

旅游开发实际上是多元文化的交汇行为，大量旅游者带来的思想观念、

生活方式以及外界信息的进入，破坏了旅游地社会、生产和生活现存的和谐与平衡，外来文化与民族地区本土的民族传统文化产生碰撞，甚至出现局部的对立，从而干扰了民俗变化原有秩序和发展进程。在外来文化对民族地区传统文化的冲击下，当地的居民对于时尚的追求将会使他们的思想意识、价值观念发生转变，进而影响其行为习惯，一些体现着高尚伦理道德规范的传统礼仪习俗被逐渐废弃，丰富多彩的民族服饰也在日常生活中慢慢消退，民间的节庆活动也发生了很大变异。旅游开发打破了原来的文化封闭氛围，加速了服饰、语言、建筑以及生活习俗等民俗文化的变异，最后将导致某些民俗文化特征被同化或消失。伴随着现代化进程的加快和民俗旅游开发的推进，民族文化资源和文化生态将会受到更加强烈的冲击。在今天，我们不得不面对一个现实：民俗文化在现代化推进过程中面临着严峻的挑战，因而对于民俗文化的保护就显得比任何时期都更重要。

（四）盲目仿照使民俗旅游资源失去神秘性

鲜明的地区特色是民俗旅游资源开发的基本出发点，但不少民族地区为了增加旅游的吸引力，缺乏认真研究，从形式上照抄照搬一些民俗活动，天天过节日、处处有节庆，呈现在游客面前的民俗表演和旅游文化产品与该民族的原生文化相差很大，体现不出自身特色。现在的民俗旅游产品市场并不是百花争艳，各民族地区的旅游文化商品大多雷同，大体上都是几样工艺品的组合，缺乏新意、创意与个性吸引力。民俗旅游项目开发是一项严肃的科学工作，务必要保留民风质朴淳厚的特点，多出精品、极品，只有这样才能以其特有的古朴与神秘持续地吸引旅游者。

第四节　民俗文化旅游资源的开发

一、民俗文化旅游资源开发的必要性和可行性

（一）必要性

1.有助于加速地区脱贫致富

相对其他产业来说，旅游业是一项投资小、见效快的朝阳产业，也是如

今世界的第一大产业，并一直保持平稳的发展，旅游业对世界作出的贡献逐渐增大，其对社会经济发展的作用也更加明显。一部分少数民族居住的地方多在山区或边远地区，这些地方的经济发展相对比较缓慢，并且由于交通不够便利，很多先进科学技术的引进都存在困难，所以其经济发展相对滞后。但是，这里少数民族民俗风情资源丰富独特，旅游业作为一种收效很快的产业，可作为这些区域的主导产业之一。因此，通过开发这些地区的民俗文化旅游资源，可以为该地区加快发展提供有力的支持，帮助这些地区脱贫致富。

2.有助于解放当地人的思想

对于一些生活在山区或者边远地区的少数民族来说，虽然生存环境非常艰苦，但一辈辈的人民创造了灿烂的民俗文化，形成了独特的民俗风情。自新中国成立以来，人民思想得到了解放，并且跟随着时代的日新月异不断进步。然而，由于历史原因以及地区交通等各方面的限制，生活在这些区域的人民接触不到最新鲜的事物，很多人的思想相对落后。而对其民俗文化旅游资源进行开发，不仅可以使这些资源得到充分的利用，更可以加强当地人和外部游客的交流，从而使他们吸收更多的外部信息，进而得到思想上的解放。

3.有助于民俗文化资源的保护

保护传统民俗文化是近些年来一直被人们提倡的一个口号，因为随着经济的发展和现代文明的冲击，传统民俗文化正在一点点地消失，这是一个需要我们共同面对的问题。一个国家的根本是民族，一个民族的根本是民俗，如果民俗文化消失，那民族和国家的根也便会随之衰亡，又何谈民族振兴呢？或许有人认为民俗文化旅游资源的开发是对民俗文化资源的一种破坏，但这又何尝不是对民俗文化资源的一种保护呢？不可否认，对民俗文化旅游资源的开发会在一定程度上破坏其原生态，但如果不对其进行开发，很可能就不会引起人们的重视，那这些民俗文化资源必然会在现代文化的铁蹄下荡然无存。其实，只要科学地开发民俗文化旅游资源，以可持续发展的理论为基础，就可实现对民俗文化资源的保护。从长远来说，开发正是对民俗文化旅游资源的一种保护。

（二）可行性

1.民俗文化旅游需求增大

经济基础决定上层建筑，这不仅是对国家而言，对个人而言也是如此。

随着我国经济的不断发展，人民生活日益富足，所以在满足于"面包"的同时，越来越多的人开始追求"玫瑰"。显然，旅游便是一种"玫瑰"，对于人们来说是一种精神上的追求。相对于其他旅游资源来说，民俗文化旅游资源具有一定的神秘性，很多人对其都充满了向往，期望能够置身其中去感受民俗文化的魅力。在这样一种背景下，人们对民俗文化旅游的需求日益增大，所以对民俗文化旅游资源进行开发有着非常乐观的前景。

2. 已有成熟的地区作为借鉴

无论是对于实际物品的开发，还是对于某种文化的开发，都不是一件容易的事情，在开发之路上也必然会出现很多困难。但是，如果有一些已经成熟的产品作为参考，那开发的难度必然会降低许多。对于民俗文化旅游的开发来说，虽然目前还不是非常成熟，但也已有了一定的基础，甚至有些地区已经有了非常高的知名度，如山西的平遥古城、湘西的凤凰古城等，这就为其他民俗文化旅游资源的开发提供了很好的参考和借鉴。

3. 越来越多地区的交通设施已得到改善

任何旅游者要实现从定居地到目的地之间的旅行，都必须借助良好的交通这一载体。的确，在交通日益发达的今天，在旅游目的地的选择上，交通的便利与否是影响旅游者决策的重要因素。针对游客所做的相关调查显示，游客在文化、地域、经济、兴趣、性格等方面存在较大差异，从而对食、宿、游三方面的质量评价弹性较大，而对交通质量的评价则比较一致。另外，在对众多旅行社的调查中发现，反映旅游质量问题的投诉中，交通问题占相当大的比例，旅游质量的好坏在很大程度上取决于旅游交通的质量。而近些年来，我国不断加大对基础设施建设的投入，尤其在公路、铁路的建设上，不断向大山深处以及边远地区延伸，这就使得越来越多地区的交通设施得到了改善，为民俗文化旅游资源的开发提供了有力的支撑。

二、民俗文化旅游资源开发的理论基础

（一）生命周期理论

旅游地的生命存在周期性，一般认为旅游地生命周期分为六个阶段，即探索阶段、起步阶段、发展阶段、稳固阶段、停滞阶段、衰落阶段和复兴阶段，各个阶段及其对应的特征可见表2-2。

表 2-2　旅游地生命周期各阶段及其特征

阶段	特征
探索	少量的"多中心型"游客或"探险者";少有或没有旅游基础设施;只有自然的或文化的吸引物
起步	当地投资于旅游业;明显的旅游季节性;旅游地进行广告宣传活动;客源市场地形成;公共部门投资于旅游基础设施的吸引物
发展	旅游接待量迅速增长;游客数超过当地居民数;明确的客源市场地;大量的广告宣传;吸引到外来投资,且外来投资逐渐占据控制地位;人造景观出现,并取代自然的或文化的吸引物;"中间型"游客取代"探险者"和"多中心型"游客
稳固	增长速度减缓;广泛的广告宣传以克服季节性和开发新市场;吸引了"自我中心型"游客;居民充分了解旅游业的重要性
停滞	游客人数达到顶点,达到容量限制;旅游地形象与环境相脱离;旅游地不再时兴;严重依赖"回头客";客房出租率低;所有权经常更换;向外围地区发展
衰落	客源市场在空间和数量上减少;对旅游的投资开始撤出,当地投资可能取代撤走的外来投资;旅游基础设施破旧,并可能被代以其他用途
复兴	全新的吸引物取代了原有的吸引物,或开发了新的自然资源

　　从上表我们可以清晰地看到旅游地的生命周期以及其特征,所以在了解这些的基础上,我们应该以生命周期理论为依据,适时地采取一些措施,从而延长其生命周期或改作他用。具体来说,可以从以下几个方面思考:

　　第一,可以根据旅游地生命周期理论判断旅游地处于哪个阶段,然后决定如何进行开发和投资。如当某些地区处在发展的初级阶段,便应该在开发过程中加大投资力度和广告宣传力度,开辟稳定的客源市场。

　　第二,要根据这一理论,研究游客的兴趣变化和市场的需求变化,及时判断该地旅游业新的投资方向和发展规模,发挥其最大的潜力,延长该旅游地的寿命。

　　第三运用市场营销观念和手段,通过自身调节,建立良好的内部组织环境,与外部经营环境建立积极有效的合作关系,适应外部大环境,尽力延长旅游地发展、稳固时期,要寻求新的发展方向,用全新的旅游吸引物提升该旅游地的承载力。旅游地的空间是有限的,旅游地的承载力也是有限的,在旅游地开发的过程中,要实事求是地评估该地的承载力,从而使得旅游地的生命周期能够得以延长。

第四，当原产品处于衰退期，且无法起死回生时，应适时另辟新径，开发新产品或将其改作他用。

（二）旅游系统论

系统论认为，系统是由一组相互依存、相互作用和相互转化的客观事物所构成的，具有一定目标和特定功能的整体。系统中各单元之间有物质、能量、信息、人员和资金的流动，通过单元的有机结合，整个系统具有统一的目标，但总体不等于部分之和。

旅游就是一个系统，它是通过旅游媒介到达旅游目的地的旅游活动系统，其构成要素有旅游者、旅游产品、旅游业和贯穿这三者的旅游活动。通过以上分析，可引出旅游系统的概念，即旅游系统是指直接参与旅游活动的各个因子相互依托、相互制约形成的一个开放的有机整体。

对旅游系统全面深刻的认识将有助于旅游开发规划取得成功。早在20世纪80年代初，我国著名旅游地理学家郭来喜教授就指出，旅游规划的基本内容应包括科员组织规划、旅游资源开发规划、旅游点布局与建设规划、旅游路线设计规划、旅游人才培养规划等。这实质上已经开始把旅游作为一个系统来规划了。

旅游活动是一个复杂的系统，包括许多方面，其内容广泛，涉及旅游者、需求系统和供给系统以及支持系统，还有管理系统、环境系统等方方面面。旅游开发和利用的过程中要对这些系统加以分析，运用系统论分析、评价、优化其结构。

（三）可持续发展理论

旅游地的开发和规划应该遵循旅游可持续发展的理论。在旅游开发的过程中，要考虑周全，既要以增强旅游地的吸引力、延缓其衰老期、提高当前经济效益和更大限度地吸引游客为核心，又要使旅游地能够持续发展。

可持续发展概念是得到国际社会普遍认可的"既满足当代人的需求，又不损害子孙后代满足其需求能力的发展"。就社会发展观而言，主张建立在保护地球自然系统基础上的持续经济增长；就生态环境观而言，主张人类应与大自然和谐相处，切实保护好人类赖以生存的自然环境。这些观念是对传统发展模式的挑战，是为谋求新的发展模式而建立的新的发展观，也是研究旅游可持续发展和推进旅游业可持续发展思想与理论的基础。

旅游可持续发展思想概括起来有三个方面的实质含义：一是公平性，强调本代人之间的公平、代际间的公平以及公平分配有限的旅游资源，特别是公平分配不可再生旅游资源，在未找到替代性资源以前尽可能地延长旅游资源的生命周期，避免不可更新资源过早枯竭；二是持续性，强调旅游资源的开发与旅游业的发展应在生态系统的承载力之内，保持生态生命支持系统和生物多样性，保证可更新资源的可持续利用，同时使不可更新资源的消耗最小化，因为旅游业发展对不可更新资源的消耗是绝对的，且随着旅游开发利用的程度增强，其生命周期呈缩短趋势，为了后代人公平享用这些资源，必须对旅游的发展提出速度和规模的限制，这正是可持续发展与以往所有发展思想最明显的区别所在，反对为满足本代人需求和为谋取短期利益而掠夺式开发旅游资源的方式；三是共同性，由于各国文化、历史和社会经济发展水平存在较大差别，旅游可持续发展的具体目标、政策措施和实施步骤不可能是唯一的，但是可持续发展作为全球发展的总目标，它所体现的公平性和持续性精神是共通的，并且实现这一总目标必须采取全球共同的联合行动，既尊重所有各方的特色与利益，又要在保护全球环境与发展体系方面采取国际统一行动，进一步发展共同的认识和共同的责任感，反对狭隘的政治观、区域发展和缺乏共同性的民族观，它更接近于把地球作为一个整体来对待，体现的是全人类的共同利益和发展需求。

我国关于旅游可持续发展的主要内容可表述如下。

一是改变人们的态度和习惯，使人的行为规范和实践符合旅游可持续发展的标准。

二是保持旅游资源的多样性和生存能力，减缓资源的衰竭速度，改善资源增长的质量，解决以破坏环境和资源为代价的非持续性发展问题。

三是在国家的水平上建立起综合发展与保护的总体框架，促进旅游的公平发展。

四是千方百计地满足旅游地居民对就业、粮食、能源、住房、水、卫生保健等方面的基本需要，提高其生活质量，防止因贫困而发生对旅游资源进行掠夺式开发的悲剧，适度控制人口增长速度，把旅游地居民人口限制在可持续发展的水平。

五是提高旅游业管理水准，改善服务质量，以使旅游者在旅行中得到旅游需求的满足。

六是在独立自主、自力更生的基础上积极推进中国旅游可持续发展事业，同时应积极吸纳国际上各种有利因素，加强国际合作。

（四）文化圈理论

文化圈理论作为文化传播论开创期的原创理论，最早出自拉采尔的人文地理学代表作《人类地理学》全卷和《民族学》全二卷。他在书中系统论述了人类及其文化的地理分布，特别是对个别文化的地理分布进行了先导性的研究。他对各种民族文化和生活习惯有许多相似现象进行了解释：文化和生活习惯通过介入方式从一个中心向四外扩散的结果。在20世纪40年代，维也纳的W·施密特在文化圈理论上突破前人的创新之处就在于，既强调文化圈的特点，表现为它的持久不变，强调必须有较大族群持久不变的基本研究做依据，强调只有如此才能使文化圈拥有广阔的地理空间；同时强调了文化圈的独立性，强调文化圈有独立整体的文化丛，移动的文化要素并不一定都是个别文化的单一成分或被冲破了的成分，而是整个文化圈的移动，是一个文化中全部文化范畴的一齐移动。用现代概念来阐释就是指物质的和非物质的所有的文化在不同的地区形成历史的关联。他的研究结果证明，人类文化传播越广，民族之间的相互影响就越大，从而使不同的文化圈之间从远古到现在的历史关联得到认定，使各种民族的文化成为全人类共享的文化遗产。

从当代文化历史的进程中，我们早已注意到，新兴产业文化圈正在全面割断并摧毁传统文化圈，因此在抢救、保护和开发利用非物质文化遗产的过程中，全面准确地应用文化圈理论和方法清理面临破坏和濒临灭绝的文化遗产，高度评价人类文化创造的不朽价值，合理地开发利用这一资源，在人类未来文明的创建中更具有十分重要的历史意义和现实意义。

三、民俗文化旅游资源开发的原则

（一）特色原则

特色是民俗旅游的根本，是一个地方或民族历史、地理、政治、经济、文化、社会等方面的综合反映，是一地、一族或一国古今人和事物独特个性的集合体或集中表现。特色原则是指发挥"唯我独有"的民俗旅游资源优势，充分体现本国、本地区、本民族的特色，开发出独特个性的旅游项目。特色原则的总要求，就是在开发过程中最大限度地突出民俗旅游资源的特色，树立独特性意识。接待地与客源地的文化差异越大，当地民俗文化越有特色，吸引力就越大。

当然，由于民俗文化资源系统庞杂，种类繁多，在对其进行开发和利用的过程中，必须对内容进行精选，精选其最具有特色的部分。如习俗礼仪、岁时节庆、游艺竞技等富有表现力的项目只有与百姓饮食、起居等日常生活结合起来，才会产生有力的文化吸引。因此，要加强民俗文化研究工作，同时也可以邀请有关方面的专家学者参与民俗旅游资源的开发利用研究，把握其最具特色的资源。

（二）文化真实原则

社会学和文化人类学研究的成果表明，现代人的旅游在很大程度上是一个求"真"的过程，并在此过程中享受由真实带来的精神和愉悦满足。少数民族地区旅游资源因有着可靠的文化背景和真实的生活体验，正好迎合了现代旅游者的求"真"需要。因此在开发旅游项目的过程中，需要对其进行正确的文化定位。实践证明，没有真实文化背景做依托，不切实际地建造假景假物并不是一条旅游开发的康庄大道。同时，开展的具体旅游活动要与当地的建筑、服饰和器皿等相一致，共同合成逼真的文化情景。

（三）市场导向原则

少数民族地区旅游开发通常存在两个误区。一是市场经济观念淡薄，认为自己习以为常的东西，别人也不会注意，从而"养在深闺人未识"，使一些旅游资源失去了作为商品的价值。应当在少数民族地区大力宣传市场经济知识，使其树立正确的市场观，积极面向市场，深入挖掘日常生活中蕴含的富有民族特色的东西，以产生对外族人的吸引力。二是盲目崇洋媚外，追赶时髦，以为这就是面向市场。因此，在对民俗文化旅游资源进行开发和利用的时候，要有明确的国内国际市场开发方向。

（四）保护原则

有些资源具有不可再生性，一旦过度开发或者破坏，其损失可能是毁灭性的。对旅游资源的开发和利用虽然要做到物尽其用，但也要把握好开发和保护之间的关系，追求二者的平衡。尤其对于民俗文化来说，其中的很多民俗实物不管存在的年代远近都被界定为文物，所以很多民俗实物都被列入了保护的范畴。在这样的前提下，在对民俗文化旅游资源进行开发和利用的时候，更应该遵循开发与保护并重的原则。

（五）区域联合原则

针对目前少数民族地区旅游发展中表现出来的规模小、分布散、联合弱的特点，要树立区域联合、整体发展、统一规划的观念和意识。一方面，要注意挖掘各旅游区独特的旅游资源，防止旅游景点和活动项目的重复建设和雷同[a]。在统一的文化背景下，尽量做到每地一品，处处有特色，处处有惊喜。另一方面，要注意与周围旅游点和旅游线的巧妙结合，通过比附、挂靠、依托等多种方式带动本地区旅游业的发展，实现冷点升温，热点变热。

四、民俗文化旅游资源的产品开发

（一）建筑开发

建筑是民俗中最直观的东西，能给游客留下深刻强烈的印象。而建筑中的民居是人们主要的生活空间，是艺术、文化、科技的综合表现，是人类文化进步的纪念碑。如土家族、瑶族、苗族、侗族等民族多为干栏式建筑，一般以木为材，很少用钉，却牢固耐用，房屋的后半部靠岩着地，前半部凌空背山，有窗无门，柱脚悬在空中。当然，各民族民居各有其特色，但纵观众多的民居建筑，侗族建筑在技术上最为精湛。而在侗族的众多建筑中，通道普济桥和马田鼓楼是木结构建筑体系中的杰出代表。下面以侗族的建筑为例，针对其特色做一个详细的介绍，并提出几点开发建议。

1.侗族建筑特色

侗族的公共建筑鼓楼、风雨桥（福桥）、凉亭被称为侗族建筑"三宝"，其建筑艺术和风格享誉世界，被建筑学家、美学家誉为中国民族建筑的瑰宝。

鼓楼是侗族独有的造型艺术，是侗族文化的象征，也是侗寨的独特标志。侗族鼓楼按照造型分大致有厅堂式、干栏式、宝塔式三种类型。其中，厅堂式为单层或三层重檐建筑，是鼓楼建筑的初期造型，这类鼓楼无论在建筑形式还是结构形式或者某些构件的细部装修上，均与汉代传统的木构建筑有许多类同之处。干栏式鼓楼建筑多采用下部架空的构造方式，集会厅堂设在二层，平面呈正方形，顶部为多重檐的攒尖或歇山顶。宝塔式鼓楼被与中国传统建筑宝塔外形相似，是结构复杂、技术精湛的鼓楼造型，其中马田鼓楼列为国家重点文物保护单位。

---

a 孙根年.论旅游业的区位开发与区域联合开发[J].人文地理，2001（4）：1-5.

风雨桥，是一种集桥、亭、廊三者为一体的别具风格的桥梁建筑。风雨桥在侗族民间故事里，是彩龙的化身、吉祥的象征。它由石墩、桥面及桥体上的廊和亭三部分组成，桥面全为木构架，一般梁的跨度不超过10米。目前湖南侗区现存的风雨桥造型主要有四种，大部分风雨桥造型为一字形，如芷江龙津桥和通道皇都普善桥等；还有些呈弧形，如通道坪坦回龙桥；还有一些为拱形，如通道坪坦普济桥；其余的为双道形，如通道陇城中步风雨桥。

风雨桥呈长廊结构，因桥上两边廊板均绘有各式图案，又名花桥。风雨桥是侗族的一个娱乐场所，逢年过节，青年男女到桥上对歌、谈情说爱，它又变成男女青年社交联欢的幸福桥。现代著名作家魏巍游览通道独蓉桥后作诗赞之："桥上歌声高，桥下水欢笑。吹起金芦笙，再跨幸福桥。"

侗族多居山区，山高泉多，道路阡陌纵横，有路就有亭，山坳半山腰处、田野中间、井水旁边，行人均有乘凉歇息之处，这就是侗乡的凉亭。"五里一井，十里一亭"，凉亭成为侗乡的又一大景观。

总的来说，建筑作为一个立体且坚固的东西，矗立在风雨中，凝固了历史，凝固了风霜，体现了多彩的民俗文化，具有极其强烈的表现力，只要对其开发得当，必然会成为民俗文化旅游中的一个重要内容。

2.建筑开发建议

（1）建筑的开发与参与性活动相结合

从建筑中反映出来的民俗文化可以让游客产生浓厚的兴趣，但如果只是一味地游览，缺少一些必要的参与性活动，难免会使游客产生疲倦的感觉。因此，在民居建筑的开发过程中，要充分利用先进的现代化技术手段，在游客游览之前，以电影短片等形式对所游览的对象做一个简单的介绍，使游客在心中有个粗略的印象，产生一种"审美的期待心理"，从而渴望去亲近它，了解它。同时，在游览的过程中，要有一些与所游览的整体建筑相协调的参与性活动，以增强游客的兴趣。

（2）建筑开发要注重"精"而不是"多"

无论在哪个民族中，建筑遗产不在少数，虽然不同民族有着不同的建筑特色，但在相同的民族或同一地域里，其建筑的风格相差无几。如侗族的风雨桥，在通道侗文化长廊这一景区就有大大小小100多座，如果全部予以开发，不仅会造成资金的浪费，还会使游客产生重复游玩的累赘感，减弱其游览的兴趣，甚至也不利于对民俗建筑的保护。所以，在开发民俗建筑的过程中，要着重选取一些具有代表性的建筑，然后结合其特色对其进行深度开发，从多个方面体现民俗建筑资源的价值，从而使其实现最大化的利用。

（3）将部分建筑用于游客接待

饮食和居住是游客旅游过程中的两个重要组成部分，而饮食和居住又离不开建筑，所以在众多的民俗建筑中，可以从中选取一部分用于饮食和居住方面的游客接待。在民俗建筑中吃饭或居住，本身就是一种不错的体验，对于游客来说是一个不小的吸引。当然，为了使民俗建筑的文化充分体现，在保证整洁、方便、舒适的前提下，要尽量保留其原有的特色，避免过度的商业化，使游客可以领略到当地独特的文化氛围。

（二）工艺品开发

各个民族都有融入其民俗文化的工艺品，如编织品、剪纸、印染工艺品等，而且很多工艺品都是依靠手工制作的，这些工艺品对于外族人来说具有非常大的吸引力，所以工艺品无疑也是一个重要的民俗文化旅游资源。但是，就目前对各民族工艺品开发的现状来看，却存在着诸多的问题，严重影响传统手工工艺品市场。下面将深入剖析其问题，并针对工艺品资源的开发提出几点看法。

1. 工艺品开发存在的问题

（1）质量不高

就目前少数民族景区来看，到处充斥着所谓的民俗工艺品，但普遍存在着一个问题，那就是质量不高，价格却不菲。很多游客到景区游玩，都会产生买纪念品的意愿，这样这段游玩的记忆才会实体化，才会随着这个纪念品被永久地存储下来，而纪念品的最佳选择就是能代表旅游地的特色文化，所以手工工艺品无疑是一个不错的选择。但是，目前的手工工艺品大部分制作粗糙，以次充好，很多游客在购买之后都会产生上当的感觉，这不仅挫伤了游客购买的欲望，更让游客对当地的好感度一落千丈，从长远来看，这对景区的发展极为不利。

（2）开发管理不善

开发管理不善主要表现在两个方面，一是旅游商品生产和销售存在劣质、假冒行为；二是销售过程中存在经销乱象。制假和售假互为因果关系。一些景点周围购物点设立过多，向游客兜售的也都是些滥竽充数的商品、轻工业品和外来品。更有甚者，在景区内有一些商品兜售者，前呼后拥地跟着游客跑，这不仅破坏了旅游景观的视觉感观，影响了景区的形象，而且破坏了游客的游览情趣，反过来影响游客的购买欲望。

2.工艺品开发建议

（1）提升传统工艺品质量

每个民族都有自己的传统手工工艺品和土特产，再加上各地区不同的特色，使得这些工艺品对游客有着极大的吸引力。开发这些闪耀着各民族民俗文化灿烂光辉、具有浓郁民族特色和鲜明地方风味的产品，能大大提高各民族的知名度，扩大其民俗文化的影响。所以在手工艺品的开发上，一定要注意质量。在设计上，一方面，可以聘请高素质、高水平的专业设计人员；另一方面，可以对民间工匠和艺人做进一步的挖掘。通过这两方面的结合，设计出来的手工工艺品既能具有深厚的产品设计功底，又能具有深厚的民族文化底蕴，其质量必然能得到提高。

（2）规范市场经营

目前，旅游商品经营市场的种种乱象严重影响了地区旅游形象，要彻底根除这些现象，需要政府部门从政策上加以扶持。旅游行政部门成立专门的旅游商品管理机构，对旅游商品的生产、经营和销售进行宏观调控和统一管理，监督旅游商品质量，协同物价部门制订商品价格，规范市场行为，协同工商、税务、纪检、监察等部门联合执法。具体操作可以从两方面展开，一方面，严格规范旅行社与相关旅游单位的经营和经济利益关系，消除导游员的高额或私授回扣带来的不良影响；另一方面，所有旅游购物点和经营人员，须持证经营，坚决清除不合格的单位与个人，凡出售假冒伪劣商品的购物点及经销商一经查实，要坚决予以严肃处理。

（3）扩大宣传

虽说"酒香不怕巷子深"，但如果不做宣传，酒再香，恐怕也不能传得哪里都是。所以在做好工艺品的基础上，也需要做好宣传工作。如今互联网异常发达，信息的传递相对方便了很多，因此可以借助互联网的便利性进行产品宣传。除此之外，还可通过举办、参与一系列的旅游商品设计大赛、旅游商品博览会、旅游购物节、旅游交易会等活动来加大宣传力度，通过这些活动来扩大旅游商品的知名度，提升旅游商品的美誉度。

（三）饮食文化开发

1.饮食文化开发的意义

饮食文化，是世界整体文化的组成部分，在人类社会中占有重要的地位。由于生活方式和自然条件的不同，民族间的饮食习惯各有特色，如侗族、苗族人几乎无味不用酸，土家族、瑶族、苗族人喜爱打油茶。不得不说，饮食被人们赋予了审美、艺术、礼仪、禁忌等文化内涵。旅游者对饮食的要求不仅在于吃什么，更重要的是怎么吃，使用什么酒具餐具以及氛围和方式如何。如湘西土司王流传的"土王全席"，一席十八碗碟，共八道菜谱，二十四个系列，包括了土家族最具民族特色的菜肴。再如，侗族的合拢宴更别具一格，这是侗族集体招待宾客的独特宴请方式，选择在鼓楼坪或风雨桥等宽敞的公共场所举办，用洗刷干净的木板连在一起，摆成长龙式的宴席，参加宴席的人员多坐到桌席两边，宴席长达几十米甚至百余米。宴席中，侗家姑娘还要唱歌敬酒，唱一首歌，敬一碗酒，把酒席推向高潮[a]。

风情各异的地方饮食文化最能满足旅游者品尝不同民族、不同地区食品的要求，并使他们得到感官和精神上的极大满足。品尝地方风味，是旅游行程中重要的环节，是旅游六大要素之一。将这些民族风味饮食开发成独具地方风味特色的餐饮产品，不仅能突出和强调旅游饮食文化产品的文化底蕴，还能在满足游客基本生存需要的同时，为其带来精神上的享受。

2. 饮食文化开发的建议

（1）树立饮食文化资源观

民以食为天，数千年来饮食从满足人类基本的生存需要逐渐升华为人类的一项文明享受，甚至散发着艺术的美感。其内涵博大精深，是民俗文化遗产的一部分。旅游餐饮不应只着眼于为旅游者提供基本的饮食需要，而应对饮食文化资源进行旅游开发。当然，在开发之前，要对饮食文化资源进行调查、分类，建立资源信息系统，并做出准确的评价，分析其吸引力和开发潜力，包括明确饮食文化吸引物的知名度、历史价值、可接受性、开发的可行性、开发的环境和社会影响、与其他旅游文化资源的关系等。

（2）加强对旅游餐饮业的管理

对旅游餐饮业的管理主要集中在两个方面，另一个是饮食安全，一个是不正当竞争。就饮食来说，安全是第一位的，这不仅是旅游餐饮业要关心的问题，更是每一个从事餐饮行业的人要关心的问题。试想，一旦游客在饮食上遇到安全问题，这对于景区，甚至一个地区将会产生多大的影响？所以饮食安全是餐饮管理中的一个重心。另外，餐饮行业的不正当竞争会导致劣币驱逐良币现象的出现，这容易导致一些特色饮食被排挤出市场，从而使当地的饮食文化残缺不全。

---

a 春歌.中国少数民族风情录［M］.北京：中国画报出版社，2004:24-58.

（3）做好饮食文化的宣传

在上文我们说到，好酒也怕巷子深，好饭同样如此，所以针对饮食文化的宣传也不可或缺。在饮食文化的宣传上，互联网同样是一个主要的工具和载体，要借助其便捷性将当地饮食的特色、文化内涵、饮食传统等宣传出去。另外，也可以结合地图软件、导游图、景区说明书等，进一步宣传当地的饮食文化。

（四）节日习俗的开发

提起节日，想必每个人都不陌生，它凝聚着一个地区或民族的民俗风情精华，是该地区或民族民俗文化的集中体现。当旅游者参与其中时，不仅很容易了解异族的民俗文化，而且在大众性的狂欢中也能受到感染和熏陶，获得情感的共鸣、交流和身心的愉悦。利用各种节庆开发的民俗旅游，是最具有特色和吸引力的项目，是民俗旅游资源开发的主要发展方向之一。但是，目前对节日习俗的开发也存在不小的问题，下面将针对这些问题做一个初步的分析，并提出几点建议。

1. 节日习俗开发中的问题

如今，在"旅游做媒，文化搭台，经济唱戏"这一民俗旅游业发展主题的引导下，各地纷纷举办各种各样的节庆活动，如柑橘节、民歌节、艺术节、文化节等，多得难以尽数。这些形形色色的节日，有些是传统的民族庆典，有些却是从表面上照搬照抄民俗形式，并没有真正体现节日民俗的特点和规律，只是为了实现商业目的，以极少数的民俗节日凑数，其主要活动却是打着节日幌子招商引资，进行现场贸易交流和其他经贸活动。

在旅游界，学者认为节庆日的构成要素修养包含兴奋要素、娱乐要素、炫耀要素三个方面，具体来说，也就是受人欢迎的旅游节庆应该是有特色，有兴奋点，能满足人们的好奇喜新心理，能让众人参与娱乐的节日庆典，而不是一般意义上的经贸洽谈、处处相同的博览会、程序化的活动过程。况且在人们审美逐渐疲倦的今天，节庆活动特别忌讳雷同和泛滥，如果天天过节，并且只是蜻蜓点水般的肤浅，势必会淡化游客的兴趣。

2. 节日习俗开发的建议

各个民族都有自己独特的节日，比如，土家族团聚过年有一个独特的习俗，如果腊月是大月则二十九过年，如果腊月是小月则二十八过年，而过年的前一天被称为"赶年"。关于"赶年"的习俗，其实还有一个流传许久的民间传说。

相传明嘉靖三十三年（1555 年），由于朝政腐败，倭寇在我国东南沿海地区不断大肆袭扰，朝廷曾多次派大军抗倭，都惨败告终。尚书张经上奏朝廷，请征湘鄂西土兵平倭，明世宗准奏，派经略使胡宗宪督办。永定卫茅冈土司覃尧之与儿子覃承坤及桑植司向鹤峰、永顺司彭翼南、容美司（今湖北鹤峰）田世爵等奉旨率土兵出征。时值阴历年关，覃尧之深知一去难返，决定与亲人过最后一个年，于是下令："蒸甑子饭，切坨子肉，斟大碗酒，提前一天过年再出征。"因时间紧，来不及做许多菜，就来个腊肉、豆腐、萝卜一锅炖，叫作"合菜"，吃了好上路。这道菜后来演变成"三下锅"。土兵上前线后，很快打败倭寇，收复失地，世宗亲赐匾额，上书"东南战功第一"。志书记下了这段历史："于十二月二十九日大犒将士，除夕，倭不备，遂大捷。后人沿之，遂成家风。"

再如，"赶秋"这一节日是湘西苗族的大型喜庆节日之一。每年的"立秋"这一天，苗族人民都要停止农活，身穿节日盛装，邀友结伴，兴高采烈地从四面八方涌向秋场，参加或观看各种文娱活动。传统的秋场有吉首的矮寨场、花垣的麻栗场、凤凰的勾良山、泸溪的潭溪和梁家潭等地。这一天，秋场上人群摩肩接踵，四周山坡人影晃动，花团锦簇，歌声袅袅，笑语盈盈，十分热闹。

各个民族节日的不同，凸显了节日习俗开发的意义，也为节日习俗的开发提供了基础。只要避免程式化的节日开发，对节日习俗进行深度挖掘，必然能够使其特色凸显，从而形成各地独具特色的节日习俗产品。

（五）民俗娱乐活动的开发

民俗歌舞是人们喜闻乐见的一种艺术形式，也是向游客展示其民俗文化的一个窗口，是开展各种夜间活动的文化资源。那些乡土气息浓郁、质朴自然、富有感染力的歌舞节目，往往能使旅游者获得一次美的享受，同时也丰富了旅游者的夜生活。所以开发一些民俗娱乐活动，并建立特色鲜明、参与性强的民族传统文体节目表演场所，也是民俗文化资源开发的一个发展方向。下面简要介绍几种民俗娱乐活动，以供参考。

1. 梯玛歌

梯玛俗称土老司，意为敬神的人。梯玛在土家族日常生活中有不可低估的作用。梯玛歌是梯玛在做法事、为他人消灾祛难时用土家语演唱的敬神之歌。它的音乐旋律来自远古土家族部落的牛号角，内容涉及古代土家族政治、经济、历史、哲学、民俗风情，蕴含音乐、文学、土语等多种学问，堪称土家古文化的宝库。

2. 薅草锣鼓

每到春夏秋季，山里正是挖地、薅苞谷及森林抚育的大忙时节。劳动时土家人亲朋邻居相邀在一起，几十人共同劳动。为了调节疲劳、调动劳动热情，常派两位歌手站在高处，一人击鼓，一人打锣，用高八度的假嗓音唱歌助兴。薅草锣鼓有固定的唱词，也可即兴而作。其内容往往是歌唱丰收、表扬勤劳，歌唱历史故事、远古传说，也唱民间趣闻。

3. 哭嫁歌

哭嫁是土家族著名的风俗活动之一。土家姑娘大约在出嫁前一个月内开始哭，时间短的七天，一般为半个月，长的要哭上一个月。哭嫁时新娘的母亲、婶娘、嫂子、姊妹、同村寨的姑娘都来伴哭。哭有曲调，抑扬顿挫，是难度很大的哭、唱结合的艺术。哭嫁的内容相当丰富，忆父母情，诉分别苦；告别姐妹，留恋故土；感谢养育之恩，托兄长照顾年迈的父母……一诉一泣，哀婉动人。原本是充满欢庆的婚礼，却用哭声来庆贺，这正体现了土家人独特的秉性。

4. 摆手舞

摆手舞是土家族的大型歌舞，带有浓烈的祭祀色彩。清代《永顺府志》载："每岁正月初三至十七日，男女齐集，鸣锣击鼓，跳舞唱歌，名曰摆手。"正月期间在寨子里专供跳摆手舞的摆手堂里跳三、五、七夜不等，也是有跳十几夜的，主要表演一些农事及日常生活的动作，如照太阳、挖土、种玉米、扯草、推磨、挽麻团、打草鞋、打猎等。摆手舞的基本动作是单摆、双摆、回旋摆，跳摆手舞时"男女相携，翩跃进退"；同时，击大锣、鸣大鼓，呼应节奏，气势恢宏，动人心魂。

5. 上刀梯

上刀梯是苗族重大节日都表演的传统节目。在一根高约10米的木杆上开凿36个孔眼，安上36把钢刀，钢刀长45厘米，刀刃锋利，刀刃向上，装成刀梯。安装时加以固定，以防晃动。一尺一梯，共有36梯，木杆四周用拉线固定。上梯者要有胆识、技巧和武功。表演者赤脚光膀，手抓银光闪闪、寒气逼人的刀刃，脚踩刀刃节节登高。爬至梯顶，表演倒挂金钩、大鹏展翅等节目，施展全身本领。

（六）婚俗礼仪开发

1.婚俗礼仪开发中存在的问题

民俗旅游是少数民族地区旅游开发中最具卖点的旅游产品之一，而婚俗旅游又是其中最能吸引旅游者关注的核心部分。人类学家纳尔逊·格雷本认为："旅游是具有'仪式'性质的行为模式与游览的结合。"[a] 婚俗旅游就明显具有用"仪式"来展现游览内容的特点。但是，这种"仪式"并不是以开发者个人的主观愿望与理解为准的。民族婚礼作为本民族传统文化的一部分，有其严肃性和严格的程序（一般都在特定的时间、地点、按照传统的方式举行）。就保护民族文化的角度而言，这些传统是不能随便改变的，它的形式内容一旦随便变更，就会从根本上失去其举办的意义，严重者还会给本民族文化带来灭顶之灾。但是我国很多旅游区在开发婚俗旅游的过程中，不分场合和内容，只顾眼前利益，一味讨好旅游者，无论什么项目都要游客参与，忽视了旅游者身上的异质文化对旅游地民族文化可能产生的同化与侵蚀，导致以婚俗为代表的一部分民族传统文化有表演化、商业化发展的倾向。

对于婚俗礼仪的开发，目前很多地区都采用台上表演的形式，游客在台下观看，这种形式虽然能够在一定程度上满足游客的好奇心，但却使游客由于缺乏实际的参与而体验不深刻。另外，有些地区会增加体验模式，让游客上台扮演新娘或者新郎，以让游客近距离地对当地的婚俗礼仪有一个了解，但由于游客众多，这种形式也只是杯水车薪，不能够从根本上解决问题。

2.婚俗礼仪开发的建议

沉浸式、体验式是现在逐渐流行起来的一种旅游形式，即让观看者真正融入场景中，从而实现更加深层次的体验。在婚俗礼仪的开发上，可以参考这一模式，采取"参与式观看"的方式。相对于单纯的观看，参与式观看是将"参与"和"观看"结合起来的一种方式，它旨在转换游客的角色意识，使游客能以少数民族人家亲人的身份参与到当地婚俗中去，喝喜酒，迎新娘，参与婚礼活动，自然和谐而不露痕迹地领略少数民族婚俗文化的丰富内涵。参与式观看是一种更高级的参与，参与也同样是为了更积极地观看。在以观看为中心的参与中，能最大限度地激发游客对少数民族婚俗的兴趣，使游客动眼动脑动手脚，在游览过程中体验文化持有者的生活，不仅能"看到"而且还能"认识到"。对游客来讲，这是一种全新的体验，能真正做一

---

a 张晓萍，黄继元.纳尔逊·格雷本的"旅游人类学"[J].旅游学刊，2000（4）：74-75.

回少数民族，对文化持有者来说，这也是一个在保护本民族文化的同时又能获得经济效益的大好机会。

五、民俗文化旅游资源的市场开发

从通俗意义上来说，市场开发就是企业把现有产品销售到新的市场，以求市场范围不断扩大，增加销售量。从某种程度上来说，民俗文化旅游资源也是一种产品，所以也必然要进行市场开发，这样才能将产品推广出去。当然，民俗文化旅游资源这种产品的推广不同于固有形态的产品，因此在市场开发上需要从思维上做出一定的转变。

（一）市场定位

1.总体思路

民俗文化旅游市场的开发和发展，应以国内旅游为基础，不断探索并把握我国国内旅游市场的脉搏，适应国内游客需求的变化，以不断优化和完善的传统产品和不断推出的新产品来满足国内游客不断扩大的需求。与此同时，还必须认真研究海外旅游市场的变化，研究海外旅华市场的特征，加大原有市场的促销和新辟市场的拓展，把国内市场不断成熟的新产品逐步推向海外市场。总体来说，面对海外市场、省外市场和省内市场，必须牢牢抓住以少数民族文化为主题的传统产品，并不断地挖掘并丰富其中的深厚内涵，这是当前市场的现实需求，也是今后市场的潜在需求。

2.目标市场

（1）海外市场

根据中国民俗文化对海内外的影响情况以及地理方位等情况，大致将海外的目标市场概括如下。

①以韩国、日本等为主要构成的东亚市场，以海外华侨为中心的同胞市场，这些是最主要的一级市场。

②以中国文化影响为基础的东南亚市场，以中华文明为吸引力的欧美市场，这些是较为次要的二级市场。

③海外短期度假的在华人员构成的市场，这些是三级市场。

（2）国内市场

国内的目标市场主要以距离和城市经济发展情况作为参考标准，具体概括如下。

①省内城市或邻省城市是第一市场，如湖南的第一市场大致包括长沙、株洲、湘潭、吉首、怀化、岳阳等城市。

②距离远于 500 千米的经济发达的大中型城市为二级市场，以湖南为例，如深圳、北京、成都、上海、南京、天津、杭州、无锡、厦门、青岛、珠海等。

③距离超过 1500 千米的城市为三级市场，如果以湖南为例，便是东北、内蒙古等地区。

（二）旅游线路设计

1. 线路设计的原则

（1）方便性原则

方便是旅游者出游的最基本的心理，在旅游线路的设计过程中，一定要考虑旅游者的心理需要，符合方便的原则，也要使旅游景区（点）之间的景观代表地方特色，交通便利，方便游客集散。

（2）资源集中原则

旅游线路的设计要以资源和产品的分布为依据，例如，旅游资源和旅游产品在一个地区较为集中，这样，可以利用旅游资源的相对集中的优势，设计周末一日游和两日游的短程旅游线路。

（3）资源分类原则

旅游资源和产品的类型不同，对游客的吸引力不同，路线的设计、组织和安排也不同，因此，要针对产品的不同特点，确定其吸引力范围，然后在此基础上设计旅游线路。比如，可以把自然景观型的资源或者产品连接成一条旅游线路，也可以把自然景观和人文景观或者游乐型的设施结合在一起组织成一条旅游线路。

（4）游客归类原则

旅游地的形象定位不同，其对不同年龄、学历、性别的游客的吸引力不同，因此，可以根据旅游地对游客吸引的情况，以及来此旅游的游客的不同行为特征来安排和设计线路。

2. 线路的具体设计

为了使旅游线路的设计更加直观，下面将以湖南省为例，做几条旅游线路的实际设计，以便提供更直观的参考。

（1）通道侗族风情游

这一风景区的线路：怀化—芷江—洪江—通道。在这条线路的主要景点有受降纪念坊、雪峰山风景名胜区、回龙桥、普修桥、皇都百里、侗文化长廊、万佛山景区、马田鼓楼、芋头古侗寨等。这条线路集侗乡风情、丹霞风光、历史文化、生态山水之精华，充分展示了侗族独特的民俗风情；且行程较短，适宜开展一、二日游的度假休闲旅游。

（2）瑶乡"寻根问祖"游

游玩的线路：永州—江永—江华。这条线路的主要景点为千家峒、九嶷山、盘王殿、宁远文庙、湘源温泉等。该线路自然景观秀美，庙宇建筑、神话故事众多，突出体现了"瑶文化"的精髓，有着浓厚的少数民族氛围。目前，此线路已成为国内外瑶族后代寻根祭祖的热线。

（3）湘西神秘之旅

游玩的线路：凤凰—吉首—花垣—猛洞河—坐龙溪大峡谷—吉首。这条线路的主要景点为凤凰古城、中国南长城、黄丝桥古城、王村古镇、老司城、猛洞河漂流、坐龙溪大峡谷、德夯苗寨等。该线路是走玩湘西的经典线路，沿线几乎包括了所有湘西少数民族文化最浓厚的城镇、景区、景点，充分展示了湘西少数民族的风采，是了解苗族、土家族文化和历史的首选线路。

（4）"大湘西"情城之旅

游玩线路：张家界—吉首—凤凰—怀化—通道—桂林。这条线路包含张家界国家森林公园、德夯苗寨、凤凰古城、坐龙溪大峡谷、中国南长城、通道侗文化长廊等景点。该线路几乎集中了湖南少数民族地区最具特色的景区景点，既可以沿线游览秀美独特的自然风光，又可沿线体会苗族、土家族、侗族醉人的民俗风情，是国外游客和国内旅游者喜好的旅游线路。

六、民俗文化旅游资源的开发模式

对于不同的地区，由于其文化、地理、宗教等方面的不同，其民俗文化旅游资源开发的模式也必然会存在差异，所以这里选取了一种比较通用的模式，即集市旅游开发模式，并以此作为例子，做详尽的分析。

（一）集市的概念

集市指在商品经济不发达的时代和地区存在的一种商品交易活动形式，是按一定周期定期聚集形成的市场。在全国不少经济欠发达地区，这种传统的贸易组织形式仍然广泛存在。

贸易是集市出现的原因和根本功能。集市贸易以个体生产者的广泛存在为基础，是生产力不发达、商业比较落后、交通运输较困难的情况下必然出现的贸易形式。在少数民族地区，农民家庭经济所生产的产品大部分属于地产地销产品，需要有集市这种便于生产消费直接见面交易的流通形式，自己的产品要从集市上卖出去，必需的生产生活用品要从集市上买回来。因而集市上汇集了种类齐全的当地出产、当地所需的基本生产资料和基本日用品。在相当一部分少数民族地区，集市构成了市场体系的基础，是当地居民赖以进行商品交换的基本渠道。

集市地点多为集镇，通常选择位于该集市辐射区域内的交通要地或行政中心的村、镇、城乡接合部，常和重点活动地、纪念地在一起。集市间的距离往往取决于买者和卖者所愿意离开居住地前往的最大距离，一般要能当天步行赶集并往返，一个乡、镇往往有一处或一处以上的集市。

集市是一种周期性市场，周期长短依人口密度和辐射力而异，少则 2 天，多则 7 日，通常 3～5 天。相邻几处集市举办时间错开，"轮流坐庄"。集市持续时间多为 1 天，也有个别地方利用"庙会""骡马大会"等形式，进行一连多日的集市性质的货物交易活动。

（二）集市旅游模式的意义

集市对于旅游业的意义在于，它是"经济搭台，文化唱戏"的经济文化盛会。在一些相对落后、偏僻、居住分散的少数民族地区，集市是生活中周期性出现的大事，就像小节日一样，不仅仅是做买卖的日子，而且是全面、系统、集中的民俗展示平台。

先说商品，集市上充满了风物特产、农村用品、草药野果、陶盆瓦罐……还有手工业品，且有很多是现做现卖，铁匠、银匠、木匠、石匠现场操作，不怕被偷窥手艺，制作过程任人参观。在买卖过程中，讨价还价，非"标准"的民间计量工具和方法，招牌幌子，叫卖声、特定类别商品和服务标志性的敲打声，凡此种种交易习俗，异彩纷呈。

再说娱乐，说唱、乐舞、曲艺、百艺杂耍、跑马走狗、斗鸡赛雀，各种民间游艺表演，其中有职业化、半职业化民间艺人的商业性表演，更多的是群众的自娱自乐。

当然，最离不开的是乡土饮食。地方风味食物，选料都是本地所出，绿色食品，靠山吃山，靠水吃水。此外，烹调也是本地手艺，地方风味浓郁。

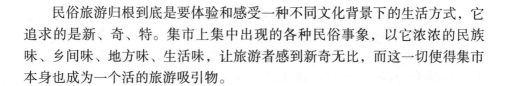

民俗旅游归根到底是要体验和感受一种不同文化背景下的生活方式，它追求的是新、奇、特。集市上集中出现的各种民俗事象，以它浓浓的民族味、乡间味、地方味、生活味，让旅游者感到新奇无比，而这一切使得集市本身也成为一个活的旅游吸引物。

（三）集市旅游的优势

民俗旅游的开发，就是选择有旅游吸引力的民族文化因子，寻求适当的物化载体和展示方式。显然，集市在这方面具有许多优势和便利条件。

首先，便于产品化。集市起于经贸，文化同台上演，成为综合性的经济文化交流场所，气氛热烈，各种民俗事象丰富多彩，不需要组织专门的表演活动，商旅容易结合，游、购、娱、食等旅游产品要素齐备，创收点多。

其次，有利于保持民俗的原生态。集市的旅游开发，可能需要适当浓缩、集中一些民俗活动，但这些活动都没有脱离生存环境，并且是同时为当地居民和外来游客服务的，利于保持民俗活动的本来意义，利于民族文化的传承和发扬，能有效避免庸俗化和过度的商品化。

最后，有助于传统和现代的兼容。集市起于贸易，服务于贸易，本来就是商业活动，信仰色彩较淡，天生具有开放性。现在的集市，工业品大量进入，外地商贩越来越多，现代大众娱乐处处渗透，这是集市的自然发展过程，本身即成为一道景观。游客进入集市，无论人数多少，都不会破坏文化生态，符合可持续发展原则。

总的来说，开发集市旅游社会效益明显，能有效促进商品经济繁荣和市场建设、村镇建设，对于当地百姓而言益处颇多。

（四）集市旅游开发的措施

集市旅游开发的前提是必须明确开发的主体。一些未经开发的特色集市也出现了少量游客，这验证了集市旅游的魅力，但依靠游客自发到访，终究难成气候。集市旅游开发的主体，应该是集市所在的村镇的村委会及上级政府，并且村、镇要联合旅游企业（主要是旅行社）来共同开发。集市旅游的开展，涉及集市所在地全地域方方面面的问题，首先要保证集市的正常运行和本身功能的发挥，这些工作只有政府和实际上具有一定政权职能的村委会才能承担。另外，集市和集市旅游都是开放式的，无法封闭，创收点分散，获利最大的是参与集市商贸活动的当地居民。联合旅行社的必要性在于，要有专业的机构指导开发，进行市场营销，突破农民旅游的局限性。

开展集市旅游活动的首要工作是在一定区域内，安排好作为目的地的集市的空间和时间结构，妥善处理各个集市的竞争和互补关系。譬如，在一个县城旅游区，选择一些有特色的集市，建立每天都有集可赶的集市系列，保证外来游客任何一天都有集可游，并且距离旅游依托城市或交通集散地也不太远。而集市本身的时空结构也方便利用，同样在一个县的范围内，一天肯定同时有多处大小不一的集市，可以选择交通便利、规模较大、民族色彩浓郁的集市作为旅游目的地。

第三章　湘西民俗文物文创产品设计

第一节　文创产品的创意构想与创意选择

一、文创产品概述

（一）文创产品的概念

所谓文创产品，简单来说就是"文化＋创意＋产品"，它是艺术衍生品的一种，是设计者基于自己对文化的理解，然后利用原生艺术品的符号意义、美学特征、人文精神、文化元素，对原有艺术品进行解读和重构，并将原生艺术品的文化元素与产品创意相结合，最终形成的一种新的文化创意产品。或许从文创产品的公式去看非常简单，但实际上三者的结合困难重重。如何将文化融入产品之中？选择什么样的文化融入？选择怎样的创意融入？这一系列看似微观的问题，在大力发展文化产业的今天，需要被每一个设计者好好地审视。

针对文创产品的设计，故宫博物院原院长单霁翔曾经总结了三点心法：其一，文创产品不是简单的复制藏品，而要研究今天人们需要的信息和生活需求；其二，要挖掘藏品内涵，寻找与今天社会生活的对接点，用文化影响人们的生活；其三，不断追踪使用先进的科学技术手段，追寻无限远的传播能力。确实，在进行文创产品设计的时候，在传统文化与现代设计之间可能会产生一种力的博弈与转化，这种博弈需要设计者去进行均衡，只有这样才会使传统文化的"体态"变得年轻化，同时让时尚潮流不那么轻飘飘。因此，面对传统文化丰富的艺术手法和形式，面对其深沉、恢宏、灵秀、简约、质朴和精致等多种特点，在深入挖掘传统元素丰富的文化内涵基础上，还要借用现代设计手法，找到传统与创新的平衡点，进而设计出富有民族特色且具有生命力的文创产品。

（二）文创产品的分类

文创产品是依托文物或传统文化而衍生出来的，并通过生产、流通、交换、消费来实现其价值的文化产品。文创产品与一般产品的区别在于"文化元素"，这是文创产品得以产生的一个特有要素。所以，从文化的层面来考虑，文创产品大致可以分为以下三类。

1. 感官类文创产品

感官类文创产品是将与文物或文化相关的特有的图案、色彩、纹样、肌理、材质等平面视觉元素应用在实用产品载体上，它们既可以是对产品表面局部细节的装饰，也可以是文化元素的整体运用。

2. 技艺类文创产品

传统技艺是中国人为了适应自己的生活方式而形成的智慧结晶，技艺类的文创产品注重传统"行为"背后的"体验"，通过对传统技艺、方式的深入了解和实验，在引用传统技艺、方式的基础上对其进行适当的发展。

3. 内涵类文创产品

内涵类文创产品强调产品在设计、制作过程中要遵循中国传统文化的哲学思想，设计者将精神情感、传说典故等寄托在文创产品的设计表达中，以此来传递"中国精神"的文化内涵。

从文化层面对文创产品进行分类，能使消费者对文创产品有一个更清晰的认识，理解设计者所要表达的内在意蕴。同时，对设计者来说，有助于其在进行文创产品设计之初更好地理清设计思路，把握设计方向和设计脉络。

（三）文创产品的特质

文创产品具有文化、功能和创意三个特质，但在不同的场景和题材中，三个特质各有侧重。

1.文化特质

文创产品和一般产品不同的地方在于，文创产品是以文化为依托进行设计的，蕴含着独特的文化内涵。其实，文创产品之所以受到人们的喜爱，一个重要的原因就是其具有精神文化内涵，购买者可以通过购买文创产品得到精神层面的满足，这是一般产品所不能实现的。在今天，越来越多的人开始重视文创产品的实用性，但这并不和文创产品的文化特质相冲突，我们既不能为了追求文化特质而抛弃实用性，也不能因为追求实用性抛弃文化特质，因为一旦没有了文化特质，文创产品的文化识别功能就消失了，自然也就算不上是文创产品了。

2.功能特质

在阐述文创产品文化特质的时候提到了它的实用性，因为文创产品不能仅仅停留在精神文化层面，这样不仅会降低其竞争力，还会使其自身受到限制，所以文创产品也应该具有功能上的定位，具有一定的功能特质。当然，如果仅仅从精神文化层面看，文创产品本身也具有一定的功能属性，如审美属性，它能够让购买者在观赏文创产品时获得精神上的愉悦满足，但文创产品不能局限于此，它还应该具有一些实用性的功能特质，以便在一些生活场景中能够有更广泛的应用。

3.创意特质

在对文创产品概念的解读中提到，文创产品是"文化＋创意＋产品"，所以创意也是文创产品的一个特质。不可否认，目前市面上的很多文创产品都存在创意单一、陈旧的问题，但这并不能说明文创产品的开发不需要创意，而且正是因为目前文创产品创意缺乏，文创产品的市场才一直不温不火。因此，在文创产品的开发和设计中，不仅要将文化内涵进行提取、收集和整理，更要运用创意的方法将其融入文创产品中，从而让文创产品在创意的加持下"活"起来。

二、文创产品的设计思维

（一）表象思维

表象思维是人们对事物的直观表象进行视觉上的取舍，从而形成的以反映事物的形象特征为主的一种思维方式。表象思维往往能够直观地了解事物所要表达的内容，所以基于表象思维设计的文创产品也同样能够直观地将文化意图传达出来。具体而言，表象思维的运用主要体现在以下两个方面。

1. 对文物的整体进行复制

将文物整体进行复制是较为简单的文创方法，因为很多文物本身就具有非常巧妙的设计，如果将这些设计进行复制，同样可以取得不错的效果。此外，在参观完文物之后，很多人可能会产生收藏纪念的想法，这种将文物进行整体复制形成的文创产品无疑是首要的选择。例如，故宫建筑上的脊兽，造型各异，形态非常惹人喜爱，在太和殿上有十个之多。在设计文创产品的时候，便可以将脊兽的造型直接复制出来，形成一个个形态各异的摆件。在故宫博物院的淘宝店铺上便有脊兽的文创摆件，每个月的销量超过 500，销售效果非常之好。

2. 对文物中的局部进行复制

对文物的局部进行复制就是从文物中提取部分元素，然后将这些局部的元素运用到文创产品的设计中。因为很多文物不仅体积大，内容也非常丰富，很难将其全部提取并运用到文创产品的设计上，所以需要对其局部进行提取。而且，不同类型的文创产品，需要的元素往往也存在差别，因此需要结合产品设计的方向选取适合的元素。比如，对盘子、碗、茶杯来说，可以从一些画作中截取一个部分，然后印制在上面，让这些小小的瓷器不仅可以用来吃饭、喝茶，更可以用来欣赏。

（二）符号转化思维

广义的符号是指用一种媒介指代某一种事物，也就是信息的载体。在长期的文化发展中，人们在潜意识中已形成了一定的符号化规则，这种规则既是人们交流的依据，又约束着人们的思维。文化符号是能够传达文化意蕴的一种符号语言，具有历史性、社会性和可识别性，从广义上来说，它包括物质文化符号和精神文化符号两个方面。物质文化符号是客观存在的符号，其以具体的物质形态出现，反映出非物质文化的意义；而精神文化符号则是指人的意识形态方面的意义、价值观等。符号转化在文创产品中的运用就是将文化元素以符号化、图腾化的形式融入产品的设计中，并赋予产品一定的文化内涵和寓意，以一种具象的形式语言来表达抽象的文化精神内涵。具体来说，符号转化思维在文创产品设计上的运用体现在以下几个方面。

1. 色彩转化

有些文物的特征体现在色彩上，所以在符号的转化上，色彩的转化是一个选择。如古代皇帝的龙袍，大多颜色为黄色，它是一种表现皇家威严的颜色，所以可以将这一颜色进行转化。当然，在对色彩进行转化的时候，可以对原文物的颜色进行还原，也可以在一定程度上进行保留，具体以产品设计的方向为准。例如，故宫博物院便设计过一款手机壳，以华丽的明黄色为主色调，并配以卡通皇帝的形象或龙袍纹饰，选用软胶材质并在背面加上浅浮雕工艺，尽显皇家风范。

2.纹饰转化

纹饰也是很多文物的一个特征，所以对纹饰进行转化设计，同样是符号转化思维的一种体现。其实，纹饰转化在目前文创产品的设计中非常常见，虽然设计出来的产品效果不错，但由于运用太过广泛，难免会使产品的设计趋于雷同，从而使人们产生审美上的疲劳。所以在对文物纹饰进行转化的时候应该有更多的思考，不仅从设计上，还可以在文创产品的材料、工艺等方面下功夫，从而使文创产品不断带给大众新的感观及触觉上的体验。

3.工艺转换

有些文物因为其高超或独特的手工艺而具有很高的价值，这些手工艺在工业化日渐发达的今天显得弥足珍贵，并受到越来越多人的喜欢。其中，最为突出的就是用在服饰上的刺绣。刺绣是中国民间传统手工艺之一，在中国有二三千年历史，很多刺绣的技法一直流传到今天。在文创产品的设计中，服饰、背包是一个大的方向，而在这些产品的设计中，可以融入一些刺绣工艺。在今天，虽然很多手工艺一直在传承，但应用得越来越少，如果能够将这一手工艺转换成文创产品，不仅能够促进这一手工艺的传承，还可以为其传人带来一定的经济效益，从而避免很多手工艺在时代发展的洪流中被淹没。

（三）内涵诠释思维

文物是人类在社会活动中遗留下来的具有历史、艺术、科学价值的遗物和遗迹，它是人类宝贵的历史文化遗产，具有深厚的历史、文化和精神内涵。文创产品的设计除了满足消费者对产品功能的基本需求外，在产品的使用定位与感觉认知上，还应赋予产品一定的精神文化内涵，将产品的内部意义透过造型寓意与符号诠释出去。具体来说，内涵诠释思维的运用体现在以下两点。

1.从典故传说出发

对于以典故传说为切入点的文创产品设计来说，通常是把文物的文化意蕴借由说故事的方式，自然地融入设计中去，让大众在对故事有所认识的同时，理解文创产品的特别之处。例如，台北故宫博物院设计的胤禛耕织图记事本，是以院藏品《耕织图》为素材，讲述胤禛重视农耕，命画工以《耕织图》为蓝本创作的一幅耕织图，将画中的人物形象换成了自己，并在画上盖有"破尘居士"的印章。以此故事为切入点设计此极具皇家风范的记事本，意为鼓励大众"勤耕耘"。

2.从特殊寓意出发

自古以来，我国传统文化中就记载有许多具有独特内涵的事物，这些事物被广泛应用到人们生活之中，寓意美好的祝福。如蝙蝠因为发音与"福"相同，所以蝙蝠在古代被视为吉祥之物，寓意幸福绵延。在很多文物，如瓷器、服饰、家具上，经常能够见到蝙蝠的形象，尤其以清代为盛，其造型更是多样，有倒挂蝙蝠、双蝠、四蝠、五蝠等。在进行文创产品设计的时候，便可以将这些特殊的寓意诠释出来，从而进一步提升文创产品的文化艺术品位。

三、文创产品的创意构想与创意选择

（一）多角度呈现地域文化

随着对地域文化研究的增多，不同学科、学派、学者对其有着不同的理解和定义。从文化形态来看，所谓地域文化有狭义和广义之分，狭义的地域文化专指先秦时期中华大地不同区域范围内物质财富和精神财富的总和；广义的地域文化是指中国特定区域源远流长、独具特色、传承至今并仍发挥作用的文化传统[a]。此处所指的是广义的地域文化。中国自古疆土辽阔，各地区从自然的变迁、历史的更替中逐渐形成能够代表本地区的思想观念、宗教信仰、生活习俗等文化特征，而挖掘有关地区文化、区域特色的元素并将其融入文创产品的设计中，可以展现当地文化的特色以及各地区域文化的差异。

1.地方自然资源

我国的自然资源种类丰富，数量极多，素有"地大物博"之说，而不同地区由于地理状况和气候温度的差异等，所出产的天然材料也不尽相同。比如，浙江安吉由于气候适宜、雨量充沛等出产大量的竹子，安吉中国竹子博物馆内陈列有2000多种竹子展品，文化商店内展示的竹制器具和工艺品更

---

a 冯俊伶.地域文化与旅游[M].重庆：重庆大学出版社，2012：19.

是多种多样。再如，由于晚元古代后期桂林北部的部分地区发生了海底火山喷发，形成了板溪群上部合桐组海相火山岩夹硅质岩层，为鸡血玉的形成和赋存提供了物质基础和构造空间，基于此天然的有利条件，桂林鸡血玉博物馆推出了"国礼鸡血玉月饼礼盒"，以鸡血玉为原材料，礼盒中的月饼皆由鸡血玉制成，鲜艳夺目，光彩照人。

2.传统工艺

日本学者柳宗悦说过："只有工艺的存在我们才能生活，……我们身着衣物而感到温暖，依靠成套的器物来安排日常饮食，备置家具、器皿来丰富生活。……因此，如果工艺是贫弱的，生活也将随之空虚。"这段话揭示了传统手工艺中凝聚的文化内涵和精神内涵。随着时间的推移和政治、经济、文化等的发展，许多地区都形成了特色的文化、艺术和工艺形式，具有其独特的表现题材、加工工艺与审美形态，如景德镇的陶瓷、天津的泥人张、苏州的刺绣、惠安的石雕等。传统手工艺根植于中国文化，具有文化传承、美学沉淀、工艺延续等多方面的价值，因此将传统手工艺与文创产品设计结合能使创意与传统相融，为设计提供更多的可能。比如，南京云锦被誉为中华传统文化遗产中的"活化石"，南京云锦博物馆借在意大利米兰世博会举办以"云之秀，城之美"为主题的"南京周"城市推介活动的机会推出了"米兰之夏"系列，产品包括名片盒、电脑包、书签等，皆以云锦为表现元素，在产品中呈现出瑰丽而神秘的皇家之美。虽然机器的出现在很大程度上解放了人类的双手，但很多传统的工艺并不能用机器去替代，云锦就是其中的一种。而采用如此优质的工艺制作出来的产品细腻而富有质感，保持了传统手工艺的高度制作水准。

3.民间故事与历史典故

民间故事与历史典故都是以文字的形式从人们现实生活实际出发，而又不局限于生活的一种反映大众生活环境和经历的文学载体，寄托了当时人们对生活的希望与理想。透过这些口口相传的故事，可以感受到特定历史时期内某一地区的文化、民俗、传统等。然而，故事以自身单一的存在形式得到传承的概率较小，将故事的能量通过合理的转化融入文化产品中才能引起消费者的共鸣，引发其购买欲，从而使故事得以扩散。例如，无锡博物馆的阿福和阿喜。传说500年前惠山脚下出现了青毛狮专食儿童，当地百姓为求平安拜神求仙，神仙化为金童玉女施法降妖，人们为感念神仙捏塑像取名阿福、阿喜。阿福、阿喜泥塑经过历代的创作更新呈现出现在的形态，寄托了人们希望欢乐、圆满的美好愿望。再如，南京博物院的"长毋相忘"银带

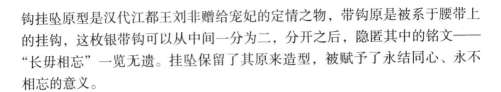

钩挂坠原型是汉代江都王刘非赠给宠妃的定情之物，带钩原是被系于腰带上的挂钩，这枚银带钩可以从中间一分为二，分开之后，隐匿其中的铭文——"长毋相忘"一览无遗。挂坠保留了其原来造型，被赋予了永结同心、永不相忘的意义。

（二）多层次开发产品功能

从不同的角度来看，产品功能的分类不尽相同。从目标消费群体的需求出发，可将文创产品的功能分为客观初始功能和潜在延伸功能，所以文创产品的创意构想也可以从两个方面入手：一个是从物用角度出发，最大程度地保留藏品的初始实用功能，再运用现代技术加以改造形成古为今用的新产品；另一个是从为人所用的角度出发，以换位思考的方式来延伸功能，开发内在价值，"以物适人"。

1.初始功能

开发产品的初始功能的主要关注点是围绕技术、环境和材料的物理性能等展开的实用性、耐用性和科学性，是产品作为物而存在的根本属性。比如，铜镜在古代是人们用来整理仪容的生活用具，铜镜历经漫长时期的演变和发展在唐代达到巅峰，不但造型新颖多样，而且花纹清晰瑰丽，无论花木、鸟兽或人物的雕造，都洞察入微，生动而精确，突破了历代图案形式的规范。台北故宫博物院设计的龙凤纹镜以唐代的八瓣青铜镜为基础，在操作方式、效用、性能上满足物质功能的要求，在造型方面更是融入唐人精巧华丽的造物风格，富于浓厚的艺术特色和实用价值。

2.延伸功能

文创产品功能的延伸主要是根据文创产品的原始功能，相应地进行应用范围的拓展。功能延伸是在尊重原有文物功能属性的基础上，尽量使转化设计出的新产品能够做到一物多用，如北京故宫博物院的双龙戏珠圣旨合符行李牌。合符是中国古代在皇城或都城夜间出行的通行证，也是皇帝调兵遣将的凭据，象征着至高无上的皇权。而行李牌是现代人出行时识别行李的标志和旅客领取托运行李的凭证，二者的使用功能在某种程度上有着一定的契合性，将合符元素运用到行李牌中，巧妙地把合符原本在城际出行或行军打仗中所扮演的通行凭证的原始功能自然而然地延伸到了现代的交通上，可谓构思巧妙。

（三）多维度展示产品形态

产品形态作为产品信息的载体，以一种特殊的方式向外界表达着产品的设计思想与产品功能，产品外在形态的设计不单要实现产品的使用功能，还要传达精神、文化等内在层面蕴含的意义与象征[a]。文创产品更是如此，在保证其成功传输产品功能的情况下，需要尝试将产品以多样化的方式呈现出来，达到从"形式追随功能"到"形式追随情感"的跨越。

1．改变视觉效果

（1）从平面到立体

从国家统计局出台的《文化及相关产业分类（2012）》中对于文化产品的分类构成可以看出，书刊印刷、画作影印、明信片设计等平面类的文化产品占总产品数额的 50% 以上，由此可见平面类产品所占销售比例之大。在文创产品的开发进程中，由于受成本投入大小、利润获得多少、运输是否便捷等因素的影响，平面类文化产品一度成为热销商品，但随着现代人们接收信息渠道的增多、销售形式的改变、审美水平的提高等，文创产品的开发面临设计多样性的挑战，这其中包括由纸质印刷到立体产品的改变。比如，2016 年台北故宫博物院衍生品大赛的作品——善见扇形墨宝信用卡皮夹，以明朝董其昌《蓊泾访古图》、清乾隆御临米芾《陈揽帖》、明陈洪绶《扑蝶图》为出发点，采用扇形风琴结构结合卡夹的实用功能，将原本平面化的画作进行了立体化呈现，同时也呼应了扇子展开收合的把玩趣味。皮夹选用层叠的山与扇面作为主题，而山、扇、善在语音系统中音韵相近，当打开皮夹时，似开门见山，见扇也见善，有广结善缘、至善至美的正面意蕴。

（2）从立体到平面

从多元化的设计发展考虑，文创产品的设计可以通过不同的造型结构进行表现，并形成各具特点的视觉样式，而设计不同的造型结构的目的是满足目标消费群体对不同视觉式样的需求。在由立体到平面的转化过程中需要对文物的外在轮廓、形态结构和内在精神进行从繁到简的概括和提炼。例如，北京故宫博物院的天穹伞，伞布内层的图案源自紫禁城太和殿内精美的藻井，太和殿内的藻井以其大、华丽的特点为宫中藻井的最高等级，井内有金龙盘卧着，口中衔轩辕镜，其位置在宝座上方，以此表明皇帝是轩辕的子孙，是黄帝正统的继承者。设计者采用 3D 超清印刷技术印刷藻井图案，将原本错落有致的立体形态以平面的形式呈现了出来。

---

a　桂元龙，杨淳．产品设计 [M].北京：中国轻工业出版社，2014：31.

2.引发人的联想

当人们在认识客观世界的时候，往往会通过事物之间的联系，从某一事物联想到另一事物，这一思维方式被称为记忆联想。当前的心理学研究的重要内容之一是发现人的本能，探究哪些本能在人类生命发展过程中起主导作用。其中，记忆联系是心理学家研究的对象之一。记忆联想是人的本能之一。在文创产品的设计过程中，对文物的原始形象进行强调、取舍、浓缩，用独特的想象攫取一个点或一个局部加以集中描述或延伸放大，是"以小见大"的一种设计方式。基于对这个点或者局部的联想，消费者能够感受到该产品相应的设计主题。在这个过程中，记忆联想起到关键作用。比如，台北故宫博物院出品了一组瘦金体刀叉。瘦金体原为宋徽宗赵佶所创，整体"运笔飘忽快捷，笔迹瘦劲，至瘦而不失其肉"，结构上"中宫紧缩、四面开张"，字体的线条细长而纤瘦，字身的重心大多处在偏上 1/3 处。设计的产品整体造型重量集中在餐具的上半部分，将东方书写洒脱明快的气息融入西方餐具组，其稍具厚度的握柄线条来自瘦金体的笔触，举重若轻，用极具代表性的瘦金体笔画来设计刀叉，使字与物得以很好地结合，为产品注入一种古典气质。

第二节　湘西民俗文物文创产品开发存在的问题

湘西是民族文化艺术丰富、历史悠久的以苗族和土家族为主的少数民族聚居区，近年来湘西地区逐渐发展文化市场，同时加强了文化基础设施建设，逐步建成了博物馆、民族文化城、剧院、图书馆和文化站等文化设施。湘西成立了民族保护工程领导小组，通过并下发了《关于做好中国民族民间文化保护工程湘西综合试点工作的意见》，建立了有效的保护机制，有效地保护了湘西非物质文化遗产。不得不说，数千年遗留下来的民族文化艺术，积淀在了民俗文物中，而以民俗文物为基础的文创产品不仅仅只是为了宣传文化或者艺术品，它更像是文化和艺术品的另一种表达方式，以另一种方式延续着它的生命和意义。文创产品设计是以设计师的角度解读传统文化内涵，经创意转化成具备市场价值的产品。文创工作的核心是为文化艺术的传承和发展服务，将湘西民族文化传播得更远、更广。但是，就目前湘西民俗文物文创产品开发的现状来看，还存在一些问题和不足。下面将从文化性、创意性、实用性三个方面着手，针对湘西民俗文物开发存在的问题做深入的剖析。

一、文化性单一

文化性单一主要体现在两个方面。一方面，体现在欠缺对传统文化和现代文化融合的思考。从字面意思去看，现代文化与传统文化是相互矛盾的，但实际上二者相辅相成，相互关联，并不是相互对立的两端，而是一脉相承的。传统文化是现代文化发展的基础，现代文化是传统文化的延伸，只有将传统文化和现代文化进行有机融合，才能进一步推动现代文化更好地发展。学者于丹也曾提出，实现现代化不能以牺牲民族传统文化为代价，应该始终坚信，民族传统文化具有调适、重构、适应市场经济的能动禀赋与文化基因，在文化交流和文化创新中实现文化的现代化转型。传统文化内涵有人类社会普适性的文化基因，具有其自身调适的能动禀赋，在现代文化转化进程中，要汲取传统文化的精义，培育其现代性价值，促进其现代化转型，为现代文化建设服务。显然，在文创产品的开发设计中，也要注重传统文化和现代文化的融合。可就目前湘西民俗文物文创产品开发的情况来看，很多文创产品未能将传统文化与现代文化进行有机的融合，不是缺乏现代化语境的实际应用，就是过分追求现代化思潮，未能很好地吸收传统文化的精髓。

另一方面，体现在欠缺对一元文化与多元文化统一的思考。一元文化和多元文化，从概念上来说有其相对性。任何文化形态在它的产生源头，都呈现出一元性，其价值观念和价值取向会呈现出一种相对单一的状态。此处说的"一元"是指湘西原生态文化中呈现一元性特征的文化样式。随着文化的不断发展与演变，文化在不断地吸收、借鉴与融合中形成自己独特的包容性与多元性，多元文化是文化发展另一个阶段的状态，这里的"多元"即指经过文化融合而产生的文化样式。从其表面上来看，这是文化发展的不同阶段；从其实质来看，这两者之间有着千丝万缕的共通之处，它们是可以通过文创产品生产达到辩证统一的。但是，目前湘西民俗文物文创产品的设计中却缺乏对二者统一的思考，这是值得引起每一位设计者思考的问题。当然，这里强调一元文化和多元文化的统一并不是放弃民族性的体现，毕竟民俗文物文创产品的设计要以民族性为主，但在现代化文化语境中，纯粹原生态的文化认同或多或少存在一定的文化困境，这是时代发展的一个必然。所以在坚持湘西民俗产品民族性的基础上，考虑文化的多元性发展，与多元文化进行融合和对话，正确处理好多元文化与一元个性化的关系，无疑是文创产品发展的一个方向。

二、创意性缺乏

如果说文化是文创产品的根基，那创意便是文创产品的核心，一个缺乏创意的文创产品注定是走不远的。文创产品的创意并不是单纯地对文物进行复制，也不是任意的拼接，这种没有创意的文创产品只能让消费者眼前一亮，说出"不错""精致"等赞叹的词语，但却很难激发消费者的购买欲望。不得不承认，如今的文创产品形式较为单一，其创意可谓是千篇一律，这不仅是湘西民俗文物文创产品开发中存在的问题，更是国内文创产业普遍存在的一个问题。走遍大江南北，在文化习俗迥异、地理位置相距遥远的不同景点，一些旅游纪念品倒好像是从同一个生产线上生产出来的，几乎在每一个景区都可以看到，着实让人兴趣索然。

现代生活商品琳琅满目，让人眼花缭乱，形式雷同的文创产品也容易让人审美疲劳，产品只有具有独特的外形才能触动大众的视觉神经，这就需要对物质载体进行创意设计。载体的创意需要对原生艺术品的艺术形象、美学特征、符号意义等进行提取并分解设计，利用重构思维将艺术特征转变为产品的一部分，对产品由内到外、从形态到色彩进行深层次重构，可从图案、纹理特征中提取与组合，用变形、重叠、放大等创作手法进行图案构建，创造出具有美感且新颖的图案。另外，光靠美感、新颖的图案还不能让产品达到惊艳的效果，图案、纹路只是载体的一部分，还需配合独特的外形特征。博物馆中也不乏优秀的案例，如北京故宫博物院把《乾隆皇帝大阅图》中的马提取出来，做成了马外形的水果叉；把太和殿脊兽提取出来，做成了脊兽外形的跳棋；还为儿童研发了以古家具为原型的拼装椅子，不但具备实用性，还外形独特、新鲜有趣，让人眼前一亮。

近些年来，北京故宫博物院的文创产品逐渐走红，受到了人们的赞誉和追捧，一个重要的原因就是创意上的推陈出新，这一点可以为设计者们提供参考和借鉴。但是，踩着别人脚步走路的人，永远不会留下自己的脚印，还是要深耕自己的文化特点，在"创"字上下功夫，这样其文创产品才有出路。一味固守，千篇一律，只会让文创产品丧失活力；善于推陈出新，呼吸现代新鲜的"氧气"，才能不断让文创产品的枝叶舒展、绽放新芽。

三、实用性不足

在文创产品的公式中，"产品"是一个重要的元素，这是文创产品的一个属性，我们不能忽视"产品"这一属性，而仅仅从"文化"和"创意"两个层面出发。作为一个产品，考量的一个重要标准就是实用性。但是，就目前湘西民俗文物文创产品开发的情况来看，很多文创产品的实用性不足，设计者们只是一味注重其民俗文化的融入，而不去考量文创产品的使用价值。对于一个消费者来说，如果文创产品没有使用的价值，那很多情况下他们都只会是笑而不语，并不会去真正地购买，毕竟很多文创产品的价格并不算低，实用性的缺乏会让很多消费者望而却步。

北京故宫博物院的原院长单霁翔曾经说过："我觉得我们过去经常看博物馆，但作为一个普通观众到博物馆，其实很多东西是看不懂的，或是没有人给详细地介绍。我们的讲解员只介绍这件文物很珍贵，它究竟珍贵在哪？这个文物很独特，究竟独特在哪？所以今天博物馆要更多地讲故事，只有讲故事才能更多的吸引年轻人走进博物馆。比如《国家宝藏》这个节目播出以后，全国九个博物馆观众平均增长了 50%。据统计其中 70% 以上都是年轻人。过去我们文化创意产品经常是把我们认为精美的一些文物复制，然后放在那，很少有人买，今天我们研究人们的生活，研究年轻人的生活，他们生活中需要什么，我们来制作什么，但制作的过程中就是一定要把我们的文物藏品的内涵挖掘出来，和人们的需求能够结合起来，这样创作出的文化产品人们才喜欢。"

如今文创产业的竞争程度愈发激烈，各大博物馆、文化机构、社会企业纷纷投身其中，面对越来越丰富的产品种类，消费者在注重品位的同时，也更加看重产品的实用性。一件文创产品如果华而不实，没有多大的使用价值，消费者选择起来就会更慎重。现在最受欢迎的文创产品，就包括口红、笔记本、雨伞、胶带等日常生活用品，这类产品实用性强、消耗量大，消费需求很旺盛，而功能相对单一的装饰品，在销量上就要落后不少。文创产业方兴未艾，有着十分广阔的发展空间，每一位设计者都需要秉持工匠精神和精品意识，充分挖掘各类文化资源的深度内涵，不断拔高文创产品的品位度和实用价值，让文创产品真正走进人们的生活。

第三节　湘西民俗文物文创产品开发的制约因素

一、人员因素

文化资源是可创新利用的资源，文化资源能否融入文创产品中，关键取决于人的聪明才智。确实，文创产品的基础是文物，但产生灵感的是人，如果在设计者的环节上存在问题，那文创产品的开发自然也会存在种种问题。就目前湘西民俗文物文创产品开发的人员情况来看，不仅复合型的人才缺失，而且专业的研发团队也缺乏，这就导致自主创新的发展模式无法形成，也就无法载动文创产品开发的这艘大船。

（一）复合型人才缺失

文创产品的研发需要各类人才的参与，从初期的设计者，到产品的制作，再到产品的销售，乃至后期的市场调研。各个环节设计牵扯到方方面面的人才，任何一个环节出问题，都有可能出现劣质产品。游云、刘中刚在对"复合型人才"定义时指出："这样的人才既要有一定的文化底蕴，对文物以及它所承载的文化有深刻的理解，又要有服务于社会的意识，对社会有强烈责任感，同时还要有清醒的经济头脑，能处理好社会与经济效益矛盾的问题。"从目前文创产品开发情况来看，产品的很多"创意"虽然是由专业设计人士构思出来的，但他们缺乏对市场的考量，非常容易导致产品和市场的需求脱节。另外，甚至还有一些产品由非专业人士构思出来，他们设计产品的最终目的主要是"讨好消费者"，单纯依靠消费者的感觉来进行设计，导致了大量低俗产品的泛滥。

（二）专业的研发团队较少

一个文创产品的开发需要一个团队的力量，这样能够弥补个人专业素养以及能力上的不足。这就好比在海上驾驶一艘大船，需要有船长、舵手、水手、燃料、补给等，缺一不可。但是，针对湘西民俗文物文创产品的开发，专业型的团队非常少，有些甚至是临时拼凑起来的，只是为了完成某一个文创产品的设计，这一产品的设计和制作一旦完成，团队便会解散。这种临时组建的研发团队既缺乏专业性的知识和能力，更缺乏对湘西民俗文物的深入认知，又怎么可能设计出被人们赞誉和追捧的文创产品呢？这种现象甚至出现在一些中小型博物馆中，由于其规模小、人员少、组织机构不健全，从现行的机构设置上来看，没有专门负责文创产品开发的部门，更提不上独立自主的研发队伍，就算有文创产品的研发队伍，也大多只是进行一些简单的复制和拼接，成品质量非常低下，丝毫发挥不了民俗文化传递的功能。

二、资金因素

文创产品的开发并不是无中生有，需要投入大量的人力和物力，所以资金的支持必不可少。从目前湘西民俗文物文创产品开发的现状来看，中小型企业和博物馆是文创产品开发的两个主体，而从这两个主体的资金情况来看，都或多或少存在着一些困难。

一方面，从中小型企业的情况讲，虽然从文化创意产业的整个市场情况来看，目前表现出的前景比较可观，但由于其风险较高，中小型企业盈利能力也相对较弱，所以在融资上存在不小的困难。可产品的开发并不容易，可能需要很大的资金投入，才能够有高质量的产出，如果资金出现问题，不是导致产品夭折，就是导致产品质量大打折扣。目前，各地政府对于文化创意产业有一定的扶持政策，能够给予经济上的支持，如2013年湖南省在文化创意上的投入就占了整个产业投入资金的一半，但是由于目前市场机制的不完善，资金的利用率不高，文化创意产业集聚力与创新能力也相对较弱。

另一方面，从博物馆的情况来看，自2012年我国关于博物馆免费对外开放的政策实施以来，博物馆产业的资金多是来源于国家财政拨款，但财政拨款仅能维持博物馆设备维护、展览更新等方面的正常运转，却无法承担博物馆运营和文化产品开发的相关经费。中国新闻网的调查数据显示，2008—2011年中国免费开放的博物馆达2400余座，累计获得中央财政支持82亿元人民币，但其中中小型博物馆由于资源少、规模小等获得的资金支持远不及大馆。而从文化产品的销售获得来说，其利润回收周期相对较长，这很容易导致其文创产品的开发后继乏力。

三、市场因素

市场因素主要体现在文创产品的知识产权上，因为目前我国对于知识产权上的保护并不是非常重视，所以很多企业在进行文创产品设计的时候，为了实现利益的最大化，不会针对文创产品进行研发，而是照搬别人的模式，进行重复性的设计。不得不承认，目前有关文化产业的产权意识较为淡薄，有些景点和创意产业公司能做出很好很有市场的文创产品，但这些产品都面临侵权的问题，一旦它们有了市场，很快就被模仿，而且是恶性竞争性复制，产品越好卖，越容易被模仿。那些投入很多资金踏踏实实做文创产品的团队或者企业没有获得丰厚的回报，反而那些盗版团队从中攫取了不少的利益，这种劣币驱逐良币的做法使市场上的文创产品变得愈加粗制滥造。

对于文化创意产业来说，创新创意是灵魂，而知识产权保护则是支撑文创产业发展的命脉。但是，文创设计知识产权的维护并不容易，一方面，受到法制、行业规范发展程度等多种因素的制约，相关法律法规体系尚不完善，一些文创设计存在产品侵权行为难以界定的问题，以及知识产权诉讼难、获赔少等情况；另一方面，社会普法不足，导致权利人自我救济的意识和能力欠缺，行政保护力度也有待加强。诚然，文创设计知识维权的道路艰难，但如果不去改变这一现状，又如何刺激文创产品的创新，又如何使湘西民俗文物的文创产品走向中国和世界？

总的来说，文创产业让传统文化"活"起来的同时，加强知识产权保护能够让文创产业"火"起来。文创产品创造成本高、投入大，但易复制，尤其是在互联网背景下，文创产业成为很容易受到知识产权侵权的产业，如果文化产品一面市就被仿制，必然会伤害到原创者的利益，从而伤害其创新力。没有知识产权保护法规，创意主体也就不会有创意动力，而如果没有创意，就不会有文创产业的繁荣。文化创意产品好比是用各种样式的酒瓶搭配上醇香的老酒，而知识产权保护则让老酒香飘更远。

四、技术因素

在产品中融入新科技可以催生出许多新产品和新服务，带给人们更多的选择，满足人们越来越高的消费需求。文创产业要依靠人的智慧、天赋和技能，借助高科技对文化资源进行整合提升，通过知识产权开发，创造出高附加值的产品。在文化创意产品的设计中，文化创意提供内容，即做什么；而科技创新提供表现方式，即怎么做。2014 年中国博物馆及相关产品与技术博览会（简称博博会）的主题为"博物馆发展·科技创新·文化创意"，不少科技型企业将自己制造的含有高科技的产品带到博物馆人面前，借助新技术的运用让死气沉沉的人物"活"了起来。在博博会、文博会 [中国（深圳）国际文化产业博览交易会] 以及其他产品展览会上，包含科技元素的产品往往成为亮点。

但是，从湘西文物文创产品的研发现状来看，很多人虽然都意识到文创产品研发的重要性，立足于湘西民俗文化积极进行文创产品的研发，但是在文创产品中融入新技术的观念意识淡薄，甚至没有将文创产品与新科技联系在一起。在以前生产水平较低的情况下，我们只能加工一些简单的复制品，而如今随着改革开放成果的不断扩大，我们听到的、看到的、学到的等都在发生潜移默化的转变，文创产品的开发也应跟上时代的潮流，在"科学技术为第一生产力"的背景下，我们应积极将新科技注入文创产品中。随着经济的发展，不但公众的消费需求逐渐旺盛起来，公众的消费标准也在逐步提高，以往单纯的复制品、旅游纪念品已不能满足公众日益多样化的消费需求，一些构思好、创意新的产品开始受到游客的追捧，科技类文创产品越来越受到人们的喜爱。如今的生活科技已充实于生活中的每一个角落，人们也需要一种全新的"体验"方式来了解和认识民俗文化。

第四节　湘西苗绣文创产品开发设计

一、湘西苗绣艺术概述

（一）湘西苗绣艺术的源流与形成

1.湘西苗绣艺术的源流

从唐朝到清朝的数百年间里，苗族发生了数次规模较大的迁徙，目前他们主要集中分布在贵州东部、湖南西部（即现在的湘西）、四川、云南等地。苗绣作为一种流传于苗族民间的刺绣，有关于它的史书记载不在少数，如乾隆初年《永顺府志》（卷一）记载："苗民性喜彩衣，能织纫，有苗巾，苗锦之属。"其实清朝的一系列改革对于苗绣的发展产生了不小的影响，在清朝实行"改土归流"政策之前，苗族因为其居住地区的地理环境，多是一种自给自足的生活状态，和其他民族的交往并不多，而"改土归流"政策实行之后，大量的汉族人进入苗族地区，这不仅改变了其社会构成，更为他们带去了先进的栽培技术，从而推动了苗族农牧业的发展，进而影响了苗绣的发展。

在"改土归流"的数十年中，湘西苗族人民已熟练掌握冶炼、种植技术以及纺织技术，成熟的纺织业生产为苗族刺绣的形成、发展奠定了深厚的文化基础和技术基础。乾隆末年麻、棉花的广泛种植，为苗族刺绣提供了雄厚

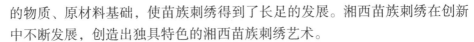

的物质、原材料基础，使苗族刺绣得到了长足的发展。湘西苗族刺绣在创新中不断发展，创造出独具特色的湘西苗族刺绣艺术。

2. 湘西苗绣艺术的形成

正所谓"一方水土养一方人"，不同的地理环境和社会环境导致不同地区的人民性格也不尽相同。在湘西，特有的地理位置、自然环境、气候特点等使湘西苗族人民形成了其独特的生活方式、民俗文化以及艺术风格。苗绣作为苗族民俗文化中的一个重要组成部分，自然也是在多重因素的影响下形成的。

（1）自然环境因素

湘西是武陵、雪峰两大山脉和云贵高原环绕的广大地区，是沅水、澧水中上游及其支流汇聚之地。这里土壤肥沃，雨量充沛，气候温和，四季分明，是典型的亚热带季风性湿润气候。显而易见，湘西得天独厚的自然环境是苗绣形成的一个重要的因素。首先，就苗绣的原料来说，有棉、麻、蚕丝，这些原料的生长和生产对于自然条件的要求较高，而湘西的亚热带季风性湿润气候为其提供了良好的自然环境，这就为苗绣的生产提供了充足的原材料资源。其次，就苗绣的素材讲，其素材多是现实生活中的自然物象，这一点也和湘西的气候分不开，因为在土地肥沃、雨量充足的基础上，农牧业才能够蓬勃发展。最后，则体现在苗绣的色彩上，因为苗族居住的住宅多为黄土本色，生活色彩非常单调，所以苗族人在服饰的色彩上，便更倾向于追求鲜艳的色彩，以此来寄托对生活的向往。

（2）社会环境因素

世界上任何一种事物除了受自身所处的自然地理环境影响之外，同时还受到社会环境的影响。湘西苗绣，这种来源于民间的织物，它的存在得益于它所处的得天独厚的自然地理环境，更与当地老百姓的生活密不可分。苗绣的表现形式与当地苗族的历史文化、习俗以及宗教信仰有着密不可分的联系。在这些多重文化因素的影响下，苗绣没有在大机器生产的冲击下被打倒，依然存在于人们的生活当中。

一方面，湘西苗绣艺术与苗族悠久的历史息息相关。因为苗绣不仅是一种民间刺绣，它更是一种文字符号，很多苗绣纹样反映着他们祖先的生活习俗和宗教信仰，对于研究苗族的历史有着非常高的价值。苗族刺绣中各种各样的纹样符号，不仅仅是苗绣的需要，同时，象征符号与意义的结合还承载着苗族人民许多历史文化轨迹，完全可以把它当作一部史书来品读。

另一方面，湘西苗族人民的审美价值也对苗绣的风格形成产生着不小的影响。都是如此不同的审美价值会衍生出不同风格的艺术作品，不仅苗绣如此，对于任何艺术创作来说。当然，对于普通大众来说，可能谈不上专业的审美价值，苗族人民也是如此，不过在不同民俗文化的影响下，苗族人民自然会形成自己的审美偏好，而这些偏好正是审美价值的雏形，在一定程度上影响了苗绣的风格。

（二）湘西苗绣的艺术特征

经历了几千年的发展历程，湘西人民不断地发展创新，加之刺绣工艺的改进，湘西苗绣在纹样、色彩、刺绣工艺方面形成了自己的独特风格——兼容并蓄、热烈奔放、古朴、纯真，充分地展现了湘西忠厚朴实、热情豪放的民风。

1. 纹样特征

一方面，纹样非常丰富，变化多端。如果把典型湘西苗绣的图案纹样按照内容进行分类，可分为自然纹样、文字纹样、几何纹样这三大类。其中，自然纹样是以现实生活中自然物象为题材的，包括荷花、梅花、桃花、石榴花、牡丹、鸳鸯、燕子、蝴蝶、牛以及日常生活中用到的花瓶、花篮、器皿等；文字纹样是以文字为题材的纹样，常见的有福、禄、寿、禧四字，一般绣在小孩的帽子上、苗族服饰的衣袖或者是裤脚上；至于几何纹样，是苗族服饰刺绣纹样的一种基本纹样，就是指纯粹的用几何形来表现自然物象，在湘西苗绣中，几何图形类别一般有"八卦"纹、"水波"纹、"十"字纹、"米"字纹、"回"字纹、"井"字纹、"星形"纹等。

另一方面，苗族刺绣的图案形式也是丰富多样的，其纹样的组织构成追求对称美、均衡美和韵律美。对称美不用多言，就是追求纹样的对称，无论是上下、左右、三面还是四面；均衡美则是追求纹样构图的主次分明和疏密得当，以保证构图整体上的均匀；至于韵律美，可以看作对称和均衡的结合，以此来构成一幅画面，从而使得纹样既有很强的装饰性，又表现出一种很强的亲和性和人文情怀。

2. 色彩特征

马克思曾经说过一句话，"色彩的感觉就是一般美感中最大众化的形式"。色彩就是生命，没有色彩的世界就好像失去生命的世界一般，就好比火焰能发出光，光又生成了色彩，色便是光之子，光便是色之母。光通过色彩为我们展现了多彩的世界。色彩的运用，为我们人类的情感表达增添了一种新的艺术语言。苗绣的色彩，正是这种特殊的艺术语言，为我们展现了湘西深厚的文化底蕴和淳朴的湘西民俗风情。

图案是绣品中的主体物，在作品中占据最重要的地位，因此图案的配色也非常重要。湘西苗绣最常用的颜色是红色，如大红、橙红、桃红等，因为红色代表喜庆、热烈，体现出苗族人民热情奔放的性格。红色在苗绣作品中大量使用时，通常与绿色、蓝色、紫色搭配在一起，使作品的对比度更强烈。通过强烈的对比，更加凸显了作品的装饰效果，带给人一种喜庆、吉祥的感觉。黄色在苗绣中也有用到，它的亮度是最高、最灿烂的，代表着希望，表达湘西人民对美好生活的希冀。黄色一般与紫色、绿色、红色搭配，能产生明快、鲜亮、刺激、热烈的视觉效果。

现实生活中的人们所处的环境以及经历的历史时代都不一样，因此每个人对于色彩在心理上的反应都不相同。湘西人民在刺绣的过程中对于颜色的搭配都有自己的一套口诀，比如，"红红绿绿，图个吉利""紫是骨头绿是筋，配上红黄色更新""红冲紫，臭如屎""青紫不宜并列，黄白未可随肩""光有大红大绿不算好，用黄托色少不了"等。湘西苗族人民用色大胆，对比强烈，形成了红火热烈、明快鲜亮、广阔深邃的色彩特点。

3. 工艺技法

苗族刺绣使用的工具非常简单，只需要一个"花绷子"，也就是把刺绣时用的底布绷在一个架子上，使之平衡，然后再在上面刺绣。而由此衍生出的工艺技法主要有三种：随手绣、剪贴绣、绘绣。随手绣，顾名思义就是随手拿来绣，不需要任何的图案资料做参考，仅凭自己的想象力及刺绣经验，在底布上任意绣；剪贴绣指的是把需要绣的图案贴在底布上，再进行刺绣；绘绣则是指用单色的笔将所需要的图案画在底布上，然后绣之。当然，要想进一步了解苗绣的工艺技法，就需要了解与之相关的刺绣工具、刺绣材料以及刺绣针法。

（1）刺绣工具

苗族刺绣的工具非常多，常见的有针、顶针、剪刀、花绷子等。所谓的针，就是我们通常所说的绣花针。绣花针的品类很多，长短粗细不一常常以"号"来区分。而顶针是一种蜂窝形状的金属片，将其卷成戒指一样的形状戴在手上，作用在于刺绣的时候便于推针。剪刀是刺绣必用的工具之一，它主要是用来修剪绣布和剪断线头。"花绷子"是一种用木或者竹子做成的绣花绷架，有长方形的、圆形的两种。长方形的一般都是用竹子制作而成，横竖分别是两根、四根，运用这种"花绷子"对于衣袖、裤脚、窄带条形的花边的刺绣非常方便；而圆形的"花绷子"有内外两层，分别是用竹圈和金属圈做成绷圈。刺绣时将绣布夹在内外两圈之间绷平，然后再进行纹样描绘和刺绣。

（2）刺绣材料

苗族刺绣的主要材料有线、布、纸三种。线可以分为很多种，如有丝、棉、麻、金、银、铜线等等。丝、棉线是最主要的用线，通常用于服饰，麻线相对来说较粗，因此常用于比较厚实粗犷的绣品，而金、银、铜线主要是用来点缀服饰。苗族刺绣的布料也有很多种，从颜色上看，有黑色、蓝色、红色等布料。纸是用来制作样稿的，通常是先用纸做成有图案的花纹，然后将这种花纹作为刺绣的蓝本。

（3）刺绣针法

苗族素有"无花不成衣"之美誉。姑娘自幼学习针法，嫁妆多为亲手刺绣。苗族刺绣工艺精湛秀丽、古相典雅，图案多取材于传说故事、生活现景和鸟兽花卉等。其针法有很多种，主要的刺绣针法有破线绣、绉绣、辫绣、锁边绣、数纱绣、压线绣、剪贴绣、马尾绣、打籽绣、锡绣、金丝绣、十字绣等20余种。

二、湘西苗绣文创产品开发设计的意义与原则

（一）湘西苗绣文创产品开发设计的意义

1.有助于民俗文化的传播

湘西以前本身就处于一个比较封闭落后的地区，在经济、文化、生活等方面与外界交流甚少。如今旅游产业的发展，带动了当地的政治、经济、文化的发展，特别是凤凰古城，吸引了众多来自全国各地甚至是世界各国的游客，旅游产业的发展促进了当地的经济发展，人民的生活水平也逐步提高。一个地区的历史文化，往往可以通过民间的传统艺术来传达。苗族刺绣艺术是湘西当地极具民族特色的民间艺术，它的形成是文化发展、演变的必然结果，从一定程度上反映了该地区在政治、经济、生活过程中形成的特定的历史文化。苗绣作为一种民间刺绣，不仅记载了苗族的历史，同时还反映了远古时代先民们的生活习俗和宗教信仰等，具有较高的历史研究价值。而对苗绣文创产品的设计开发，有助于苗绣在现代舞台上继续生存，并借助文创产品这一媒介，将其背后蕴含的苗族民俗文化传播出去。

2.有助于旅游产品的丰富

旅游产品是旅游业重要的组成部分，在旅游业迅速发展的今天，旅游产品这一块的开发并不是很理想，但它已成为旅游业深入发展过程中的一个重

要环节，如果旅游产品发展不好将会直接影响旅游业的发展。如今的旅游产品开发停滞不前，发展缓慢，大部分旅游商品单一，缺乏特色，且质量差。在各个旅游景点出售的旅游商品风格基本相差不大，大部分旅游商品在其他景点也可以购买到，这就从一定程度上影响了销售量，同时也制约着经济的发展。一件优秀的旅游产品，它的设计不仅仅指它的功能、外形、色彩以及装饰方面与众不同，还应该展现其文化内涵、审美价值以及时尚的视觉感受。一件设计作品在市场上的地位主要取决于其设计文化、民族传统以及先进的设计理念。苗绣这一传统民间艺术作为一种设计元素不断地被融入文创产品的设计中，这无疑为旅游产品开辟了一种新的设计风格，丰富了旅游产品的种类。总的来说，这种具有民族特色装饰的文创产品设计，一方面能够为旅游业带来一定的经济效益，另一方面又能够弘扬中国的民族传统文化，对我国的现代产品设计走向国际化，起到了一定的推动作用。

3.有助于传统艺术的存续和发展

在中国五千年的历史文化长河中，产生了无数优秀的传统艺术，这是我们国家和民族的骄傲。但是，在现代文化的冲击下，很多传统艺术岌岌可危，如果不采取措施加以保护和发展，这些传统艺术很快就会淡出人们的视线。对于传统的文化艺术来说，一旦遭到毁灭，将不能再被完整地复原。这并不是危言耸听，而是我们必须要面对的现实。目前，除了通过一系列的政策进行保护外，还可以在传承传统艺术的基础上不断创新，使传统艺术适应时代的发展要求，从而让这些传统艺术绝处逢生，重现昔日风采。显然，苗绣文创产品的设计便是对传统民俗文化的一种继承和发展，在传承苗绣艺术的基础上进行创新，将其图案、材质、结构、布局、工艺以及色彩搭配等巧妙地与现代产品结合在一起，这对于苗绣这一民间艺术的存续和发展无疑是具有非常积极的现实意义。

（二）湘西苗绣文创产品开发设计的原则

1.尊重苗绣艺术的本质特征

中国的民间传统艺术是中国传统民族文化的重要组成部分，在我国历史悠久的传统民族文化中，民间传统艺术占有重要的地位，在人类历史长河中，它以强大的生命力和深厚的文化底蕴长存。如果从本质上对民间传统艺术进行剖析，其具有商品属性和文化属性两种属性，两种属性一隐一显。显然，商品性是显性的，而很多设计师在进行相关文创产品开发设计的时候，受到眼前利益、金钱的诱惑，专注于经济效益，而忽略了艺术本身的文化效应，使它原有的文化品位不断降低，艺术韵味逐渐消散。

从某种程度上来说，湘西苗绣是艺术的一种，它源于民间，服务于民间，它主要强调人与大自然的密切关系，带有浓郁的民族特色，是劳动人民智慧的结晶。它不但具有人文、历史、文化价值，还有较高的美学价值。所以在进行相关文创产品设计时，要尊重传统艺术的本质特征，对其进行适度、合理开发。艺术的本质是人对美好事物的追求和呈现，而形象性、主体性、审美性是艺术的特征，如果失去了这些特性，它将不再属于艺术，也将脱离文创产品的范畴，仅仅是设计了一件商品罢了。

2.在传承中不断创新和发展

文化是一个民族的灵魂和血脉，是一个民族的集体记忆和精神家园，体现了民族的认同感、归属感，反映了民族的生命力、凝聚力。失去了民族文化传统，就如同浮萍，没有了根；就如同流浪者，失去了家园。文化认同与文化传承是民族赖以生存的基础和继续发展的前提，其重要性是不言而喻的。如今，人类已经进入了 21 世纪第二个 10 年，如何应对全球化的冲击，如何在激烈的文化竞争中生存与发展，核心是文化创新。创新是一个民族进步的灵魂，是一个国家兴旺发达的不竭动力，也是一种文化生生不息的源头活水。即使是优秀的文化传统，也要适应时代的需要，实现现代性的创造性转化。苗绣也是如此，需要我们在传承的同时做到创新，这样才能促使其不断地发展。因此，在进行苗绣文创产品的开发设计时，不要局限于苗绣本身，要结合时代发展特征，取其精华，去其糟粕，使之与当代社会相适应，与现代文明相协调，保持民族性，体现时代性。

三、湘西苗绣文创产品的开发设计思路

苗族刺绣最初是服饰品和女子的陪嫁品，但随着经济的不断发展和人们日益增长的物质文化需求，以湘西苗绣为主题的文创产品也逐渐多了起来，这些文创产品不仅为相关商品的生产注入了新鲜的血液，同时也使得湘西苗绣的文化内涵得以发展和传承。湘西苗绣艺术是湘西苗族文化的重要组成部分，是一种特有的地域文化特色，是苗族宝贵的物质和精神财富，是上千年的文化积累，也是使苗族具有强劲生命力的重要源泉。因此，我们需要对湘西苗绣进行研究、整理，从中摒弃糟粕，吸取精髓，使之发扬光大。有关苗绣文创产品的开发设计有很多途径，在本节中，笔者在吸取他人经验的基础上，融合自己的想法，提出了几种苗绣文创产品开发设计的思路。

（一）直接应用苗绣元素的开发设计思路

1.将苗绣图案直接运用到产品中

苗绣图案的直接应用就是对苗绣面料的图案纹样不做任何形式的修改，将其直接运用到产品中。苗绣图案体现着湘西苗族人民的民俗风情，具有独特的地域文化特色，其图案的素材都是源自与本民族生活息息相关的大自然的一切美好事物，所以将苗绣图案直接运用到产品中，可以为设计增添无限的生机和活力。例如，将原生态的苗绣图案直接应用到包类产品上，这样不仅能够完整展现苗绣的民俗特征，也可以起到很好的装饰作用。当然，在将苗绣直接运用到包类产品中时，不能生搬硬套，而是要考虑到色彩的搭配，或冷暖的对比，或近似的调和，以体现出苗绣的艺术特色，彰显手工制作的手法。同时，其配件可采用与苗绣相协调的木珠、线绳等，另外还可以采用盘扣、中国结等具有民间意味的装饰手法，这样可以增强产品的趣味性和民间文化气息。

2.将苗绣色彩直接运用到产品中

苗绣艺术的色彩主要讲究的是苗族装饰图案的配色，有其特殊的风格，它既要考虑底布颜色，又要考虑本民族内部不同氏族的用色习惯及其特点。在颜色的选择上，苗族妇女多选择欢快、喜庆、温暖的色调，橙红、桃红、橘黄、柠檬黄等鲜亮色彩常常大面积使用，并与对比色绿色、紫色、蓝色进行搭配。苗族刺绣图案色彩丰富，用色上或许是受苗族自由达观、祈福求欢精神的侵染，往往色彩斑斓，对比强烈，丰富多变，艳丽而不俗套，丰富而不缭乱，这一点可以直接运用到文创产品之中。比如，可以将苗绣图案的色彩对比应用到地毯的设计上，运用大红、柠檬黄、绿色，主色调是红和黄，并与对比色绿色进行搭配，形成强烈的对比效果，这样强烈的对比既凸显了装饰效果，又给人以温暖、欢悦、喜庆、吉祥、热烈的感觉。

（二）在原有苗绣元素基础上进行创新的开发设计思路

创新是设计的灵魂，有了创新，设计才有新的生命力。随着现代信息化时代的到来，人们对于产品的个性化要求越来越高，产品要有个性，就必须要有创新。因此，在对湘西苗绣文创产品进行开发设计的时候，要在直接运用苗绣元素的基础上做进一步的创新，以设计出更多具有新意的文创产品。

1.苗绣图案的创新

图案在广义上是指对某种器物的造型、结构、色彩和纹样进行设计所制成的图样。图案和其他艺术一样，都是源于生活，同时服务于生活。组成图案的三个最基本的因素是造型、构图、色彩。图案有单独纹样和连续纹样之分，单独纹样主要包括单独、适合、角隅纹样；连续纹样主要是指二方连续、四方连续纹样。图案是湘西苗绣最主要的组成元素，所以图案的创新在产品设计中尤为重要。

（1）图案结构上的创新

在产品的布局方面，苗绣传统图案的形式美已成为设计的重中之重。传统的刺绣图案出现在现代化产品上的时候，我们可以清楚地看到苗绣图案作为形式感存在的重要性远远超过其本身具有的文化内涵。刺绣图案是传统刺绣文化的重要组成部分，给人一种最直观的视觉感受，所以将图案完整地运用到文创产品中是一个非常直观的设计思路。当然，图案完整性的展现是文创产品设计艺术中的一大特色，但我们不能局限于此，要大胆地做出创新，以此为文创产业不断注入新的血液和活力。例如，图案的切割是设计中常用的手法，因此刺绣图案的构图也采取此种方法，将完整的刺绣图案分割成一份或者多份，只将图案的局部效果展示给欣赏者。另外，在分割的思路上，除了展现局部外，还可以对分割开的元素进行新的拼接，不过要注意主次、线条、色彩块的分配，不要失去了其原有的传统民族风格。

（2）图案色彩上的创新

色彩在生活中无处不在，任何人都离不开色彩，色彩给我们的世界带来了无穷的魅力和生机。色彩是图案构成的重要因素之一，同时也是图案设计的重要表现手段，它对图案设计产生重大的影响。它是影响人们审美观的重要因素，是一种视觉感受，也是一种信息。不同的人在不同环境因素下对于色彩的视觉感受是不一样的，反馈出的信息也是不一样的。因此，学会合理地配色，对图案的设计非常重要。

湘西苗绣艺术中的色彩大多运用了强烈的对比色搭配和互补色搭配，对比色和互补色的运用，能使绣品画面形成强烈的对比，这种强烈对比色的运用是湘西苗族刺绣艺术用色的一大特色。但是，如果能够合理地运用配色，在图案的色彩上进行一些创新也并非不可。比如，在服饰的设计上，除了一些喜庆主题保留传统的配色方法外，设计师还可以将类似色、邻近色、无彩色等搭配组合，并注意刺绣与服装的整体性、协调性，以及色彩所反映出来的装饰性和流行性因素，这样必然能够让人眼前一亮。

（3）图案立体空间上的创新

图案和背景的空间关系往往在同一个平面中通过色彩的明度、纯度、色相来表现出来，同时也可以用一些特殊的技法、肌理以及综合材料来进行空间关系的表达。对于苗绣来说，其图案的运用多体现在平面上，虽然有时也会借助一些方法使其显得有空间感，但局限于"刺绣"本身这一工艺，也不可能出现立体空间上的产品。但是，进行文创产品的设计便不必局限在"刺绣"这件事上，而是可以对其进行无限制的延伸，所以立体空间上的创新就成了苗绣文创产品设计的一个方向。一个平面上的图形，如果我们将它的某一个部位进行空间位置上的移动，也就可以得到不同的空间关系。例如，苗绣中的几何图案便非常容易进行立体空间上的转换，至于产品设计的方向，可以是桌子、柜子这样的大家具，也可以是笔筒、书签这样的小物件。而这种融入我们生活中的文创产品对于传统民俗文化的传承和发展起到了一定的积极作用。

2.材料以及工艺的创新

人类是通过自己的五感来认识世界的，那么对于设计作品而言，给人的视觉和触觉感受也是非常重要的。的确，对于不同的人来说，不同的材料会使其产生不同的感受。湘西地区处于一个比较封闭的山区，因此当地的人们在择材上有一定的局限性，一般都是就地取材，然后自己对原料进行加工，自己进行纺织。不得不承认，这种手工的方法最大限度地保留了苗绣的特征，但对于文创产品来说，我们不一定要完全将苗绣的材料和工艺运用进来，而是仅仅借鉴其中的一些元素，然后在工艺和材料上进行一定的创新。比如，在不同材料上，可将棉、麻、丝等材料和传统工艺蜡染、扎染等手工进行结合；在图案的设计上，可借鉴苗绣图案的元素，这样既体现了湘西地区淳朴、纯真的民俗民风，也使得现代设计产品更具有民族特色感，可以让消费者在触觉和视觉上产生焕然一新的感觉。

第五节　湘西傩面具文创产品开发设计

一、湘西傩面具概述

研究湘西傩面具，对湘西傩面具进行文化创意设计，首先应做的就是研究和了解湘西傩文化。湘西傩文化是湘西傩面具的文化母体，直接提取视觉

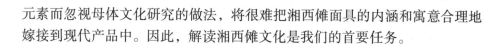

元素而忽视母体文化研究的做法，将很难把湘西傩面具的内涵和寓意合理地嫁接到现代产品中。因此，解读湘西傩文化是我们的首要任务。

（一）傩文化概述

1."傩"字

关于"傩"字，在《诗经·竹竿》中有"佩玉之傩"，"傩"在此译为"行节有度"[a]；《诗经·隰有苌楚》的"猗傩其华"，意思是柔顺可爱。今日，在傩学界，关于"傩"字的解释有狭义和广义之分。狭义的傩，即指在民俗活动中，为驱除疾病与鬼魅所举行的仪式；广义的傩，指的是一种关于农业丰产祭祀的民俗活动。但是，"傩"的本义到底指的是什么？是先有广义上的"傩"，还是先有狭义上的"傩"？或许我们可以从下面的说法中寻得一些解释。

关于"傩"的本义，《说文解字》解释为"行有节也。从人，难声"。段注："行有节度。按此字之本义也。其驱疫字本作难，自假傩为驱疫字，而难之本义废矣。"由此可知，"行有节"，即行为有节度、有节奏之义，是"傩"的本来意义。"傩"作祛除鬼魅释，这是使用"难"的假借意义，此时，"傩"是"难"的假借字。

难，本字作"難"。《说文解字》："難（难），鸟也，从鸟，堇声，或从隹。"但是"难"当驱疫解，亦是假借义。"难"的本义是鸟。既然"傩"与"难"均为假借字，那么表示驱鬼逐疫的本字是什么呢？它的本字是"魌"。"魌"，《说文解字》释为："见鬼惊词，从鬼，难省声。"《说文通训定声》释"魌"为"见鬼惊貌，从鬼，难省声……此驱逐疫鬼正字，击鼓大呼，似鬼而逐之，故曰'魌'。为经传皆以傩为之"。

训诂学的知识告诉我们，现在所谓的"傩"（如傩学、傩舞等）是驱除疫鬼的意思。它的本义应该是"魌"，所以如今所理解的"傩"，多将其解释为一种神秘而古老的原始祭礼，旨在驱除疫鬼，祓除灾邪，是原始居民的一种精神寄托。

2.傩仪

傩是远古时代的一种祭祀活动，傩仪就是指傩事活动的全部仪式和过程[b]。古人在特定的节日或场合，戴着面具举行驱鬼逐疫、祈福纳吉的仪式。

a　贺春旎.傩来傩去[M].北京：文物出版社，2014：1-22.

b　王今栋.傩的秘密[M].北京：西苑出版社，2012：13-18.

傩仪所包含的活动种类繁多，有不同的活动形式，如傩戏、傩舞、傩祭等；有不同目的的傩仪，如出征仪式、丰收庆祝、还愿、祭拜先祖等；不同地区或民族的傩，有不同的特色和不同的名称，如湘西还愿傩、西藏的藏戏、陕西的社火戏、桂林的公戏、贵州傩堂戏，还有土家族的茅古斯（傩舞）、彝族撮泰吉、仡佬族傩坛戏、布依族傩戏等；按活动空间的不同，傩仪可以分为路祭、场祭、庙祭、家祭等。

傩文化源于原始民族对自然的崇拜、对祖先的崇拜以及万物有灵的观念和信仰，人们希望获得超越自然的力量，从而得以生存和繁衍。在千百年的演变与发展中，傩承载了劳动人民的思想文化和精神信仰，是民间艺术与民俗文化的集合体。如今，在现代科学文化和现代流行文化的冲击下，傩文化依旧顽强地存活在山乡之间，并且散发着古朴绚烂的独特魅力。

3. 傩面具

傩文化有着悠久的历史，是我国民间巫傩文化的重要组成部分，巫和傩很多时候会被归为同一类封建时期的民俗文化，但其实巫与傩存在着很大差别，其中，傩面具就是最为直观的区别。远古先民借助宗教观念来强大自己的内心，满足生存的欲望，获得征服自然的勇气。傩仪在漫长的历史发展中，逐渐演变成一种娱人娱神的、带有娱乐性质的活动，既是祈福避祸的仪式，也是节日的庆祝和娱乐形式，表达了人们对自然的崇拜、对神灵的敬畏以及对美好生活的向往。傩有不同形式的活动，有丰富的剧目，有多样的服装道具，其中，傩面具是最为重要的道具，被视为人神通灵的媒介（带上傩面具的人就拥有了角色赋予的能力，可以和神灵对话），是傩文化的象征符号。傩面具有不同的角色代表，每个角色有不同的造型和特征。在制作过程中，手工艺人会根据材料特点，加入自己的想象来进行创作，因而，每一件面具都独一无二，格外珍贵。

4. 傩文化

傩是我国古老而神秘的原始祭礼，经过几千年的发展演变，直到今天依然可以看到它的原型，且依然在部分地区民众的信仰观念、审美情趣、生活方式等方面发挥着作用，早已形成一种文化体系。部分少数民族人民以浪漫主义的天性创造了傩文化，将人们的精神信仰形象化、动态化地展现了出来。傩在古时候最先是用来祈福避祸、祈祷许愿的，然而在历史的演变过程中，傩文化不单单是民众情感和希望的寄托，它还对社会文明和发展起到了积极作用。

在其他形式的祭祀活动中，神灵以静止的神像存在，而傩仪的活动形式则是通过傩面具，让神灵"活起来"。傩仪通过戏曲、舞蹈、念词等方式，向民众传播了历史故事、民间传说、道德观念等，同时通过聚众的傩事活动，在加强民众交流的过程中，也促进了社会信息和知识文化的传播。

（二）湘西傩面具

1.面具

面具是世界文化现象，世界各地虽然没有发现很多的旧石器时代面具实物，但世界五大洲的岩画上，却留下了人类使用面具的痕迹。因此，人们常说，面具史与人类文明的发展史是基本同步的。中国是世界上面具文化较为发达的国家，中国各地、各个民族都有自己的面具，各地、各民族的面具以其形制的多样、造型的丰富、内涵的深邃，在世界面具宝库中占有重要位置。

面具的起源与神像的起源有着很大的关系。在原始思维中，神是无时不在、无处不在的。人类敬奉神灵，必须有个看得见的对象，但神的形象究竟是怎样的呢？人们实际上谁也没见过，只能靠自己的想象去"塑造"。人想象中的神必然与那个对象有相似之处：是牛神，它便具有牛的形象；是太阳神，便有太阳的外形。因此，在早期的"神像"中，如旧石器时代的岩画中，都有这种特征。对于没有见过的神，人们首先想到的是自己的样子，然后再去结合神的特征进行融合，就像黑格尔曾经引用的一句法国谚语："上帝按照自己的形象创造了人，但是人也回敬了上帝，按照人的形象将上帝创造了出来。"后来，在面具的不断发展和演化中，各地融入了自己的本土文化，面具的样式和内涵也愈加丰富。

2.湘西傩文化概况

湖南傩文化主要分布于吉首、泸溪、凤凰、保靖、张家界、沅陵、辰溪等地。其中大部分都属于湘西地区，因而，湘西傩文化是中国傩文化中非常重要的部分。湘西地区地理位置偏远且交通闭塞，这里是多民族聚居地，傩文化保留较为完善。湘西傩文化受到荆楚文化和梅山文化的影响，在形式上对湖南花鼓戏有借鉴，具有其独特的风格和特点。湘西傩按民族派别可以分为汉傩（汉族）、苗傩（苗族）、土家傩（土家族）。其中，土家傩主要分布于永顺、龙山和保靖等地，苗傩分布于凤凰、吉首、花垣、泸溪等地。土家族的傩仪有"茅古斯"、"摆手舞"、跳马等形式。苗傩有三大祭祀活动：椎牛、接龙、跳香。此外，湘西还有一些独有的傩戏剧目和傩技，如上刀梯等。

3.湘西傩面具的历史变迁

秦汉时期，湘西人生活在物产丰富又充满危机的山林楚地，对自然有着热爱和敬畏的情感。这一时期，湘西傩面具造型元素大多来自自然物种，往往以飞禽走兽为创作原型，以花草纹样为装饰，表达人们希望从自然中获得生存的力量的诉求。唐宋时期，戏曲艺术盛行，民间故事的角色也被创作成了傩面具，即为傩面具中的世俗角色。世俗角色的引入为湘西傩面具的创作开创了新的思路，注入了生活气息，使傩文化更加世俗化，更加容易被人接受。湘西傩面具的世俗化从侧面反映出此时湘西人的生活状态和心境，人们的生活开始富足，对鬼神的畏惧也逐渐淡化，转化为较为乐观的、追求幸福美满的状态。在近代社会的民俗改革活动中，湘西傩文化也进一步世俗化，傩戏剧目增加了大量历史故事、民间故事，但湘西傩面具的创作也受到了限制。现代湘西傩面具的创作略微卡通化，增加了角色的喜感，减少了狰狞恐怖之感。

除了造型上的演变，湘西傩面具在色彩、材质、工艺上也有很大的变化。色彩的演变在于，古代多用矿物染料和植物染料，色彩纯度和明度较低，面具塑造更加阴森恐怖。现代手工艺人一般使用丙烯染料，纯度高、明度高，但依然保留了对比度大的配色原则。在材料的使用上，曾出现过木、石、皮、纸、布、泥等，最适合佩戴与造型的材料是木料，各个地区使用木材不一，跟当地的树种有较大关系，湘西傩面具多以桐木为原材料，桐木质地轻软，适合雕刻，制作出的傩面具便于佩戴。在工艺上，古代傩面具雕刻较为平面化，没有较为系统的技法，随着社会经济的发展、雕刻工具的改进以及技术的流传和进步，湘西傩面具的雕刻技艺越来越精致，越来越有章法。现代湘西傩面具创作，应用了线刻、浮雕、透雕等技法，但依然保留了原始粗犷的造型风格。

二、湘西傩面具的元素分析与提取

（一）内容要素的分析与提取

湘西傩面具的内容要素和它的环境、功能、历史发展不可分割，很多内容要素的形成受这些因素的影响，所以在分析和提取湘西傩面具的内容元素时，可以从以上几个角度出发。

1.湘西傩面具的地域风情

湘西地理位置偏远且交通闭塞，因而传统的民族文化保留较为完善。而湘西傩文化受当地风土人情的影响很大，湘西傩面具也极具民族特色和地域风情。湘西多民族聚集，有其独特的民族风情和文化历史，地理位置、地质特征的特殊及少数民族的人文风貌都给湘西蒙上了一层神秘的面纱。生活在这片热土的湘西人勤劳善良、自给自足、热爱自然，这些因为地理环境所形成的地域风情在湘西傩面具中有着充分的体现。所以在提取湘西傩面具元素的时候，自然元素是一个绕不开的存在。

2. 湘西傩面具中的精神信仰

面具起源于原始的图腾崇拜、自然崇拜，古人在狩猎时用图腾面具伪装自己以驱赶野兽。随着巫术的盛行，人们企图借助神秘的超自然力量来掌握命运，傩应运而生。在傩祭活动中，傩师会佩戴不同的傩面具来扮演不同的角色，面具主要分人、鬼、神三类。傩面具和法器是人们与神沟通的媒介，戴上傩面具的傩师被视为鬼神的附体，可以和神交流，并拥有神的力量。这是源于生产力低下的远古时代先民们面对自然灾害、洪水猛兽等对生命的威胁而产生的精神信仰，折射出古人想要掌握命运的心理。对于设计者来说，在这种精神信仰下形成的内容要素同样非常重要。

3. 湘西傩面具中的功能价值

傩面具是傩仪中最重要的道具，被视为人神通灵的媒介，戴上傩面具的人就获得了角色所具有的神力和法力。不同于其他形式的祭祀活动，傩仪通过傩面具和表演者，让以往以静止神像的形式存在的神灵"活"起来，打破了原有的沉寂，活跃了民间生活和节日气氛。傩仪过程中，祭祀的巡演者、随行者、祭拜神灵的民众、旁观者等，都会聚集在一起，可以说，傩仪是一项民间集体活动，起到了增加民众互动性的作用，加强了人与人的沟通。后来，傩的祈祷仪式也逐渐从告慰神灵这种严肃的活动方式，转变为具有娱乐性质的活动，一方面为神灵带来欢乐，以感恩神灵的庇佑，另一方面也娱乐众人，犒劳辛苦劳动的人，因而，傩也是一项娱人娱神的民间活动。湘西傩面具包含了民间劳动者对美好生活的追求和向往，包含了积极乐观的心态和娱人娱神的娱乐精神。而由功能价值衍生出的内容要素，同样是值得设计者仔细分析和提取的部分。

（二）形式要素的分析与提取

湘西地区的民俗习惯、历史文化及生活方式等是湘西傩面具的创作背景，其形式要素是当地人对民族情感和风俗信仰的意向性总结和描绘。湘西傩面具的创作源于生活而又超越了现实生活，是原始先民对大自然的意向性创作，结合了手工艺人的社会认知和主观感受。面具创作打破了现实规律，通过概括、提炼、抽象、夸张等手法，将造型元素重构，保留并强化了物象的主要特征，使面具的形式美感丰富统一。

1. 形态各异的面具造型

湘西傩面具分为神、鬼、人。神有正邪之分，以兽神居多，邪神、兽神及鬼等角色的造型狰狞、凶猛，基本特征是怒目圆睁、龇牙咧嘴、面目狰狞、火焰飞眉、高颧大鼻等；正神往往以人为原型，或慈眉善目，或诙谐幽默。正义善良角色的造型接近于人脸，在线条刻画上相对流畅，形象较为和蔼端庄。邪恶凶狠角色则采用夸张变形、人兽结合等手法，线条刚劲有力、对比强烈，多采用火焰飞眉来塑造。丑角会采用不对称造型，五官歪斜变形，颇具喜感。

对湘西傩面具的面部构成元素做进一步的拆解：其面部构成元素最为经典的是火焰眉，有火焰飞眉和八字火焰眉，也有普通的人类眉型，角色眼睛的倾斜方向是与眉毛一致的；鼻子部位造型像花，通常分三瓣，花型各异；口部造型多为龇牙咧嘴态，善良或温顺的角色则用整齐排列的牙齿或无牙的形象展示；面颊部位的颧骨会单独刻画，并根据角色不同，有不同造型；冠部、头部及额部装饰造型各异，通常代表角色的法力和职能。

在湘西傩面具的角色造型中，能够明显看到它承载的道德观念，其明确的善恶美丑的刻画在无形中传递着一种明辨是非、惩恶扬善的寄托。虽然在法治社会的今天，法律成了惩恶扬善的主要方式，但寄托在傩面具中的道德观念却一直没有改变。

2. 蕴含自然崇拜的图案纹样

傩面具的产生，源于远古时代人们对自然的恐惧敬畏，归于对自然的热爱崇拜。山清水秀的居住环境是大自然对湘西人民的恩赐，湘西人民有着与生俱来的对自然的热爱，远古时期就形成了自然崇拜的观念。湘西傩面具中兽面居多，十二生肖傩面具是湘西傩面具的经典样式，兽神形象来自自然动物，是湘西人民敬畏自然的体现。另外，湘西傩面具以桐木为创作材料，颜料以植物矿石为主，面具上常饰有自然植物，如花叶藤蔓，是对自然的合理利用，体现了湘西人民与自然共生、敬畏崇拜自然的观念。

湘西傩面具丰富多彩、别具一格，纹样色彩搭配独具特色。线型纹样有曲线纹、水波纹、刀形纹等，线条疏密交错，粗细曲直变幻，柔中带刚，和谐统一，极富艺术感染力，这些纹样寓意驱邪镇妖。此外还有云、兰、菊等寓意吉祥的纹样，体现了人们渴望与自然和谐相处的观念，也是图腾崇拜情感的延续和传统审美心理作用的结果。在今天，我们依旧追求人与大自然的和谐，所以这些自然元素的提取不仅能够展示苗族的民俗文化，更体现了我们与自然和谐相处的愿望。

三、湘西傩面具文创产品的开发设计原则

设计是有目的的创作行为，以传统文化为主题的文化创意设计，目的是创造出兼具经济价值、文化价值和社会价值的产品，而产品价值的实现以消费者的情感体验为基础。以用户情感需求为导向，设计符合现代人情感需求的产品，能为企业带来更大的经济效益，也能为用户带来更好的使用体验，甚至产生积极的社会效应。通过对湘西傩面具文化创意产品的开发设计，综合文化元素、时代环境、市场需求等诸多因素，总结了几项湘西傩面具文创产品设计的原则。

（一）文化性

传递文化是文化创意设计的本质要求，是文化创意设计不可缺失的部分。较为成功的文创产品应该是文化传承与创新的载体，同时文化的植入也应给产品添加独特的品质和文化内涵，给消费者更加直观和深入的文化体验，从而大大提升产品附加值。从传统文化到文创产品的创新设计过程，一方面，要尊重传统文化，为了避免传递给消费者片面的、有误区的文化信息，应对主题文化进行系统的研究，提取该文化的精神内涵，保证在设计中传递主题文化最本真的情感；另一方面，要聚焦于主题文化的特色，提取最具特色和代表性的设计要素，结合恰当的设计手法来展示表达该文化的情感特质和精神内涵。

（二）实用性

功能是产品价值的基础，对于文创产品来说，实用性和文化性同等重要。在文化创意设计中，设计师需要做大量的文化研究和符号提取工作，会在不经意间忽略功能，因而存在许多形式主义设计。本能层次、行为层次需求的满足，是反思水平情感化设计的基础。产品实用、易用、好用、耐用，可以大大提升用户的体验感，为提供更深层次的情感体验做铺垫。

（三）审美性

美观是一种符合人的认知习惯、符合大自然准则的规律，美观的事物符合人的审美需求，给人以心灵上的愉悦和舒适感，使其更容易被人们接受和喜爱。在产品同质化的时代，融入传统文化本身所具有的独特的风格特色、文化符号、造型语义，可以使文创产品更具个性、特色，符合当代人的审美需求。但过于传统的形式难以被现代人接受，因此，在设计上要兼顾现代人的审美方式和时尚潮流。此外，在工艺上注重细节，也可以提升产品的品质和美感。

（四）积极性

产品可以对人的生活方式和思想道德观念产生影响。文化创意产品将优秀的传统文化引入现代化社会生活，通过文化记忆符号的再现来触发人的情感，和现代人进行情感对话交流，向人们展示传统的思想文化和民族精神。对传统文化进行设计要素提取时，设计师要取其精华，去其糟粕，保留符合现代人情感需求的、符合社会主义核心价值观的人文思想和精神情感。

（五）时代性

设计应与时代密切联系，与时俱进。文化创意产品的设计要结合时代需求，记录时代特征。当代人的情感需求、功能需求、生活方式、生活环境、审美情趣，以及现代化设计理念和"环保、健康"的时代主题等，都应在设计中有所体现。

四、湘西傩面具文创产品的开发设计思路

（一）设计定位

1.用户定位与功能定位

文创产品的设计不仅具有文化价值，还具有商业价值，所以在进行文创产品设计的时候，可以先对其用户进行定位。相对于苗绣元素来说，傩面具的元素更受年轻人的喜爱，而且对于"80后"和"90后"来说，由于时代的变革，他们对传统的民俗文化所知甚少，因此在文创产品的用户定位上，可以"80后"和"90后"为主体。

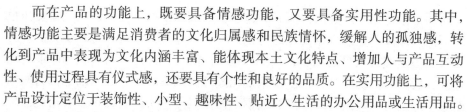

而在产品的功能上，既要具备情感功能，又要具备实用性功能。其中，情感功能主要是满足消费者的文化归属感和民族情怀，缓解人的孤独感，转化到产品中表现为文化内涵丰富、能体现本土文化特点、增加人与产品互动性、使用过程具有仪式感，还要具有个性和良好的品质。在实用功能上，可将产品设计定位于装饰性、小型、趣味性、贴近人生活的办公用品或生活用品。

2. 概念定位

就概念定位来说，不同的傩面具具有不同的文化内涵和文化特质，由此衍生出的文创成品也自然有不同的概念定位。如果将这一点转化到现代产品中就是产品的使用方式以及人与产品的互动性，增加产品互动性可以给人深层次的情感体验。文明社会的傩文化逐渐演变成一种娱乐方式，古人用幽默的傩戏、傩舞表演传递乐观和积极的态度，这与现代流行的网络幽默文化不谋而合。质朴专一、回归自然是湘西傩面具蕴含的工匠精神，提倡的是慢生活的理念和回归生活本质，传统手工艺人用"择一事，守一生"的态度创作出惊人的作品，而质朴、自然、和谐是设计者应该追求的。民间艺术绝大多数是生存艺术，都源自对生命的追求。傩面具作为原始生存诉求的代表之一，其文创产品因体现对生活的热爱，需要有治愈能力和温暖人心的力量。

（二）设计构思

傩面具作为傩文化的物化形式，最具代表性和完整性，现有的傩文化相关创意产品多以傩面具的形式要素为主体。傩面具形式、内涵都是傩文化的衍生，与傩文化其他内容息息相关，如果在设计中适当融入其他内容，不仅可以提升产品的内涵，强化产品的风格，还可以增添趣味性，甚至取得意想不到的效果。针对傩面具形式要素和内容要素进行了分析和提取，应用时，可以直接应用，也可以局部提取运用。直接应用就是直接将这些要素运用到文创产品的设计中，局部运用就是选取部分典型的部分，如火焰眉、额部纹样等具有代表性的元素，将其运用到文创产品的设计中。当然，也可以对提取的元素进行创新或重组，如颜色的改变、造型的卡通化等。另外，在造型设计上，应保留湘西傩面具的地域风情，同时减少阴森恐怖的元素，塑造正面角色形象；而在功能设计上，要注重使用过程中的互动性，增添产品的仪式感。

例如，傩公和傩母是湘西傩文化中的代表性角色，是祭坛的主神。在傩文化中，傩公、傩母是众多傩神中最为亲近人的，各个地区的傩面具中都有这两个角色存在。湘西傩面具的造型受到湘西苗族文化的影响，傩母角色的冠饰为蝴蝶，是湘西傩文化的特色元素，这在其他地区是比较少见的。另外，蝙蝠是湘西常见的动物，蝠同"福"，被视为吉祥。因而，湘西地区的建筑、餐具、传统服饰等常出现蝙蝠和蝴蝶的图案。傩公面具的冠饰为蝙蝠图案，蝙蝠与蝴蝶组合起来寓意纳福。傩面具角色头部装饰代表着角色的职能和法力，其头部元素是角色的象征符号，所以可以将湘西傩面具傩公和傩母角色进行提取，然后进行一定的组合，形成新的图案，而其寓意不变，寓意美好的祝愿和傩神的保佑。

再如，十二生肖也是湘西傩面具中经典的角色。十二生肖的塑造结合了动物造型与民间艺术家的想象，完整的十二生肖系列傩面具在其他地区较为少见。对于中国人来说，十二生肖仿佛守护神一般，它是中国传统文化的组成部分，是经久不衰的，流传至今依然受中国人的信仰和喜爱。每个中国人都有一个生肖属相，十二生肖是十二种性格的代表：老鼠代表了精明，牛是勤奋的象征，虎代表勇猛，兔子是谨慎的代表，龙的形象是刚猛，蛇的形象是阴柔，马代表进取，羊代表保守，猴子代表机敏，鸡代表严谨，狗代表忠诚，猪代表自我。另外，十二生肖与十二地支（子、丑、寅、卯、辰、巳、午、未、申、酉、戌、亥）一一对应，我国古代传统计时中，一天的十二个时辰也都有生肖对应。在进行傩面具文创产品设计的时候，可以以十二生肖的傩面具为基础，然后融入中国人对十二生肖的解读，从而形成融多种文化于一身的文创产品。

（三）设计方向

就目前市场情况来看，关于民俗文化的文创产品很多都是服饰、背包等，因为服饰与背包是人们日常生活中必不可少的物件。当然，开发湘西傩面具文创产品不能忽视服饰和背包，同时也不能忽视傩面具自身的特点。的确，相对于傩面具来说，湘西苗绣的元素更适合服饰与背包，所以笔者暂且跳出背包和服饰的局限，探索一些其他的设计方向。下面以日历、书签、笔记本为例，简要谈一谈傩面具文创产品的设计方向。

1. 傩元素与日历

在今天，日历虽然已经不再是生活的必需品，但缺少了日历总感觉缺少了一点"仪式感"。确实，手机的出现极大地便利了人们的生活，我们只需要动动手指就可以查到万年历，但不得不承认，这种简单的操作不能像翻日历那般可以使人明显感知到时间的流逝。最近几年，日历又重新出现在人们的生活中，其风格也有了很大的转变，融入了各种元素，不仅成了一个记录时间的工具，更成了一件小小的艺术品。

湘西傩面具中的元素十分丰富，可以结合日历的大小及其功能，从中提取与之能够有机融合的元素，如选取十二生肖傩面具，让它和十二个月份分别对应。在十二生肖傩面具和月份对应的时候，一定要弄清楚对应关系，并不是从老鼠开始，而是从老虎开始。因为在古人看来，天干地支是因为五行变化而立，也就是说，不同的日期有不同的五行之气，由此对应而来，一月是虎月，以此类推。当然，如果只是提取一个生肖傩面具的元素难免会显得有几分单调，所以还可以再增加一些民间谚语以及一些图案等。比如，在二月的时候，可以写上"二月，春回大地，兔子开始活跃"等谚语，放在生肖傩面具的上面，而在傩面具的下面，可以在左、右两个下角设计一些从傩面具中提取的图案，这样日历的设计会显得更加协调。

2. 傩元素与笔记本

虽然手机和电脑的出现极大地方便了人们的生活，但在学习和工作中，笔记本仍然发挥着不小的作用。人的思维具有很强的跳跃性，在记录一些东西的时候，如果跳跃性较强，手机或者电脑也许就满足不了人们的需求，这时就需要一个笔记本来任由人们写写画画。另外，在赠品的选择上，笔记本也是一个不错的选择，无论是个人赠送，还是会议赠送，一个设计精美的笔记本都可以给人留下深刻的印象。

笔记本的设计看似简单，实则存在着不小的困难，因为笔记本的设计主要集中在封面上，而笔记本的封面本身是没有任何元素的，这一点和书签很像，但书签相对小了很多，不需要太多的元素便可以使整体显得非常协调，这一点对笔记本来说并不适用。如果仅仅选取一两个元素，像书签那样进行设计，在视觉上会显得有几分单调，因此设计者可以从傩面具中选取一些纹样元素，将其在封面上铺展开来，使其占据封面的 2/3 以上，然后融入一些图案元素，这样整体上就会显得饱满一些。

3. 傩元素与书签

随着电子产品的出现，很多人的阅读方式开始从纸质阅读转向电子阅读，但仍旧有不少人倾向于纸质阅读。其实，从阅读本身来说，无论是纸质阅读还是电子阅读，都是值得提倡的，这更多的是一种个人喜好以及个人习惯，不必贬低任何一种阅读方式。不过，无论哪一种阅读方式，要阅读完一本书，都需要几天，甚至一两周的时间。对于电子阅读来说，系统能够保存我们的阅读进度，而纸质阅读则需要借助书签完成。对于书签一般只是用来标记阅读的进度，有时一张白纸也可以起到这一作用，但一个设计精美的书签可以提升阅读的愉悦度，这在无形之中促进了人们阅读的积极性。另外，阅读与民俗文化似乎有着某种程度上的联系，所以将傩面具元素与书签结合起来是笔者的一个设计方向。

对于书签的设计，比之日历来说要简单一些，因为没有日期的约束，所以可以想象的空间更多。比如，同样可以借鉴十二生肖傩面具的元素，采用偏暗的色调，在书签的上半部分写上子鼠、丑牛、寅虎、卯兔等字样，下半部分是十二生肖傩面具的图案。当然，因为书签的数量不能局限在十二张，所有在选取十二生肖傩面具元素的时候，既可以选取整个图案作为设计元素，也可以选取部分具有代表性的图案作为设计元素，这样书签的种类便可以得到极大的丰富。再如，可以直接将傩面具的图案借鉴过来，因为湘西傩面具的种类本身就十分丰富，不需要进行二次设计便可以有很多的选择，不过不同的图案需要不同的配色，不能一味地采取一种色调，这些还需要设计者做出进一步的思考。

第四章　湘西民俗旅游产品设计

第一节　湘西民俗旅游产品开发概述

一、民俗旅游产品概论

（一）民俗旅游产品的概念

　　民俗旅游是一种以民俗事象为基础的民俗旅游产品与民俗旅游商品的生产与消费活动。虽然民俗旅游蓬勃发展，但对民俗旅游涉及的民俗旅游产品，旅游从业者和研究者却一直没有作出规范的界定。因此，这里在民俗旅游和旅游产品内涵的基础上，结合民俗旅游的实践，尝试对民俗旅游产品作出如下界定：民俗旅游产品是一种以民俗事象为资源基础，开发和生产出来的，供旅游者消费的旅游产品。

　　如果做进一步的解读，民俗旅游产品的内涵可以从以下三个方面去理解。

　　第一，民俗是民俗旅游产品的资源基础。民俗旅游产品依托的资源，是民俗事象，离开具体的民俗，就无法开发民俗旅游产品。例如，民族村寨、江南小镇、民间歌舞、人生仪礼等具体的民俗，是开发民俗旅游产品的基础，脱离诸如此类的民俗旅游资源，民俗旅游产品就会成为无源之水、无本之木。

　　第二，民俗旅游产品的核心内容是民俗。判断一种旅游产品是否是民俗旅游产品，关键之处就在于该产品是否以民俗为核心旅游吸引物。例如，上海市曹杨街道的"学做一天上海人"活动，主要有三种方式：一是交流式，国际旅游者进入市民家庭参观，相互交谈；二是就餐式，国际旅游者不仅可以在市民家里吃地道的家常菜，还可以跟主人学做几道特色小吃或点心；三是住宿式，国际旅游者在市民家里住一天或几天，主人不仅提供食宿，还带他们买菜、逛街。每种方式的核心内容，都是上海的都市民俗。

第三，民俗旅游产品是旅游者的消费对象，能够满足他们的旅游需要。一方面，民俗旅游产品是一种特殊的商品，只有在旅游市场的流通中，才能实现自身的价值。作为旅游者的消费对象，民俗旅游产品开发的终极目标是保证旅游市场的供给。例如，旅游从业者开发了很多民俗类的主题公园，为旅游者满足自己的消费需求提供了更多的机会。另一方面，旅游者消费民俗旅游产品的目的是满足自己特殊的旅游需要，民俗旅游产品能够为他们提供其他旅游产品无法提供的效用。例如，旅游者要直接了解其他地区的社会生活，购买民俗旅游产品就是最佳的选择。

民俗文化旅游产品构成复杂、内容丰富，一个旅游产品涉及多种性质不同、功能各异的行业，而彼此之间又是相互联系、相互补充的，它们的有机组合构成了民俗旅游产品这样一个综合性产品概念。

（二）民俗旅游产品的特征

民俗旅游产品作为一种特殊的旅游产品，除了具有所有旅游产品的一般特征外，还由于它所依托的旅游资源的独特性，具有以下四个重要的特征。

1. 地方性或民族性

民俗旅游产品的地方性或民族性是指不同的地域或民族拥有不同的民俗旅游资源，从而可以开发出与众不同的民俗旅游产品。事实上，民族性经常会表现为地方性，因为民俗旅游产品的民族性，只有在聚族而居的地区，才会有最典型的独特特征。民俗是人们社会生活经验的结晶，是不同地域或民族的群体适应自己所处特殊的自然环境与社会环境的结果。在社会历史的发展进程中，身处不同环境和不同发展阶段的人们，创造并传承着千差万别的各具特色的民俗。民俗旅游产品是以各地区、各民族的民俗为资源基础而开发的旅游产品，因而，必然相应地具有鲜明的地方性或民族性。某个地域或某个民族的民俗旅游产品，与其他地域或民族的民俗旅游产品存在这样或那样的差别。例如，广西忻城县的莫氏土司衙署是全国重点文物保护单位（1996 年公布），占地面积为 38.9 万平方米，建筑面积为 4 万平方米，土司世系历经 23 代，传承总计 560 多年。忻城土司衙署在全国 17 处保存比较完好的土司衙署中，占地面积和建筑面积最大，而且是唯一的壮汉合璧式建筑，在广西更是绝无仅有。近年来，《流亡大学》《石达开》《一代廉吏于成龙》《合浦珠还》《刘三姐》等影视剧作品，均以此地作为外景地之一，忻城土司衙署逐渐广为人知。依托忻城土司衙署开发的中华土司民俗旅游产品，就以其鲜明的地方性和民族性著称于世。

2. 质朴性

民俗的最通俗理解就是民间风俗，它传承在人们的日常生活中，也在人们的日常生活中发展、变化。民俗是普通群众创造的生活文化，充分反映了民间生活的愿望、理想、情趣、规则等，是普通民众维持生计和参与社会生活的必要手段，在人们的现实生活中发挥着不可或缺的作用。民俗是俗文化的代表，与雅文化存在着巨大的差别。民俗直接源于民间生活，可能混杂着迷信、愚陋、粗野，但是，它直面生活，实用而质朴。以来源于民间生活的民俗为资源而开发的民俗旅游产品，它的质朴性特征可以从以下三个方面来理解。第一，民俗旅游产品的核心内容是反映民间生活的俗文化，而不是各种雅文化。例如，民俗旅游表演的歌舞是民间歌舞，而不是芭蕾舞；传唱的歌曲是山歌、牧歌，而不是唐诗宋词。民俗旅游产品体现的内容是民间的社会生活，让旅游者观赏和参与的旅游项目由民间的风俗习惯构成。第二，民俗旅游产品的内容和形式，直接来自真实而自然的民间生活。开发民俗旅游产品，应该尊重民俗的本来面貌，对民俗进行力求真实的艺术再现。例如，开发湘西土家族的吊脚楼，不仅在建筑样式、内部格局上要恪守传统，而且在配置家具方面，也要尽可能使用传统的竹木家具。第三，民俗旅游产品具有浓郁的乡土气息和俚俗风味。乡土气息和俚俗风味是民俗旅游产品与其他旅游产品相比差别最大的特征，它们反映了民间生活最本质、最独特的内容与形式。例如，抚顺市的满族歌舞表演、铁岭市的二人转表演等，都洋溢着浓郁的乡土气息和俚俗风味，是辽宁推出的民俗旅游的主打品牌，它们反映了辽宁人在日常生活中表现出来的豪爽、质朴、文明的文化人格，受到了国内外旅游者的极大欢迎。

3. 文化性

民俗作为一种普遍的社会现象，具有深厚的历史文化内涵。民俗以先行设定的方式，塑造了人们的文化心理，同时又以特定的行为方式和物化形态反映了人们的文化心理。例如，侗族的风雨桥，又称回龙桥、花桥、凉桥等，因为它的主要功能是方便行人、遮风挡雨、乘凉休息，所以风雨桥之名约定俗成，流传广远。位于广西壮族自治区三江县程阳乡的永济桥，建成于1920年，俗称程阳桥，是其中最著名的风雨桥。实际上，侗族人从来不把这类桥称为风雨桥，大多用村名命名桥梁，并称之为风水桥。中华人民共和国成立后，郭沫若参观程阳桥时把它称为风雨桥，从此风雨桥的名称便传开了。侗族人建造这种桥梁的真正目的并非仅仅是解决交通问题，更多的是拦截风水，以保证村寨安宁、六畜兴旺、生活富足。由此可见，那些精美的风雨桥承载着侗族的文化，反映了侗族人民普遍的文化心理。

民俗旅游产品直接来源于民俗，能否充分反映民俗旅游资源的历史文化内涵，是决定其生存与发展的关键。作为一种较高层次的文化旅游产品，民俗旅游产品的文化性主要表现在以下两个方面。第一，民俗旅游产品必须充分反映民俗的历史文化内涵。民俗旅游的实践证明，那些能够深入挖掘民俗的历史文化内涵并予以充分展示的地区或民族，往往能够开发出具有市场竞争力的民俗旅游产品。例如，北京市延庆区的各种民俗村、山东省潍坊市的千里民俗旅游线、云南省西双版纳傣族的泼水节等，都取得了良好的经济效益、社会效益、环境效益，保持了可持续发展的强劲势头。第二，民俗旅游产品是旅游者与当地居民进行文化交流的重要平台。旅游者通过消费民俗旅游产品，可以直接了解旅游地的历史文化，丰富自己的文化知识，更加广泛地认识自己生活的世界。当地居民通过与旅游者的交往，可以更多地了解外面的社会生活，有选择地吸收其他文化，尤其是优势文化的积极成分，提高本地区或本民族经济、社会、文化的发展水平，以便更好地适应快速发展的世界。

4. 动态性

民俗旅游产品的动态性是指，很多民俗旅游产品的形式与内容以及最受旅游者欢迎的消费方式具有动态特征。

一方面，民俗旅游产品经常以动态的方式展现在旅游者的面前。虽然民俗旅游产品多种多样，但是，民俗是以人的具体活动为主要载体的一种文化形式，各种民俗事象，无论是行为民俗、意识民俗、语言民俗，还是物质民俗，它们的本质特征总是体现在人们的活动当中。因此，民俗旅游产品的形式与内容受资源特征的影响，具有动态性。例如，2002年，四川省旅游局推出了双流黄龙溪、宜宾李庄、阆中古城、雅安上里、合江佛宝、理县桃坪羌寨、丹巴嘉绒藏寨、广元昭化、大邑安仁、盐源泸沽湖镇等十大古镇之旅，以古镇为载体，同时开发了多种旅游产品。在当地居民日常的生产、生活活动中，体验古镇之美的民俗风情旅游，是古镇之旅的亮点。

贵州省道真仡佬族苗族自治县开发了仡佬族的竞技民俗——打篾鸡蛋，受到了旅游者的欢迎。篾鸡蛋又称篾绣球，用薄篾染色穿编，大如饭碗，空心，内装石子、金属片，使其相撞，发出响声。打篾鸡蛋起源于古代夜郎国的练兵方式，打法有过河、换窝、进缸、进斗、打盘子等，与现代曲棍球有异曲同工之处。

另一方面，现代意义的旅游产品，已经与传统的单纯观赏式旅游产品大不相同，越来越强调将旅游项目与旅游者的参与结合起来。参与性已经成为旅游产品的重要特征。民俗旅游产品的形式与内容本来就具有动态特征，尤其是那些民俗活动类的旅游产品，为旅游者提供了其他旅游产品难以提供的参与机会。旅游者可以通过参与的方式，消费大多数的民俗旅游产品，从中体验民俗旅游的乐趣，了解当地居民的生产、生活方式，领略民俗的历史文化内涵。例如，流传于中国北方广大地区的扭秧歌，是有代表性的汉族民间舞蹈。进行秧歌表演时，在伞头的带领下，秧歌队员左手舞绸，右手舞扇，踩着锣鼓点在行进中表演舞蹈。秧歌队里的歌手则伴随着唢呐声、锣鼓声，演唱民歌。秧歌的舞蹈动作比较简单，而且程式化要求不太严格，很多人一学就会，还可以自由发挥。旅游者完全可以进行现场参与，与表演者一起分享扭秧歌的快乐。扭秧歌是很多北方城市市民广场文艺活动的主要形式，不仅深受当地居民的喜爱，也受到了国内外旅游者的青睐。

（三）民俗旅游产品的分类

1.根据民俗旅游产品所包含的民俗事象的存在形态和表现形式分类

根据民俗旅游产品所包含的民俗事象的存在形态和表现形式，可以把民俗旅游产品分为三类，即物质民俗旅游产品、社会民俗旅游产品和精神民俗旅游产品。

（1）物质民俗旅游产品

物质民俗旅游产品是以物化形式存在的民俗事象为基本内容而开发的民俗旅游产品。物质民俗主要包括民俗事象得以体现和传习、民俗活动得以开展的物质载体，以及民俗活动的物化结果，有生产民俗、消费民俗和流通民俗等三个类型。在物质民俗旅游产品开发过程中，旅游从业者提供给旅游者的旅游产品，以民俗物品的观赏、体验、娱乐、品尝和购买为主，凭借静态的民俗物品，展示旅游地的民俗文化。民俗物品主要包括民间生产、生活所用的场所、工具、劳动成果、消费品等，如城市传统街区、古老的集镇、传统的村寨、服饰、饮食、民居、交通设施和工具、农田与水利设施、劳动工具、生活用具、民间工艺品等。物质民俗旅游产品通过物化形式的旅游产品，展示特定的民俗文化，是民俗旅游的主要场所和舞台，既是旅游者消费的对象，又是其他民俗旅游产品存在的背景和依托。

（2）社会民俗旅游产品

社会民俗旅游产品是以社会组织、规约、习惯等形式存在的民俗事象为基本内容而开发的民俗旅游产品。社会民俗主要包括家族民俗、社区民俗、社会组织民俗、礼仪民俗、岁时节日民俗等五个类型。在社会民俗旅游产品开发过程中，旅游从业者提供给旅游者的旅游产品，以民俗活动的观赏、体验、参与为主，凭借动态的民俗活动，诠释旅游地的民俗文化。社会民俗活动主要包括活动形式、活动内容、活动过程、活动目的、活动场所、使用的器物、消耗的物品等。例如：亲族往来、集市交易、行会庆典、婚丧嫁娶、传统的岁时节日、现代的法定节日等。社会民俗旅游产品通过活动形式的旅游产品，传递旅游地民俗的社会、历史、文化和旅游价值，满足旅游者的旅游需要。

（3）精神民俗旅游产品

精神民俗旅游产品是以观念意识形式存在的民俗事象为基本内容而开发的民俗旅游产品。精神民俗主要包括信仰祭祀民俗、口承语言民俗、民间艺术民俗、游艺民俗等四个类型。在精神民俗旅游产品开发过程中，旅游从业者提供给旅游者的旅游产品，以观赏、体验、参与民俗活动和购买民俗物品为主，凭借动静结合的民俗事象来展示旅游地的民俗文化。其中民俗活动主要包括民间信仰活动、口承语言活动、民间艺术活动、游艺活动等；民俗物品主要包括上述各种民俗活动使用的物品和活动的成果，如活页、书籍、绘画、戏曲道具、杂技和魔术道具、游戏工具、竞技工具、娱乐工具、音像制品等。精神民俗旅游产品，尤其是其中的民间艺术民俗旅游产品和游艺民俗旅游产品，在民俗旅游产品中占有重要地位，现有的很多表演类和参与类的民俗旅游项目，就属于这两大类民俗旅游产品。

2. 根据旅游者的民俗旅游动机分类

旅游者是民俗旅游的主体，旅游者的旅游动机对开发民俗旅游产品具有至关重要的作用，只有符合旅游动机的民俗旅游产品，才能获得生存和发展的空间。根据旅游者的民俗旅游动机，可以将民俗旅游产品分为观光型民俗旅游产品、体验型民俗旅游产品、娱乐型民俗旅游产品和度假型民俗旅游产品。

观光游览是最传统也是最普遍的旅游动机，是旅游业存在和发展的重要心理基础。观光型民俗旅游产品，是指旅游从业者为旅游者提供的，能够满足他们观光游览需要的民俗旅游产品。观光型民俗旅游产品为旅游者提供了观光游览的对象，旅游者可以通过自己的旅游活动，欣赏各个国家、地区或民族的民俗文化，满足求新、求异、求知、求趣，放松身心、与人交流等旅游需要。观光型民俗旅游产品，市场规模庞大，但是，旅游消费水平偏低。很多观光型民俗旅游的景区、景点和项目，常常是旅游者走马观花的对象，旅游从业者甚至只能收入门票费，有时还会因为是团队而大打折扣。旅游从业者在开发观光型民俗旅游产品的基础上，必须大力开发其他类型的民俗旅游产品，而且要努力提高观光型民俗旅游产品的附加值。此外，旅游者现在可以选择的观光型民俗旅游产品越来越多，他们在进行旅游决策时，非常看重民俗旅游产品的品牌形象、比较优势和特殊功能，因此，旅游从业者在保证提供高质量的观光型民俗旅游产品的同时，还应该重视市场营销的作用，加强宣传促销的力度，以便给旅游者留下深刻的印象，诱导他们做出旅游决策。

（2）体验型民俗旅游产品

体验型民俗旅游产品也可以称为参与型民俗旅游产品，是坚持方便旅游者参与的理念而开发的民俗旅游产品。开发体验型民俗旅游产品的基本做法是，在特定的时空中，以各种民俗旅游资源为基础，营造独特的旅游氛围或情景，开展民俗旅游活动和民俗旅游服务。体验型民俗旅游产品的设计以民俗旅游资源为平台，以旅游产品为道具，以旅游者为中心，从而为旅游者创造难忘的经历与记忆。体验型民俗旅游产品的特征有三点。第一，民俗体验的多领域和多层次。多领域是指旅游者从中可以获得审美、娱乐、教育、放松等旅游收获；多层次是指旅游者从旁观到参与，从观众到演员的角色转变。第二，旅游者能够在差异化的民俗体验中获得精神享受，提高生活质量。第三，旅游者必须为参与民俗体验另行付费，而且费用的多少取决于他们的享受与满足程度，与产品的成本关系不大，因而具有较高的附加值。例如，湖北省秭归县推出的端午民俗风情旅游产品，就包括包粽子、挂艾叶、划龙舟等一系列民俗活动，通过参与这些活动，旅游者可以体验当地端午节的民俗文化。旅游者在消费体验型民俗旅游产品时，非常注重民俗文化的本真性，他们对旅游产品的主要要求是，旅游产品的形式和内容应该贴近民俗的本来风貌。因此，针对这种要求，旅游地在开发体验型民俗旅游产品时，应该保证旅游产品最大限度地反映真实的民俗。

（3）娱乐型民俗旅游产品

娱乐型民俗旅游产品是指旅游从业者为旅游者提供的，能够满足他们娱乐需要的民俗旅游产品。旅游者在消费娱乐型民俗旅游产品时，旅游动机比较单一，没有消费观光型和体验型民俗旅游产品那么复杂、多重的旅游动机，他们仅仅是为了娱乐或得到身心的愉悦。当今时代的人们面对快速变化的社会和难以把握的不确定性，生活、学习、工作等的压力与日俱增。于是，人们利用有限的闲暇时间，尽可能多地进行娱乐活动，消解身心的疲惫和麻木，放松自己，这已经成为一种时尚。在这种时代背景下，娱乐型民俗旅游产品应运而生，成为满足人们娱乐需要的重要途径。娱乐型民俗旅游产品主要通过为旅游者提供观赏和参与民俗活动的机会，使他们的身心得到放松和愉悦。例如，壮族的三月三歌会、北京正月的厂甸集市、山东省的潍坊国际风筝节、上海春季的南汇桃花节、杭州元宵节和中秋节的西湖灯彩等等，还有各地民间的戏曲、曲艺、歌舞、竞技、杂技、魔术等，都是重要的娱乐型民俗旅游产品，或者可以开发为娱乐型民俗旅游产品。消费娱乐型民俗旅游产品的旅游者，比较注重旅游过程中的舒适性、便利性和娱乐性。针对这种要求，在开发娱乐型民俗旅游产品时，应该注重提高旅游设施的档次和旅游服务的质量。

（4）度假型民俗旅游产品

度假旅游是发达国家和地区的旅游者最主要的旅游方式之一，也是北京、上海、广州、深圳等国内经济比较发达地区的旅游者经常采用的旅游方式。以国家级和省级旅游度假区为标志，我国的度假旅游产品已经初具规模。实践证明，度假旅游产品附加值比较高，容易获得较好的经济效益，在旅游行业备受重视。在我国民俗旅游20多年的发展历程中，旅游从业者也尝试开发了度假型民俗旅游产品，取得了一定的成效。

度假型民俗旅游产品，是指旅游从业者为旅游者提供的、能够满足他们度假需要的民俗旅游产品。开发度假型民俗旅游产品，符合目前国际上流行的"深入生活的旅游"趋势。度假型民俗旅游产品能够最大限度地满足旅游者对民俗文化的专门性兴趣。旅游者通过消费度假型民俗旅游产品，可以更多地涉入他乡的生活，不仅能够比较全面地了解民俗现象，而且能够了解民俗事象产生的原因，理解民俗事象背后的文脉和心理，从而更多地认识不同的文化和生产、生活方式。例如，北京市各区县的民俗村旅游产品，云南、贵州、四川等省的民族村寨旅游产品，出境游中的欧洲乡村度假旅游产品和古堡度假旅游产品等等，都可以纳入度假型民俗旅游

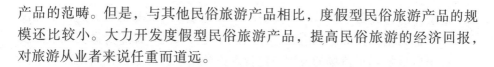

产品的范畴。但是，与其他民俗旅游产品相比，度假型民俗旅游产品的规模还比较小。大力开发度假型民俗旅游产品，提高民俗旅游的经济回报，对旅游从业者来说任重而道远。

二、湘西民俗旅游产品开发的理论基础

（一）系统论

系统理论将"系统"定义为，由相互联系、相互影响的诸元素组成的，并形成了具有特定功能的综合体。系统的各组成部分按一定方式加以结合，按照一定的组织方式，所具有的能力和它所能产生的效果与整体功能大于部分之和，从而实现系统的功能和目的。对于任何一个系统来说，它总是在一定环境下存在和发展的，它和环境之间总有物质和能量的交换。系统论认为，系统是普遍存在的，宇宙间的一切事物都处于一定的系统之中。我们可以把每个要研究的问题当作一个系统来研究。以湘西地区的民俗文化旅游产品开发问题为例，其旅游产品的结构总是随着旅游产品系统功能的变换而不断发生变化，旅游产品内部结构的变化又对其造成影响，使其能够适应外部环境，以满足市场的需求。因此，在旅游产品的开发过程中，开发者要根据所确定的目标，确定湘西民俗文化旅游产品系统运行的预定状态，并采取各种必要的调节控制手段，对旅游产品系统功能与结构进行控制和优化选择，以便使湘西民俗文化旅游产品系统得到最有效的发挥，使其以最小的耗费满足旅游者最大的旅游需求，产生最佳的旅游经济效益、环境效益和社会效益。系统论这一理论在湘西今后走一体化的开发路子提供了理论基础，因此为湘西民俗旅游产品的开发过程中必须重视系统论对实践的指导作用，把整个湘西作为一个整体，有步骤，有程序，用整体、系统的观点走好湘西一体化的开发路子。

（二）市场定位理论

市场定位理论中的"定位"是指企业设计出自己的产品和形象，从而在目标客户心中确定与众不同的有价值的地位，也就是在客户心目中树立独特的产品形象。已经研制开发并生产出产品的企业，在营销上首先遇到的就是"市场定位"问题。简单地说，就是应该定在哪些"市场""场合"和选择哪些消费群体作为销售对象，来向其推销本企业的产品。营销大师菲利普·科特勒

对"定位"的意义做了阐释，他在1980年《定位》一书中写道，定位不仅仅局限于产品营销，其应用范围广泛。定位不是仅仅对产品本身做实质性的改变，而更应该强调对市场的发现。定位理论的出现打破了以往营销传播中由内向外看的种种限制，变成了从预期消费者的角度打造自己的产品，从而确定相应的市场定位。这种由外而内的思考方式决定了营销的战略性与前瞻性。

民俗文化旅游消费的基本倾向是基于对异质、异地的民俗文化的期望，湘西地域广阔，历史悠久，民俗文化尤为丰富，能够满足游客的期望。这种期望的满足也表现在两个方面：一是使游客在生活场景的交换过程中得到换景移情的满足；二是改变游客的生活节奏，消除游客生活的单调感和乏味感，从而使其得到身心放松的满足感。因而湘西民俗文化旅游产品的市场定位要从这两点入手，做好民俗旅游产品的市场定位及开发。

（三）产品创新理论

创新在人类文明的发展史中，具有十分重要的推动作用。人类的进化、社会的发展、经济的繁荣、科技的进步，在一定意义上讲都根植于创新。从其本质内涵讲，"创新"与"发明"是不同的，"创新"的含义更加广泛，创新不只限于发明，而且要将发明应用到实践中，因此创新还应包含实际生产过程中的应用。创新是一个完整、系统的过程，而发明则只是其中的一部分。作为后续的一系列开发活动，如决策、实施、控制、监督、反馈等都属于创新的过程。

对于旅游产品而言，旅游资源的重新深度开发、旅游线路的重新设计、旅游服务项目的更改、对竞争对手产品的改进、新技术的应用、旅游形象的变更等，与全新的旅游项目一样，都属于旅游产品创新。在市场经济环境中，旅游产品既面临着满足旅游者不同的需求和选择的难题，又受着周边区域和同类竞争产品的考验，无论是将要开发的新产品，还是已经形成的旅游产品，都需要不断思考旅游产品的创新。实践证明，如果旅游经营者不能随着社会发展或市场需求等条件的变化，不断提供新的旅游产品，必定会遭到市场的抛弃。湘西地区民族旅游产业的发展若想赢得市场青睐，不被冷落，那么在旅游产品开发的过程中必须要加强创新，而且要持续创新。

（四）旅游人类学理论

旅游人类学对湘西民俗文化旅游产品的开发来说，其重点是提供了一种以人为本的开发哲学。旅游人类学以微观见长，采用田野作业的调研方法对旅游对象和旅游现象进行长期的跟踪调研。旅游人类学的研究对象是旅游地居民、旅游开发者（投资个人或集体）、旅游者和旅游地团体（当地旅游机构，如旅行社、定点饭店、交通运输部门等）在旅游开发或旅游活动过程中所形成的临时互动关系，这种临时互动关系包括经济的相互影响与文化的相互调适。旅游人类学研究的重点体现在两个方面：对旅游者及旅游本质自身的研究；旅游业的出现给民族地区带来的社会、经济及文化的影响的研究。旅游人类学的田野调查有助于旅游产品开发者更好地了解湘西当地居民的态度、愿望，洞察当地的文化特征、社会状况，从而站在人本主义的立场上，在保护的前提下，明确湘西民俗文化旅游产品开发的重点和难点，为有序利用旅游资源奠定理论基础。

三、湘西民俗旅游产品的开发原则

（一）本真化原则

当今的物质与精神充斥了太多工业化与商业化带来的非自然的东西，当人们厌倦了物质文明给予的享受时，就会不自觉地产生回归自然的意识，这促使他们想到一些还没被现代文明污染的净土寻找一种真实的体验，一种能让其感受自我真实存在的感觉。真实的人群、真实的文化、真实的情感，这样的真实感往往是繁华喧嚣的城市中所缺失的。应该看到，治疗一种文化中的虚假带来的伤痛时，往往需要借助另一种文化的真实，而民俗旅游原真性的价值取向正是以自身真实的解释来劝慰疲惫受伤的旅游者。

在全球化的浪潮下，旅游的触角已经延伸到世界的各个角落。以商品化和产业化为重要特征的现代旅游业，其快速的发展过程对世界文化产生了极其重大及深远的影响。在这样急功近利的开发过程中，开发者往往简单地只把民族文化资源看作一种"诱饵"，只是做了一个民俗文化的假由头，而把注意力真正地放到了餐馆、饭店经营规模、旅游纪念品以及如何吸引旅游者消费上。他们为了迎合旅游者的需求，无条件地利用民俗文化，这显然是对民俗旅游产品的一种盲目开发。诚然，在时代发展的大环境下，民俗旅游产品的商品化是一种必然，但仍然要坚持本真化的原则，用发展的眼光看问题，要与时俱进，不能用因噎废食的态度来对待民俗文化旅游业的开发，而应将精力主要放在寻求原真性与商品化的最佳结合点以及开发的度上，把握民俗文化旅游产品开发的可持续性。

（二）市场化原则

这里所指的市场化原则是指在民俗文化可持续发展的前提下，强调旅游企业的一切经营管理活动必须以满足消费者的需求和利益为中心，并认为这是一切组织生产和发展的关键。旅游本质上讲的是人的活动，旅游产品开发的最终目的是满足市场的需求。因此旅游是一种需求力，是市场，不是一个单独的产业。由于旅游受外部环境因素的影响很大，因此，湘西在发展民俗文化旅游业时，应该根据旅游市场需求的现状及动态特征，结合旅游资源优势，确定目标市场和旅游产品开发策略，将适销对路的湘西民俗文化旅游产品推向市场，满足市场需求并不断创造新的市场需求。

（三）品牌识别化原则

品牌识别是法国学者卡菲勒最先提出的，他指出："品牌识别意味着有品牌自己的品格，有自己独特的抱负和志向。"戴维·阿克教授则认为品牌识别是由品牌核心识别和品牌延伸构成的。品牌核心识别反映了品牌的核心内涵，是最重要和最稳定的本质元素，代表品牌"本性"和精髓，规定了品牌延伸和品牌传播的基本信息。综合卡菲勒与戴维·阿克教授对品牌识别的论述，可以这样认为：品牌识别是品牌的一种本质属性，亦被视为一项策略工具、一种资产，它能够抓住每一个建立品牌知觉及识别度的机会，并展现品牌的独特性和品质，最终传达品牌的差异化。湘西民俗旅游产品的开发也要遵循品牌识别化的原则，将民俗旅游产品的开发建立在品牌价值上，从而逐渐获得大众的认可。尤其在民俗旅游不断兴起的今天，民俗旅游产品的竞争日趋激烈，所以更应该注重民俗文化旅游产品品牌的建立，以区别于其他的民俗旅游产品，并从众多的民俗旅游产品中脱颖而出。

（四）保护性原则

在这里，保护性原则有两重含义：一是指对民俗旅游资源的保护；二是指对人类生存空间的保护。民俗旅游资源是人类社会的巨大财富，但有不少人面对它时，不是加倍珍惜、妥善保护，而是熟视无睹、淡然处之，甚至还进行破坏性、掠夺性的开发。世界上许多国家都把保护旅游资源和生态环境看作旅游业发达兴旺的前提。正如瑞士旅游局局长瓦尔特·勒先生指出的那样："破坏了名胜古迹，就失掉了旅游业赖以生存的属性和环境。"因此，在

开发民俗风情旅游资源时，必须以保护为前提。

若干年前，当河南开封要建"宋街"的消息传到海外后，正在加拿大讲学的东南大学副教授朱光亚火速给该市领导来信指出，开封文物很多，如能保护利用现存的文物，就能吸引很多游人了，按古人标准建街是满足不了现代人的要求的。然而，言者谆谆，听者藐藐。"宋街"还是建起来了，而且就压在宋代宫殿遗址上面。北京城作为500年前经过精心构思和总体规划而建成的一个世上罕见的整体建筑，它明快、匀称，本身就是一个杰作，在建筑史上被誉为"地球表面上人类最伟大的个体工程"。从发展旅游业的角度看，古城风貌本身就是一项十分诱人的旅游资源。然而现在，原先的大多数城墙没有了，许多古建筑不存在了，代之而起的是当代世界上司空见惯的、火柴盒式的楼群。因此，必须强调，保护和抢救民俗旅游资源是对其进行开发、利用的前提，没有保护的开发是掠夺性、破坏性的开发，所以要始终坚持保护性的原则，使民俗旅游资源在开发的同时得到有效的保护。

（五）差异化原则

民俗旅游产品开发的差异化原则主要是指利用差异明显，或者唯我独有的民俗旅游资源，开发出能充分体现本民族、本地区特色的民俗旅游产品的原则。湘西民俗文化要想在全国乃至全世界占据一定的位置，就必须利用文化的独特性进行差异化开发，使民俗文化特色形成湘西地区旅游产品最大的亮点。湘西人口比重较高的少数民族，如土家族、苗族、侗族等，都是土著民族，湘西各民族有着不同的历史发展过程，其居住的自然环境以及生活条件也有着很大的差异，在物质生活方式和文化生活方式上都有自己的爱好和禁忌，形成了湘西少数民族特有的历史、经济、文化和心理状态，客观上构成了民族差异的特征，如居住民俗、婚姻民俗、服饰民俗、饮食民俗以及人生礼仪民俗，这些都具有鲜明的地区民族差异，在此基础上进行差异化开发，就能充分展现湘西绚丽的民族特色、多彩的人文景致、丰富的民俗物产。

第二节　湘西民俗文化旅游产品开发现状

一、湘西民俗文化旅游产品开发的基本方向

湘西历史悠久，文化底蕴深厚，拥有30多个少数民族，地处崇山峻岭

之中，由于地形限制加之开发时间较晚且交通不便等，这些民族少被外界所干扰，形成了自己丰富且独特的衣、食、住、行，人生礼仪，节日庆典等民族民俗文化。土家族、侗族、苗族是当地的土著民族，比例最大，成了湘西民俗文化旅游产品开发的主要对象，他们以独有的特质，创造出了湘西大地瑰丽的民俗风景。进一步来说，湘西民俗文化旅游产品的开发主要集中在以下几个方向。

（一）居住与建筑民俗文化

湘西居民的建筑风俗独特。花垣县境内的苗寨、湘西凤凰县，至今保存有大量以土石为墙，以石板（或小青瓦）为瓦的建筑，如苗族"吞口屋"，该建筑的基脚用片石砌就，这些特色建筑传承了古风。湘西龙山县、永顺县等土家族聚居区盖的转角楼（俗称"吊脚楼"）、摆手堂、风雨桥、土王庙，以及散落在州内城乡的祠堂、兵营、会馆、寨门寨墙，青石板铺就的街巷，增添了湘西的独特与神秘色彩。吊脚楼是干栏式建筑工艺，是湘西先民从长江中下游流域辗转迁徙所带来的，在适应当地山区新环境下逐步形成，并成为湘西民间主要的传统建筑形式，也成了当地少数民族建筑文化的载体。在我国传统民居建筑中，吊脚楼存在的历史悠久，其建筑形式比较丰富，也有依山傍谷的，也有临水而建，或者建在田埂上、半山腰上的。正如沈从文先生在《鸭窠围的夜》一文中描述的那样，一幢幢吊脚楼高高低低参差错落，古色古香，建筑风格特殊的吊脚楼，为古城凤凰增添了几分韵致，也反映了湘西人民的勤劳与智慧。这些物质或非物质文化遗产与纯真古朴的民俗活动融合在一起，成了湘西博大精深的地域文化根源，一向被专家学者所看重。湘西古民居、民族特色村寨、古村落承载着苗族、汉族、土家族等民族的文化内涵与历史信息，是历代先祖留给后人的珍贵遗产和共同财富，凝聚了先祖的智慧、勤劳与汗水，是不可再生的民族、民俗建筑文化资源。湘西传统民居建筑在哲学思想、审美观念和宗教伦理的影响下，结合当地生活方式及其他观念，融入丰富多彩、灵活多变的地方特色，展示出其独特的人文内涵。

（二）饮食民俗文化

湘西饮食民俗丰富多彩。湘西人喜吃糯食，喜喝苞谷子酒，喜食酸辣和鱼类。例如，湘西苗族喜饮酒，以酒解除疲劳，以酒示敬，以酒祭祖，以酒待客，以酒传情，以酒表喜庆，以酒烘染气氛，有着丰富的、情趣盎然的敬酒和饮酒风俗。这些敬酒与饮酒风俗可以开发利用，如在酒楼完全用当地的敬酒风俗为游客敬酒，也可以在酒楼里将这些敬酒风俗教给他们，让其乐在其中。土家人对酸辣食物情有独钟，也喜爱凉菜，喜好饮酒。土家族原先的主食主要是玉米、麦类、豆类、薯类、小米等杂粮，后来的主食中增加了大米，并且逢年过节必吃大米；副食主要有酸菜、辣椒、黄豆、"合渣"等。酸、辣是土家人日常生活中不可缺少的两味，对土家人来说，没有酸辣，吃龙肉都没有味，有"辣椒当盐，酸菜当饭"之说。因此，在土家寨里，各家各户都种植大量的辣椒，每家都备有酸菜坛。土家族吃饭并非一定是一日三餐，他们平时一日三餐，但闲暇时节一般吃两餐，春夏农忙、劳动强度较大时一日四餐，如插秧季节，早晨要加一"过早"，"过早"大都是糯米做的绿豆粉或汤圆一类的小吃。另外还如鸡蛋茶，用油炸花生米、核桃仁、黄豆、米泡、苞谷泡等，打上三四个鸡蛋，放入煮开的油茶内，味道鲜美，极具山村风味；豆花饭，川东一带的土家人将黄豆汁烧开，点成"豆花"，再把野胡椒和盐调入；炒米，将熬化的饴糖团放在木框内，然后铺平，在其上撒些花生米、芝麻和核桃仁，然后切成块或片就可以吃了；团撒，先将糯米蒸熟后，放入一个圆形的模具内，然后摊开并晒干，便成为熟糯米团饼，再将其油炸，香脆可口。这些饮食风俗可以开发成很好的饮食文化产业。

（三）婚姻民俗文化

湘西比较提倡男女婚姻自由，男女双方从认识到结合往往不是通过父母之命、媒妁之言，而通常以歌为媒。如湘西南麻阳苗族婚姻习俗，男女由相识到相爱大多是以歌为媒。每年的阳春三月，青年男女上山割秧草（打青），这时总是情歌此起彼伏，响彻山谷。其中有这样一首山歌："山歌山来山歌山，莫把山歌来当憨，姻缘打从山歌起，不唱山歌不拢边。"这首山歌以山歌唱山歌，唱出了山歌在婚姻缔结中的地位和作用。对歌、接触后，如双方有意，此后便常常幽会，感情到一定程度时，便交换信物（手帕、鸳鸯荷包、手镯、戒指、花带等），然后禀报父母，请求结婚。另外，湘西南麻阳苗族青年男女要结缔一桩婚姻，需经过婚前礼仪、出嫁礼仪等礼仪程序，这些礼仪过程又细分为若干子程序。一是婚前礼仪，包含放响口炮、央媒、接老客等程序，每个程序有其相应的内容；二是出嫁礼仪，包括呷离娘饭、拜

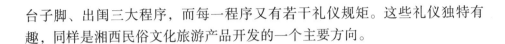

台子脚、出闺三大程序，而每一程序又有若干礼仪规矩。这些礼仪独特有趣，同样是湘西民俗文化旅游产品开发的一个主要方向。

（四）民间信仰民俗文化

湘西土家族、苗族的历史文化很大程度上是通过节日的习俗活动耳濡目染、口传身教而世代继承下来的。例如，土家族的主要传统节日是"过赶年"，土家族要比汉族提前一天过年，谓之"过赶年"；每年农历六月初六，土家人都翻箱倒柜地晾晒衣物，意为模仿覃垕晒龙袍，有的还要宰猪杀羊，邀请亲戚朋友举杯畅饮，共同缅怀英雄覃垕；从农历七月初到十四日，每晚在神龛上"烧香"，家里忌吵架，忌赤身裸体，忌坐大门槛上，十四日傍晚，在家门前烧纸钱，到离家较远的地方洒稀饭，称之"洒鬼稀饭"，表示祖先要赶"云南大会"去，家里给他送一些盘费。

湘西苗族的传统节日有：农历三月初三的歌舞节，这一天，苗家男男女女会自动聚集到约定的山坡上，对歌、跳舞、尽情欢乐；每年清明，是湘西苗族人民传统的歌节，也是湘西苗族人民为祭祀、缅怀祖先及祖先的救命恩人而举行的一种传统活动，这天，吉首、凤凰、花垣、古丈等地的苗族人民都要身着盛装、头插杨柳，从四面八方汇集到吉首市丹青乡的清明山下唱山歌，三天三夜，歌声不绝如缕；农历四月初八，是苗族人民传统的祭祀祖先的祭祖节，是青年男女的联欢节，每逢这天，湘黔两省毗邻地区的苗族人民，都要从四面八方赶到传统的"跳花坪"上来，围着鲜花盛开的花台打花鼓，唱苗歌，玩狮子，吹芦笙、唢呐和木叶，载歌载舞，一天一夜；苗族"六月六"起源于远古，民间传说的另一种说法是，六月六是龙晒皮、虎晒毛的大好日子，家家户户都要把所有的棉织衣物、被子等全部拿出来晒，据说这一天晒的衣物，一年四季不会发霉，冬天也更加暖和。这些民间信仰民俗构成了湘西的独特民族风情，为湘西增添了不少神秘色彩。

二、湘西民俗文化旅游产品开发存在的问题与制约因素

（一）湘西民俗文化旅游产品开发存在的问题

湘西具有开发民俗文化旅游产品足够的优势资源，民俗文化旅游产业发展势头良好，如今对其民俗文化旅游资源的开发已取得了可观的经济收益，但旅游产品的总体开发水平仍然较低，面临着许多需要调整和解决的问题，

经过系统分析，归纳为以下几个方面。

1. 民俗文化旅游产品形式结构单一且雷同

湘西地区民俗文化旅游资源丰富多彩，但区域内很多民俗旅游资源未能转化成民俗文化旅游产品，活动项目偏少且单一，雷同现象比较严重。从目前湘西各地纷纷打造神秘湘西、开发傩文化产品来看，搬上舞台的演出节目在区域内各景点大同小异，特别是很有观赏性、刺激性、神秘性、吸引力的傩技节目，如上刀梯、下火海等多有重复，很难让游客在不同的地方对傩文化有不同的兴趣。正因为如此，民俗文化旅游消费过程和民俗文化旅游活动内容就显得千篇一律，很难满足旅游者多样化的消费需求。

2. 民俗文化旅游产品开发设计层次低

湘西区域内各地民俗文化旅游产品的设计和开发，零敲碎打或者东拼西凑的现象较为严重，特别是在发掘民俗文化内涵、提高民俗活动的娱乐性和游客的参与性等深层次开发方面还做得不够，还没有完全实现由原来的粗放型、数量型、外延型增长向集约型、质量型、内涵型增长方式转变。具体表现在，一方面，高质量的民俗文化旅游产品应突出的是参与性、娱乐性、知识性和享受性等基本特征，这几方面在湘西地区民俗文化旅游产品开发中没有得到充分体现，使得民俗文化旅游产品品位不高，难以让游客感受和体验当地的民俗风情，影响了产品的吸引力和游客的重游率；另一方面，民俗文化旅游产品科技含量低，一旦被设计或开发出来，极容易被其他地方争先模仿或照搬，很难形成具有自身特色竞争力的产品。

3. 地域发展不均衡

湘西各县市旅游资源禀赋和政府支持力度的差异，导致了湘西乡村旅游资源空间分布的不均衡以及县域旅游资源开发不平衡增长的局面。城市近郊由于交通便利、游客出行方便、出行的费用较低，乡村旅游发展的领先程度明显快于边远山区和林区。目前，湘西乡村旅游发展较快的区域均在县城的周边，如凤凰古城周边的山江苗寨、勾良苗寨、黄毛坪村、千潭村、老家寨村、东就村、麻冲乡老洞村、千工坪乡香炉山村以及吉首市的德夯村等村寨，而在远离城市的偏远地区乡村旅游发展相对迟缓。不得不说，有些边远的山区交通极为不便，不要说开发旅游产品，即便是基本的旅游活动也很难展开。

4. 市场调研环节薄弱

市场调研是民俗文化旅游产品开发的基础，这对于旅游吸引力、客源市场的形成至关重要。当前，湘西某些地区为了增加所谓的旅游吸引力，只是一味地追求短期的经济效益，缺乏认真研究，从形式上照搬照抄一些民俗活动，不注重进行市场调研，主观地判断或跟风，呈现在游客面前的民俗表演和旅游文化产品与该民族的原生态文化大相径庭，想再现民俗却不按民俗办事的完全"表演化""商业化"甚至"庸俗化"，导致各地的民俗文化旅游产品同质化严重，各景区和旅游企业之间只能靠残酷的价格竞争来获取稳定的客源市场。

5. 旅游从业人员素质参差不齐

在民俗旅游产品的开发中，旅游从业人员是一个不可缺少的主体，而其素质的高低在很大程度上影响着旅游产品开发的质量。与旅游者相比，旅游从业人员在旅游活动中处于主动地位，掌握着信息优势，如果旅游从业人员旅游职业道德欠缺，旅游者的合法权益就难以得到保证。就湘西目前旅游从业人员的素质来看，存在着参差不齐的现象，有些旅游从业人员甚至存在着非常严重的职业道德问题，这在一定程度上影响了湘西旅游的品牌形象。

6. 地域文化特色挖掘不够

特色是旅游之基，文化是旅游之魂。民俗文化旅游产品的开发就是通过对特定区域内地方文化特征进行深度挖掘和充分整合，着力突出地域特色，不断提高文化内涵。然而在湘西地区民俗文化旅游产品的开发过程中，存在着民俗文化旅游产品开发的浅表性和娱乐性，造成传统民族特色开发性破坏，不能很好地展示少数民族文化内涵。旅游者到达目的地，就是为了感受和领略与少数民族地区文化的差异性和其独特风情，但往往由于民俗文化旅游项目太过注重艺术化、舞台化，而失去了民俗文化的本色和乡土气息，人为地破坏了民俗文化的本真性，致使民俗文化旅游产品的文化品位和艺术格调很难有较大提升空间。

7. 品牌意识淡薄

品牌是民俗文化旅游的灵魂和生命。对于生产者来说，民俗文化旅游品牌的塑造和传播，在一定程度上反映和代表着特定民俗文化旅游产品所拥有的市场份额，是一种保证性的无形资产。令人遗憾的是，目前在湘西地区民俗文化旅游产品的开发过程中，并不十分重视旅游品牌的塑造和培育工作。如在研究和开发湘西地区居住文化、服饰文化、饮食文化、节庆文化等方面，没有加强民俗文化旅游产品的品牌意识，挖掘与其他民族或地区不同的民族文化内涵，并开发出相应的吃、住、行、游、购、娱等旅游产品。

（二）湘西民俗旅游产品开发的制约因素

湘西地区由于自身的条件限制和后天的发育不足，民俗文化旅游产品在开发与设计过程中存在着诸多问题，究其深层次原因，是湘西地区在长期发展过程中在思想认识、经济发展水平以及旅游产业发展环境等方面受到制约，才造成今天的发展问题及发展困境。因此，有必要对湘西民俗文化旅游产品开发的制约因素进行分析，以有针对性地找到更好的解决办法。经归纳总结发现，其制约因素主要体现在以下几个方面。

1.传统的思想观念制约着民俗旅游产品的开发

湘西地区地处湖南西部偏远落后的山区，该地区发展过程中出现的观念上的狭隘性一定程度上影响了该区域内民俗文化旅游产品的开发。虽然以自然风光远近闻名的张家界旅游经济迅速发展，但与之相隔不远的怀化、湘西等地区的民俗文化旅游还不能形成良好的经济发展态势。深究其因，湘西地区长期受"经济基础落后地区不适宜率先发展旅游产业"的传统观念的束缚，没有将旅游业完全作为独立的经济产业，也没有真正确立旅游主导产业的地位。因此，势必对其缺乏必要的规划和设计，即使有也仅仅是停留在口号或理论层面上。其结果必然是不能充分认识到旅游业强大的关联作用。这种思想认识上的误区，十分不利于湘西地区民俗文化旅游产品繁荣昌盛局面的形成。

2.落后的经济发展水平制约着民俗旅游产品的开发

民俗文化旅游产业是一个前期投入大、回报周期长、关联度高的产业[a]。要促使民俗文化旅游产业快速发展，实现质量的迅速提高，需要大量的资金投入。然而湘西是全国集中连片的贫困地区之一，是"老、少、边、山、穷"地区的代表，因此，其经济社会发展水平不高，地方财政困难，对民俗文化旅游专项支出不足。此外，从民俗文化旅游投资环境看，由于缺乏相应的资金筹措、减轻税费等方面具体的激励政策，社会多元化的投资渠道无法形成，该区域内发展民俗文化旅游产业的积极性不高，致使民俗文化旅游资源部分地被闲置和封闭，或开发的民俗文化旅游资源有限，品味不高。

3.割裂的旅游产业发展环境制约着民俗旅游产品的开发

湘西旅游发展战略布局是"两片三中心一带"，即北部以张家界为中心，

---

a　周仲春,尚军辉.大湘西旅游圈联合营销的 SWOT 分析及对策 [J].商业时代,2010（1）：36-37.

主要开发山水风光生态旅游产品；南部以湘西、怀化为中心，主要开发民俗风情、历史文化等旅游产品。我国区域旅游规划和开发大都是以行政区域为单位，由各级政府和社会组织来开展的。这种方式有其合理和积极的一面，但在旅游规划与开发中，行政区域的划分容易造成各自为政局面的形成，继而造成一种割裂区域自然资源脉络的连续性与人文资源的绵延性的不良后果，往往导致区域内生产要素流通不畅、资源整合力度不高等现象。湘西地区民俗文化旅游资源隶属于张家界、湘西、怀化等不同的行政区，在行政区划体制的束缚下，由于缺乏统一的规划和有效的利益协调机制，出于各自利益的考虑，各民俗文化旅游资源开发主体盲目追求自身利益最大化，造成三个行政区域在民俗文化旅游业的开发战略、空间布局和实施步骤上存在着各自为政的现象，使得民俗文化旅游产品空间协作性差，各行政区各取所需，各卖各的票，形成区域恶性竞争，从而严重影响了湘西地区民俗文化旅游规模的形成和整体经济效益的提高。

第三节　湘西民俗文化旅游产品设计模式

一、湘西民俗文化旅游产品常见设计模式简述

根据民俗旅游产品的形态分类，通过对历年学者们关于民俗旅游产品开发模式相关研究的认真梳理，发现目前的民俗文化旅游产品开发模式主要有"前台、帷幕、后台"模式、生态博物馆模式、民俗村落模式、节庆模式、原地浓缩模式等。

（一）"前台、帷幕、后台"模式

该模式把旅游产品的展示比喻成舞台表演。"前台"是目的地社区居民展示、表演的空间，旅游目的地通过民族文化展演，让游客首先了解民族文化，并使其参与到文化互动中去，对民族文化进行体验。但是这种体验往往会造成这样一个结果，在"前台"，东道主社会生活的真实性已被舞台化，游客所见所闻，并不是东道主的真实生活，而是东道主舞台化的表演。也就是说，过度的舞台化，会使东道主社会生活的真实性失去存在的空间，文化的存续也将出现严重的危机。因此有必要设置一个缓冲区——"帷幕"，"帷幕"作为"前台"与"后台"之间的"缓冲区"，为"前台"与"后台"提

供了一个过渡空间，其功能类似于舞台上的帷幕。将前台与后台分割，它封闭了"后台"，使"后台"更加神秘，同时也保护了"后台"。"后台"一般不对外开放。游客基于凝视的态度去审视民族文化的场域，在凝视和融入中发现民俗文化的真正价值。

（二）生态博物馆模式

生态博物馆是在全球持续发展思潮的影响下，中外学者共同探索出的一种崭新的民族文化持续旅游模式。它是对社区的自然遗产和文化遗产进行整体保护的一种博物馆新形式。1995年，中国第一座生态博物馆落户贵州省六枝特区梭戛乡，这也是亚洲第一座生态博物馆。生态博物馆模式是指将整个社区作为一个开放的博物馆，对社区的自然遗产、文化遗产进行整体保护，以各种方式记载、保护和传播社区的文化精华并推动社区向前发展。挪威生态博物馆学家约翰·杰斯特龙用生态博物馆与传统博物馆对比的方法，对生态博物馆特定的形式和内容进行了阐述，具体如表4-1。

表4-1　生态博物馆与传统博物馆对比

传统博物馆	生态博物馆
藏品	遗产
建筑	社区
观众	居民
科学知识	文化记忆
科学研究	公众知识

（三）民俗村落模式

民俗文化村落或天然民俗村寨以村民的自然生产、生活、村落的自然形态为游览内容。其特点是保留了原来的自然风貌、民居、饮食、节庆和其他民俗事物，具有自然朴实的特色，能较好地满足旅游者欣赏和体验民族文化的需要。因为有村民的介入，游人似乎生活在典型的少数民族聚居地中，能够获得"身临其境"的真实感、亲切感。

（四）节庆模式

节庆模式是指创新节会或对传统节日进行开发的产品形态。创新某些节庆活动，并由此所形成的产品模式成了在民俗文化旅游产品开发中非常重要的模式，这与各地政府的推动，以及人民的切实需要是分不开的。"文化搭台，经济唱戏"，政府借助节庆模式招商引资，这是节庆民俗旅游大力发展的主要因素。同时，现在越来越多的乡村、城镇，已抛弃掉了"酒香不怕巷子深"的传统营销观念，开始主动寻找市场，越来越重视产品的销售、产品的品牌，而产品品牌塑造的有效方式之一就是通过节庆来宣传，所以各地纷纷举办苹果节、老酒节、啤酒节、采摘节、葡萄节、牡丹节、蔬菜博览会、国际登山节、孔子文化节、地方小戏节、国际风筝节等节庆活动，以期利用此类模式做好民俗文化旅游经济的文章。

（五）原地浓缩模式

原地浓缩模式是一种原地模拟型开发模式，因为一些少数民族村落或民俗文化独特的地区，随着旅游建设进程的加快，原有建筑、服饰、风俗等方面不可避免地出现了淡化的迹象，从而使得游客不能完全领会和感受当地的民俗文化。基于这一思考，一些地方采用人工方式将原有地方的元素进行浓缩，修建一些能够完整反映当地民俗文化的主题公园，供游客进行游览体验。

二、湘西民俗文化旅游产品一体化设计模式详述

（一）一体化模式的提出

无论是传统的原地浓缩模式、民俗村落模式，还是学者们提出的生态博物馆模式、"前台、帷幕、后台"模式，通过对其认真地梳理和分析，都有其各自适应开发的优势及不足。而在具体的民俗文化旅游产品开发实践中，由于湘西民俗文化旅游资源的多样性及自身地域的特殊性，不可能完全套用哪一种开发模式，或教条地照搬书本上固有的开发模式，这样只会将民俗文化旅游业引入绝境，使民俗文化旅游资源失去其赖以生存的土壤，最终造成资源的浪费乃至枯竭。

一体化模式是根据湘西地区民俗文化旅游资源的禀赋状况并综合考虑社会、经济、政治等因素，在明确开发的内容、层次、重点等问题的基础上，有区别、有针对性地构建的民俗文化旅游产品模式。该模式以政府为主导构建服务平台、制定市场规则、建设湘西品牌，市场主体在政府统一领导下做

好市场定位、产品开发及营销策略等具体工作，同时，积极发挥学术机构对政府及市场主体的政策建议作用，构建媒体监督平台，在一体化模式平台下为游客提供更优质的服务。因此，相对于前述各种模式来讲，可以说该模式既不是前面所提到的各种模式中的一种或几种的运用，也不是多种开发模式的简单叠加，而是根据旅游开发地具体的实际情况，在政府统一的指导下，有选择性地运用一种或多种旅游产品设计模式，分层次、有重点地进行综合开发设计，从而形成重点突出、层次分明，点、线、面全方位结合的一体化开发格局，最大限度地发挥各要素的功能，形成整体合力。

（二）一体化模式的必要性

1. 湘西地区经济发展的需要

旅游业是区域的一项基本经济活动，尤其对缺乏经济支柱产业且生产力落后的湘西来说更为重要。民俗文化旅游产品质量的好坏、品牌的强弱直接关系到湘西旅游经济产业的兴衰，因此构建一个合适的、有效的旅游产品开发模式对湘西民俗文化旅游产品的开发是十分必要的，对湘西地区的经济发展也是十分必要的。

2. 民俗文化旅游产品复杂性的要求

作为一个复杂的系统工程，民俗文化旅游产品及其组合的开发需要考虑方方面面的因素。毕竟对资源有很强的依赖性是民俗文化旅游产品开发的特点，因此开发工作需要在对其资源分析的基础上，把握和制订产品开发的主体与方向，并在此基础上进行具体的组合开发与创新，然后通过营销策划将其推向市场。单靠一种或几种开发模式是不能形成整个湘西民俗文化旅游产品开发统一规划的，不能体现湘西的整体优势，很难形成湘西的全国甚至世界的名牌效应。

3. 民俗文化旅游产品综合性的要求

民俗文化旅游产品开发、经营是一个产品生产、服务和体验的综合开发过程，需要将各种要素整合、加工，形成一个体系。特别是现在各个城市、地区乃至国家，都力图用本地或本国突出的文化和民俗来代言自己的风格，打造良好形象，吸引投资，促进城市和地区的发展。在此形势下民俗文化旅游产品组合体系就涉及颇多，需要多个部门机构和人员共同的协作与参与。因此，需要构建一个集政府、学术机构、产业部门、媒体及公众为一体的模式，使它们之间形成互动效应，以满足目前湘西民俗旅游产品开发的需要。

（三）一体化模式的原则

由于湘西民俗文化旅游资源自身的独特性和不可替代性，在进行民俗文化旅游产品开发时，应综合考虑各种模式的优势，采用一体化的开发模式。既然有了一体化开发模式的构想，就应该对构建的内容加以明确，这就需要遵从一定的原则。北京大学区域经济学教授杨开忠对此提出了"官、产、学、民、媒多中心机制"的原则，该原则认为旅游产品的开发不仅取决于单个机构，还取决于政府部门、产业部门、学术机构之间相互开放、相互交流、相互渗透所形成的互动效应。因此，在设计民俗文化旅游产品的过程中，为促进产品最大限度及高质量的产出，必须遵循和贯彻"官、产、学、民、媒多中心机制"这一原则，坚持政府主导、民众参与，充分利用和发挥官、产、学、民、媒互动的效应。除坚持民俗文化旅游产品设计相关原则外，还应坚持市场导向原则、眼前利益与长远利益相协调原则等。

（四）一体化模式的实施

在一体化模式下，湘西应通过实施民俗文化旅游资源的整合，实现旅游资源保护和开发的理性化；通过打造民俗文化旅游精品，实现民俗文化旅游产品多元化；通过构筑绿色旅游通道，实现旅游交通网络立体化；通过塑造旅游品牌，实现民俗文化旅游市场开拓的层次化。当然，要使一体化的模式更好地实施，还需要采取如下几点保障措施。

1.加强组织领导

建立跨行政区域的旅游产业协调机制，促进各地政府间交流合作，加强政府的宏观调控和指导，协调民俗文化旅游产品资源规划和开发，防止盲目和无序竞争。尽快建立一个涉及整个湘西地区旅游业的主管机构，来参与制定和完善民俗文化旅游相关法律法规，协助地方政府编制湘西民俗文化旅游产品开发规划，加强对特色民俗文化的挖掘、整理以及对从业人员的管理，使湘西民俗文化旅游业向着法制化、规范化的道路迈进。

2.加强基础设施建设

加强湘西立体交通网的建设，尤其是内部交通。受地形限制，湘西离"进得去、散得开、出得来"的目标还有较大差距。同时，加强对区域内酒店结构的合理调整，以满足不同消费层次旅游者的需要，避免季节性供求的矛盾。除此之外，还要改善旅游景点参观浏览的条件，完善旅游购物场所设施等。

3.加强公共服务建设

医疗救助服务的不完善使很多游客在旅行过程中的生命健康无法得到保障，因此要根据景区地形、设施等存在的危险因素，做好预先的防范工作，加强医疗救助服务。另外，一些虚假或不正规的旅游网络信息使旅游者不知所措，给旅游者造成了困扰，也不利于旅游经营者利益的维护，因此要加强旅游网络信息公共平台的建设，保障各方利益。

4.培养专业人才队伍

大力培养"两头人才"，即基础性人才和高档次人才。虽然大多高档次人才具有丰富的旅游从业经验，但往往没有必备的专业理论，他们的设计有时会走入一种误区，没有考虑到市场的变化和旅游者需求的多样化。湘西地区旅游业基础性人才素质参差不齐，相当一部分讲解员只有初高中文化程度，且未接受湘西地区民俗文化旅游专业知识的培训，旅游专业知识和管理水平相对欠缺，民俗文化知识讲解肤浅，难以满足游客对旅游景点了解的需要。因此，培养大批的专业人才是湘西民俗文化旅游产品一体化开发实施的又一项重要工作。

第四节　湘西民俗文化旅游产品开发策略

一、市场定位策略

（一）目标市场需求情况分析

游客对民俗文化旅游产品的需求无非两个方面：一是使游客在生活场景的交换过程中得到换景移情的满足；二是改变游客的生活节奏，消除游客生活的单调感和乏味感，使其得到身心的放松。近年来，工业化的发展使人们的生活水平得到了很大的提高，人们厌倦物质之余必将追求精神的享受，回归自然已是很多游客的最佳选择。真实的人群、真实的生活、真实的情感、真实的文化痕迹正是游客真正所需求的。神秘湘西，历史悠久，民风淳朴，民族文化独特而深厚，在一定程度上满足了游客的需求。然而，湘西地区特色旅游产品开发刚起步，尽管产品不少，但规模普遍较小，缺乏成体系的文化旅游产品支撑，市场竞争力不够，而且旅游产品重复雷同现象严重，开发设计水平低劣，产品形式结构单一，地域文化特色挖掘不够。湘西的旅游产品多是仿制外来品制成的，缺乏自身的创新，很多原始的、民族的、特色的东西还没有被发掘出来。旅游者到达目的地就是为了感受和领略少数民族地区文化的差异性和独特风情，但民俗文化旅游项目太过注重艺术化、舞台化，反而失去了民俗文化的本色和乡土气息，人为地破坏了民俗文化的本真性，致使民俗文化旅游产品的文化品位和艺术格调很难有较大提升空间，这些都制约着湘西民俗文化产业的发展。总的来说，任何一个地方的旅游市场地都不可能是完美的，因此各旅游市场地要找准自己的位置，利用好自身的资源，发挥自身优势，只有这样才能在激烈的民俗文化旅游市场上立于不败之地。

（二）市场定位

市场定位是指根据目标市场上同类产品竞争状况，针对客户对该产品某些特征或属性的重视程度，为本企业塑造鲜明个性，将其生动形象地传递给顾客，以赢得顾客认同。目前，很多地方根据自身的竞争优势做了合理的市场定位，如山东提出了"好客山东"的口号，徽州围绕"徽"字做文章，并从"卖景点"向"卖文化"转变，等等。浓郁而神秘的民族风情已是湘西地区旅游业的一大亮点。如今，的湘西已逐渐形成独特的区域文化，因此今后湘西民俗文化旅游产品的开发可以朝着这个方向继续发展。具体来说，其定位如下：

1.凸显民俗文化旅游产品的神秘性

湘西历史悠久，民风淳朴，民族文化独特且深厚，在一定程度上满足了游客对异质民俗文化体验的需求。湘西因受外界干扰较少、民俗特质性较强的缘故而十分神秘，神秘性能使游客在生活场景的交换过程中得到换景移情的满足。因此，寄于人们这种猎奇、窥探的心理，湘西在今后的民俗文化旅游产品的开发中要做好神秘湘西的形象设计工作，在今后的宣传与民俗文化旅游产品的开发上也应从这一基点出发。在开发的过程中，市场主体要在政府的正确引导下，积极与学术机构合作，充分考虑湘西民俗文化旅游产品的特色、资源的潜力、自然地理环境、历史文化渊源、旅游发展趋势以及湘西民俗文化在游客心中的影响等诸多因素来定位湘西民俗文化旅游产品的开发方向，把神秘的物质生活民俗、民间信仰、饮食民俗等文化融入产品的开发中。

2.坚持民俗文化旅游产品的原真性

湘西经济落后，旅游开发商为了追求最大的经济利益，在旅游开发中不顾及或少顾忌民俗文化的保护，他们急功近利的行为致使一些已开发旅游区商业氛围浓厚，已经失去了它原有的古朴民风。湘西的民俗文化旅游产品与其他地方相比优势并不明显，但湘西在自然资源和民俗资源结合的条件下具备他地没有的民俗独特性，这种特性将保证湘西在众多民俗文化旅游区域中的优势地位。因此，在开发居住与建筑民俗产品时，应该尊重传统，尊重历史事实，对保存完好的居住与建筑应在原貌的基础上进行修补，对损坏严重的，仿照现有建筑，竭力还其本来面目，在建新居与建筑时应本着不炒作、不造假的原则，极力仿古，使所有建筑呈现统一风格。而在饮食民俗产品及婚姻民俗产品开发时，可以设计民俗体验项目，把观赏性与参与体验性有机融为一体，丰富游客旅游活动的内容，增强产品的吸引力。例如，将婚姻民俗在民俗节日内作为一个重要的民俗生活活动展示给游客，让游客近距离观看到当地的婚姻民俗，还可以让游客参与其中。但这种民俗体验项目必须是实实在在的当地民俗，不能造假。湘西只有坚持原汁原味的民俗文化产品才能赢得当地民众和游客的信赖与推崇。

二、产品开发策略

（一）居住与建筑民俗文化旅游产品的开发策略

已开发的湘西吊脚楼只是湘西居住与建筑民俗的一部分，在湘西民俗旅游产品开发时应把当地的居住与建筑民俗一并开发，只有这样才显得地区民俗建筑风格统一。居住与建筑民俗产品的开发应在尊重历史和原真性的前提下结合游客可能产生的感受进行，力求达到让游客感受到湘西民俗的神秘性、吸引力，又有融入其中的舒适感。因此，对湘西居住与建筑民俗文化的开发应遵循如下思路。一方面，应该尊重历史事实，尊重传统。对保存完好的民居与建筑在保持原貌的基础上修补，对损坏严重的，仿照现有建筑，竭力还其本来面目；在建新居与建筑时应本着不炒作、不造假的原则，极力仿古，塑造古朴感。另一方面，古民居传承着土家族、苗族、汉族等民族的历史信息和文化内涵，是历代先祖留给后人的珍贵遗产和共同财富，凝聚了先祖的智慧和汗水，是不可再生的民族、民俗建筑文化资源，应尽量保存这些特色建筑。因此，开发过程中必须始终坚持"保护为主，合理利用，科学规划，严格管理"的基本方针和原则，准确把握和处理好保护与旅游开发的关系，使开发工作形成你中有我、我中有你，相互协调、相互促进，协调并进的局面，让湘西居住与建筑民俗发挥更大的作用，成为民俗文化旅游产品中重要的一部分。

（二）饮食民俗文化旅游产品的开发策略

考虑旅游地的社区利益是世界旅游组织积极倡导的主要旅游发展理念之一。做好湘西饮食民俗产品的开发应着重做好两方面的工作。一是鼓励当地居民参与。俗语说："靠山吃山，靠水吃水。"当地居民对当地的旅游开发有获得相应利益的要求，对于饮食民俗旅游开发更是如此，因为当地的居民是饮食民俗的创造者和传承者，他们最了解、最熟悉、最能运用自己的饮食文化，如果没有当地居民的参与、合作，就不可能开发出真正具有湘西饮食民俗内涵的饮食民俗文化旅游产品。因此，要加强与当地居民的沟通与交流，鼓励当地居民充分发挥他们的聪明才智，积极参与湘西饮食民俗旅游开发，也让他们在发展民俗旅游的过程中有机会提高自己的经济收入，从而得到实惠。二是设计民俗饮食体验项目。如果能提高民俗旅游产品的参与水平，就能让旅游者更加全面地领悟民俗文化的价值，从而提升旅游者对民俗旅游产品的兴趣。湘西饮食民俗旅游开发的重点是要开发游客参与度较高的饮食民俗活动项目，把观赏性与参与体验性有机融为一体，丰富游客旅游活动的内容，增强产品的吸引力。例如，在民俗村让游客自己上山挖野菜、摘草莓、采蘑菇，参与当地居民放鸭、打鱼摸虾等生产活动，和工作人员一起动手制作食物，寄娱乐功能于饮食过程之中的有高度互动性、体验性的旅游活动项目中，使得游客满足了食欲的同时又得到了体验的快乐。

（三）婚姻民俗文化旅游产品的开发策略

把婚姻民俗作为一项重要的民俗社会活动展示给游客，能让游客近距离观看到当地的婚姻民俗，同时也可以参与其中，如土家族的结婚习俗——哭嫁，具有较强的表演性，可以让游客扮演新郎、新娘亲友，与熟知哭嫁习俗的本地表演者，共同参与"哭嫁"这一民俗婚礼仪式。其中，"哭嫁歌"可即兴编唱。这样一来，游客在充分领略到土家族婚姻风俗的独特魅力的同时，也激发了他们参与其中的激情，使游客获得情感的交流，形成共鸣。游客也可以直接考察民族地区的民俗生活，既可以在群体性的狂欢中得到休息，也能受到婚俗文化熏陶与感染，得到身心的愉快和放松。

（四）民间信仰民俗文化旅游产品的开发策略

民俗文化与自然风光共同构成一个民族的全貌，只有深入挖掘当地民俗文化，把自然景观与民俗文化有机地结合起来，开发出来的民俗文化旅游产品才能更好地触碰到游客心灵的深处。在开发民间信仰民俗时应定期举行民间信仰活动，让游客了解湘西的民间信仰，让其参与其中。在现代旅游中，参加民间宗教场所、参加民间民俗信仰活动、了解地方性民俗文化已成为人们观光旅游的一项重要内容。因此，为了弘扬民间信仰的传统文化，在开发民间信仰旅游产品时，要做好宣传、组织工作，要加强与海外华人的联系，争取外来的投资与消费，促进湘西旅游更好地发展。但开发中应注意对民俗信仰文化的正确选择和正面客观宣传，因为民间信仰代表了特定时期的特定文化，对有些负面、消极、不科学的信仰文化进行盲目地开发容易误导社会，对人的思想产生毒害，会影响社会稳定。如在有些偏远农村，人们生病不去请医生而是去求巫师。因此，在旅游开发之前，应进行深入的研究，选择优质的、健康的、有特色的民俗信仰文化作为开发对象，而开发之后，需理性对待，使游客认识传统文化中的"民间系统"，了解祖先在漫长历史岁月中的精神面貌，从而学会去理解先人，更好地继承优秀的民间风俗，在超越先人的同时获得精神境界的提升，能够真正从精神层面得到心灵的升华，这也利于游客的口碑相传，更好地推动湘西民俗文化旅游产业的发展。

（五）节庆文娱文化旅游产品的开发策略

旅游节庆，也称旅游节日盛事活动，是指规模不等、有特定主题、在特定的时间和同一区域内，定期或不定期地举办既能吸引区域内外大量的游客，又不同于人们常规的生活、活动和节目的各种节日庆典、集会、交易会、博览会、运动会、文化生活等。以民俗风情为主题的节庆活动，是指一个民族或地区的人们在文艺、语言、信仰、服饰、饮食、居住、娱乐、节庆、礼节、婚恋、交通以及生产等方面，民间所特有并广泛流行的喜好、风尚、传统和禁忌。因其历史悠久、形式新颖，民俗节庆已成为旅游吸引物的重要组成部分，具有吸引游客的独特魅力。

具体的节庆文娱文化旅游产品的开发策略主要有以下几点。首先，要充分认识到民俗节庆的价值。民俗节庆是人类文化的组成部分，是社会文化的重要分支，是观察民族文化的一个窗口，是研究地域文化的一把钥匙，满足人们在旅游中寻求身心放松，了解异族他乡的文化、人际交往、购物以及地位和声望方面的动机的需求，其旅游功能不可小觑。其次，政府管理部门要加强引导。民俗风情旅游的起步较晚，尤其是其中的节庆旅游，发展还有许多不成熟的地方。政府主管部门要加强宏观引导，要开发出反映民族特色、地方特色，富有文化气息又能雅俗共赏，能带来良好社会、经济效益的民俗节庆旅游产品。再次，要处理好保护与开发的关系。在开发民俗节庆过程，以旅游开发是为了当地人和旅游者有更好的生活为宗旨，利用其愉悦、喜庆和新颖独特的气氛吸引游客，并进一步开展商贸活动，带动地方经济的发展。但是应考虑到民俗节庆自身存在的价值、意义和发展轨道、方向，不能完全忽视民俗节庆的民间性、地方性、自发性和群众性，一味地或盲目地开展各种节庆活动，把民俗节庆商品化、庸俗化。最后，要加强宣传促销。现在许多民俗节庆活动都只是当地人参与，外地人和大型的旅游团队参加得不多，宣传促销力度不够。因此，主办者除向新闻媒体发布信息外，还应主动与各地乃至海外旅行社联系，将节庆活动的主要节目、时间印成多种文字，在表述方式上也尽可能考虑异地人的接受能力，提前半年进行宣传，在交通枢纽处如火车站、飞机场出口设置节庆活动导游图等。宣传促销及时、到位会给节庆活动带来轰动效应。

三、产品营销策略

（一）产品营销策略构想

1.确定品牌营销实施主体

湘西旅游品牌营销实施主体应由湘西地区的公共组织、旅游企业、社区和当地居民共同构成。公共组织包括州内各级人民政府、政府主管部门及旅游行业协会等。政府是湘西旅游营销行为的核心实施主体，行业组织和旅游企业是基本主体，社区和当地居民是补充主体。这样的主体构架可以形成多层次的营销主体，有利于湘西旅游行业的长远发展。而且，多层次的旅游主体营销体系，可以调动全民的积极性，把利益相关者串在一起形成一根联系紧密的利益链条，大家同心协力，以湘西旅游业发展的总体目标为己任，从而形成合力，获取整体利益最大化。

放眼全球旅游业发展，旅游地政府行为举足轻重。政府只有加强旅游品牌营销意识，才能够指导和引导企业行为。"政府进行形象宣传，企业跟进产品促销"，这是世界旅游发展的一个普遍性特点。这说明旅游企业的市场推广，必须和各级政府的旅游局联合起来，哪个政府对当地旅游资源宣传的力度大，其当地企业收益就大。所以，湘西的旅游业发展和旅游的营销必须形成一种全州营销的态势和理念。以州政府的总体形象宣传为龙头，以行业的联合竞争为主体。从这个意义上讲，旅游营销首先是政府的任务，政府搞不好旅游环境宣传，企业就没办法搞好产品的营销。中外旅游业发展经验证明了这一点是正确的。

综观全国各地经济的发展，不难发现，各地旅游经济的竞争其实很大程度上是各地政府之间的竞争。政府重视程度高，当地旅游经济发展就快，反之则慢。据此，不妨大胆把湘西州政府设想为一个大的旅游集团公司，那么书记就是董事长，州长就是总经理，旅游局局长就是销售部经理。而旅游商，既是一个地区旅游产品的制造商，同时又是这个旅游产品具体的推销商。这种运作模式，国外早已有先例。湘西旅游起步于 20 世纪 90 年代中后期，起步晚但是发展快，营销推广积累了一定的经验，在中国旅游业转型开始走向品牌时代的机遇和挑战中，没有时间去慢慢摸索，走传统发展之路，唯有高起点以挑战者的身份大胆进入市场才是最佳选择和有效出路。理由很简单，因为品牌营销本身是一个创造品牌的过程。品牌的树立是开始也是结果，营销是出发点，管理是一个开拓过程。所以，品牌营销，应该是一个循环往复、不断提高的过程，产品开发和品牌创建可以合二为一，同步进行。

2. 明确品牌定位

明确旅游地品牌定位时不仅要考虑旅游业的发展，同时要充分考虑带动区域内的其他经济和社会发展。湘西旅游在展示其独特的民俗风光之外，还应该在品牌定位中传达其良好的人居环境、投资环境等信息。同时，以政府为主导的多层次旅游品牌营销主体，要注意在营销实践中，通过明确清晰的品牌定位，采用一贯性的、统一的、持续稳定的视觉传播向消费者传递连贯性的目的地旅游形象，方便公众识别。

此外，在确立湘西旅游品牌定位时，为了避免定位不准、形象模糊，首先，需要实事求是做好充分的市场调研，客观评价湘西民俗文化旅游品牌价值活动，捕捉能满足旅游者需求的价值因素，选择多个方案进行比较，力求清晰简单容易记忆；其次，为了突出个性特色，需要深挖湘西民俗文化旅游品牌独有的价值资源，针对目标客户的情感需求创造引导旅游消费，找准其与湘西旅游资源间的切合之处，为避免定位片面，必须注意挖掘和构筑湘西民俗文化旅游品牌的内涵体系，整合能获得市场认可的品牌性格和情感诉求，综合考虑品牌的地域状况，保证定位的长期性、稳定性；最后，定位要切合湘西地域的整体形象。

（二）产品营销策略建议

1.品牌形象构建策略

品牌形象的构建是一项庞大复杂的社会系统工程，涉及很多方面的因素。首先，需要政府等营销主体增强品牌意识，高度重视品牌战略。其次，需要科学组织，合理利用各种资源，周密计划。需要调动各方面的力量参与，通过公众的参与来将品牌形象根植在广大公众的头脑中。最后，构建旅游地品牌形象，需坚持统一性原则，对于设计品牌名称、标志物、标志字、标志色、标志性包装等都必须使用统一标准，品牌标志一旦确定之后，不能随意变动。在国际国内旅游发展新趋势下，湘西旅游业如何克服起步较晚、发展快以及自发式的和粗放式的旅游发展模式带来的一系列的问题，参与市场惊心动魄的激烈竞争，最关键的点就是明确方向，找准自己在市场中的定位，树立鲜明、良好、清晰的旅游形象，最迫切的点就是以挑战者的身份迅速打入市场，找到适合自己发展的方向。

经验表明，旅游地品牌形象构建，一般遵循三条黄金法则：一是符号法则，一个地域一座城市一定要有一个符号、一个清晰的印记；二是焦点法则，一个地域一座城市一定要有一个焦点、一个核心的关键词；三是指令法则，一个人气十足的旅游区一定要善于发出一道欢迎的指令。三条法则都是为实现营销目的服务的。当前湘西旅游品牌营销的目的有三；首先，通过区域旅游资源的整合营销传播，解决湘西旅游核心吸引力和知名度的提升问题；其次，通过新兴产品的研发营销，解决具有湘西特色与核心竞争力的旅游品牌产品体系开发问题；最后，通过品牌管理，解决湘西旅游可持续发展问题。

2.产品定价策略

对于旅游产品来说，价格也是旅游消费者关心的一个问题，无论是价格不透明，还是人为地哄抬价格，都会影响旅游者的决定以及旅游的体验，所以在产品的营销策略中，对于产品的定价策略也需要进行深入的剖析。如今处在一个信息化的时代，消费者的需求日新月异，变化瞬息万千，在旅游服务中强调信息交流可以达到最佳服务效果，提高游客重游率。基于这一思考，旅游地可以采取如下几种价格策略，一是差别定价策略，根据旅游的地理位置、时间、质量以及批发零售的不同，区别对待，分别制订价格，以吸引游客。如对同一种旅游产品，按照客户需求的时间不同而制定不同的价格。二是组合定价策略，一般是根据旅游产品线的不同规格、型号、质量、客户的不同需求，参考周边竞争对手的产品售价情况，确定不同的价格。也可以采取产品系列定价法，将一系列大大小小的旅游产品组合起来，采用套餐的方式，制订一个成套产品价格目录表。一般正常情况下，这张表的价格不随意变动，只在国庆、州庆等盛大节日略做调整，以保证价格的透明度和稳定性。

3. 营销渠道策略

营销渠道就是商品和服务从生产者向消费者转移过程的具体通道或者路径。旅游地要充分使用多渠道组合营销推广方法，将不同的产品组合起来，用畅销品带动滞销品进行销售。在新产品推出期，渠道推广首先营造声势，抢占先机；旅游旺季采取渠道推广手段，借机造势，趁热打铁，强化市场基础，带动更多的销售；到了旅游淡季，则采取巩固市场基础、发动淡季攻势的渠道推广方法。一定要用多元化营销渠道应对多元化旅游市场。

另外，旅游地要建立与旅游消费者的多样化沟通渠道，旅游企业可通过网络、电话等形式将景区、酒店、宾馆、旅行社的服务和品牌信息传递给旅游者，旅游者也可将其感受及意见反馈回来。同时，旅游地还可通过网络在线平台和信件等形式的互动沟通，取得旅游者个人化的信息，形成旅游数据库。然后，通过整理分析旅游者数据库，区分不同旅游消费群体，进行有重点的营销活动。湘西旅游局可以考虑重新设计旅游官方网站，注意与国际网络运营商进行渠道多元化对接，开通全国乃至全球电话订票热线，方便国内外的散客旅游者。

4. 产品促销策略

促销就是营销者向消费者传递有关本企业及产品的各种信息，说服或吸引消费者购买其产品，以达到扩大销售量的目的。促销实质上是一种沟通活动，即营销者（信息提供者或发送者）发出刺激消费的各种信息，把信息传递给一个或更多的目标对象（即信息接收者，如听众、观众、读者、消费者或用户等），以影响其态度和行为。湘西民俗文化旅游产品作为一种产品，显然也需要采取一些营销策略，以达到刺激游客的目的。

（1）整合促销策略

整合促销是对宣传广告、公共关系、人员推广和业务促销等促销要素的综合运用，主要包括通过旅游推介会、会议会展、体验活动、考察活动、体育赛事、节庆活动等形式，利用传统节日、特定场所等进行的营销活动。该策略通过科学的市场定位和形象定位，充分运用产品改进和渠道调控的技术，整合现存所有传播渠道以实现营销目标。同时，还须与网络营销相结

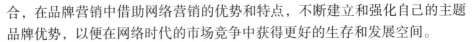

合，在品牌营销中借助网络营销的优势和特点，不断建立和强化自己的主题品牌优势，以便在网络时代的市场竞争中获得更好的生存和发展空间。

（2）全民促销策略

由于信息传递的数量和质量、游客满意度的高低，都有赖于全民的参与和支持，尤其是旅游品牌形象的深度传播，更需要当地民众的积极参与，所以全民促销的开展就显得十分必要。当然，为实现全民参与营销的目的，须尽量平衡相关各方的利益诉求，使大家都从旅游业发展这块大蛋糕中分到好处。这样有利于相关者对游客态度的改变和各行业服务质量的提高，从而使游客的游历体验得到更大的提升，获得较高的游客满意度，形成良好的口碑，最终实现旅游业的可持续发展。

（3）事件促销策略

该策略指的是通过举办大型主题活动，迅速扩大旅游地的知名度。国外研究表明，举办大型活动对于提高旅游地的知名度具有长期效应，如澳大利亚昆士兰州大堡礁推广活动，就是借"世界上最好工作的招聘事件"来达到营销目的。湘西可以借助国画大师黄永玉中外巡回画展、文学大师沈从文文学作品展等活动，向全国乃至全世界推广湘西旅游形象和旅游产品。过往的经验表明，事件促销每举办一次，就会使举办地的名声得到一次提升。事件促销策略对像湘西这样知名度较低，但旅游资源异常丰富，旅游业处于起步阶段的旅游目的地尤其适合。与此同时，举动阶段性的促销活动，也是对日常营销活动渠道的一种补充和完善。

第五章　湘西民俗博物馆设计

第一节　湘西民俗博物馆与民俗文物的保护与利用

一、民俗博物馆概况

（一）民俗博物馆的概念

博物馆是征集、典藏、陈列和研究代表自然和人类文化遗产的实物，并对那些有科学性、历史性或者艺术价值的物品进行分类，为公众提供知识、教育和欣赏的文化教育的机构、建筑物、地点或者社会公共机构。而对于民俗博物馆，其功能和一般的博物馆类似，主要发挥保存、教育和研究的作用，只是民俗博物馆的重点落在了"民俗"二字上，它们通常保存的是民俗文物，传承的是民俗文化。当然，这样对民俗博物馆进行定义也不是完全准确，因为只关注了它的民俗属性，忽视了它的博物馆属性。

中国民俗博物馆是与民俗学一起诞生的。追溯其发端，就是我国20世纪二三十年代由北京大学风俗调查会设立的风俗陈列室。这不仅是因为它与中国民俗学几乎同时建立和发展，更主要的是因为它建立在一整套系统而科学的理论基础之上。比如，《风俗调查会简章》中"搜集、整理"条目所规定的"物件"归档记录要则；再如，风俗调查会三项决议中的第三项规定："征集器物关于风俗：各种服、饰、器用及其模型、图画、照片等。本会亦已附带征求各方赠助，一待经费有着，再当广行收买，以期风俗博物馆早日成立。"由此可见，我国民俗博物馆发展一开始便是建立在民俗学发展研究基础之上的。民俗学的研究促发了民俗博物馆的建立，这就要求博物馆的显性特征必须与博物馆藏品所代表的学科门类相联系，这也是民俗博物馆与历史类其他博物馆的显著不同之处。

博物馆学的研究领域纷繁复杂，从建筑、藏品、展览到管理、空间或教育等方面，都有触及和讨论。博物馆的核心宗旨和目标是教育，那么通过教育给予了观众什么？有时是知识，有时是乐趣，有时是启发，而它们都属于记忆的一种。换句话说，博物馆是一座保存和珍藏记忆的空间，它为文化的传承提供了可能性和可靠性。特别是当下民俗博物馆如雨后春笋般涌现出来，更为文化记忆的延续创造了良好环境。

综上所述，姑且对民俗博物馆的概念做一个更为详尽的定义："民俗博物馆，就是反映某一地区人民的风俗习惯、文化、艺术的博物馆。民俗博物馆是历史博物馆的一个分支，是一个地区文化和历史沉淀的表现。它建立的目的在于梳理历史和现实的民俗文化事象，并把它通过民俗文物等展示出来，使人们得以认识自我以及民风习俗的发生、发展、性质、功能等，激发人们热爱乡土、热爱祖国的激情和尊重本民族文化的情操。"

（二）博物馆参与民俗文物保护的必然性

结合上文所述，博物馆参与民俗文物的保护似乎是一个必然，但这个必然并不是人们所认为的理所当然，而是有着诸多的影响因素。

其一，文化认同的需求是民俗文化保护背后的一个重要动力。对传统的怀念正是在对现代与过去的断裂的震撼下所产生的精神需求。我们很容易发现，越是城市化进程深入的地方，对传统文化的保护意识越是强烈。当代世界经历着文化乡愁，所谓"文化乡愁"，就是一种随着现代化进程而产生的文化传统的失落感和追忆情绪，它是"现代性"文明和文化的副产品，对于现代人来说具有"家的意识形态"的性质。与前现代社会的社会组织结构相比，现代城市的人群组织结构更加不稳定，陌生化的现象很明显，所以地方的认同感以及归属感在城市人的精神、伦理生活中愈加稀缺，也愈加被需要。而传统的重新建构需要具象化的、可感知的事物作为寄托，民俗文物恰如其分地成为这样的对象。

其二，全球化的发展带来了异质文化之间的广泛碰触。文化在相互渗透、融合的同时，自我与他者的意识也十分凸显。全球化本身无法带来同质性的文化，却可能导致文化多元性的生产和传统的再创造。在当下的语境里，地方必然与全球化互为"他者"，所不同的是，地方是"有意识"地与全球化进行互构，它必须通过全球化来显现自我。在一定意义上，"申遗"成为这么一种互构的途径。民间艺术作为一种极具地方性的文化和知识，作为抵御文化同质化、彰显地方文化身份的表征，是一种不可多得的宝贵资源。

其三，现代社会一边面向未来发掘着新科技，一边面向过去挖掘文化遗产。近十多年，国内的非物质文化遗产的评定和保护工作可以说风生水起、如火如荼。这个过程中也牵涉多方力量，如国际力量、国家力量、地方、社区及个人，纠结着政治、商业和公共利益。博物馆作为一个多方力量汇聚、多场域集合的空间，在这里，国家进行民族一统的叙述、民族自豪感与爱国热情的培养；地方抢占着文化遗产资源，建构城市文化标志；市场则无孔不入地利用任何可利用的资源创造经济价值；市民和游客则在其中消费着景观并获取知识。

（三）博物馆参与民俗文物保护的迫切性

自改革开放以来，随着社会主义经济建设的深入发展，富裕起来的人们以毫不犹豫的心态接受着新生事物（包括用品、器具等），以求最大限度地适应飞速发展变化着的生活方式，这是社会发展之必然。同时，大量曾经为人们的社会生活作出巨大贡献的各式用品、器具等民俗文物，与旧有的生活方式一同被留在了过去了的历史中。另外，国内外古董商贩带有掠夺性的"铲地皮"式的收购，在客观上加速了原先处于自然生态系统中的民俗文物的流失和消亡，严重破坏了民族民间文化的生态体系。

不得不承认，相对滞后的民间物质文化研究，弱化了社会对民俗文物的保护意识，带来的损失是不可估量的。而近代以来工业化的推进，使人们的生活方式逐渐发生了变化，这样的变化经过近一个世纪的积累是巨大的。面对这一境况，社会各方面都希望迅速对流散的民俗文物进行调查、收集和抢救。作为民俗文化的结晶与产物，民俗文物代表的是中国人造物文化的科学性、艺术性、智慧性，并且其所体现的"格物致用""因材施艺""以质求量""文质彬彬"等造物文化对现代世界的造物也有着一定的指导意义，这一点已经得到越来越多学者的认同。

进入 21 世纪以来，随着人们对历史文化认识的深入，民俗物质文化及其所包含的丰富的文化内涵正在被越来越多的人所关注，并且被众多的研究者视为传统文化的重要组成部分而加以研究。确实，近些年来，不少学者围绕着"物"所进行的民族的、历史的、民俗的、艺术的研究已经取得了不错的成果，这对于民俗文物的保护无疑起着非常积极的作用。民俗博物馆，作为收集、展览、研究民俗文物的主要机构，面对民俗文物正在走向消亡的现状，更应该充分发挥其作用，使民俗文物得到最大限度的保护，从而减缓其流失和消亡进程。

（四）湘西民俗博物馆介绍

在湘西这片土家、苗、汉等各个民族繁衍栖息的土地上，经过长期以来的孕育、碰撞和交融，诞生了源远流长而又迥异于汉族文化的边地异质文化。博物馆作为一个征集、典藏、陈列和研究代表自然和人类文化遗产的实物的场所，是记录、展示民俗文化的名片和窗口，如湘西土家族苗族自治州博物馆、溪州土家族民俗博物馆、苗绣博物馆等。下面以溪州土家族民俗博物馆为代表，做一个简要的介绍。

1. 简介

溪州土家族民俗博物馆是中国地方性民族民俗博物馆，位于湖南省湘西土家族苗族自治州永顺县城南 1 公里的猛洞河风景区，是一座土家族宗祠式与民居庭院相组合的建筑群。该馆修建于 1985 年，占地 5000 多平方米，建筑面积 1600 多平方米，陈列面积 250 多平方米。1987 年 9 月 23 日为庆祝湘西土家族苗族自治州成立 30 周年正式开馆，现有藏品 700 多件。

2. 建筑布局

博物馆大门内的空阔坪院为摆手坪（土家族祭祀跳摆手舞的地方），坪中修有八仙台，台中竖有一根高旗杆，杆上日夜悬挂着一面五色龙凤旗，这是土家族祭祀活动不可少的祭典之一。

民俗历史陈列馆为博物馆的主体建筑，砖木结构，造型古朴，有土家族宗祠建筑风貌。陈列馆分民俗、历史两大部分，以数百件历史文物和民族文物简要地展现了土家族从远古的旧石器时期到清"改土归流"止的万年历史以及土家族的民俗、文化。陈列设计主要采用土家画廊式的陈列展台和土家古雕石坊式的展柜，讲解员身着民族盛装，将讲解与民俗表演相结合，使民族古风生动再现。

土家民居吊脚楼内有土家族的居住、生活、工艺陈列厅室，在这里游览者可以吃到土家族的风味饭菜，可以睡上土家族别致的雕花木床，可以欣赏到土家族姑娘精湛的织锦工艺表演，还可以买到地方民族工艺旅游纪念品。

3.展馆陈列

全馆有 2 个陈列厅，5 个陈列室，陈列内容包括土家族历史与土家族民俗两大部分，其中第一厅两个陈列室以"古老的民族，悠久的历史"为题，陈列有土家族聚居的酉水流域和澧水中上游地区出土的新石器时代至清朝雍正年间"改土归流"时期的部分文物，突出陈列了溪州土司时期的政治、经济、军事和文化等方面的史料和实物。

第二厅两个陈列室陈列土家族习俗、信仰、服饰及其他生产生活等方面的民俗文物，包括老司城的彭泓海德政碑，祀奉的彭公爵主爷和他的鲁力卡巴、科洞毛人在这里都有造像，还有土王宫殿一角和溪州铜柱的复制品。另外一室陈列土家族织锦工艺产品。

二、湘西民俗博物馆对民俗文物的保护策略

（一）配备相应的管理人才

为了充分发挥博物馆对民俗文物的保护作用，深入研究民俗文物，合理展陈策划民俗文物及相关活动，积极推动博物馆文创产品的展销结合，广泛宣传民俗文物的精神内涵，博物馆需要加强研究人员、策展人员、经营人员和志愿者的配置。

首先，研究人员不但要指导博物馆科学保存民俗文物，还要对馆藏的民俗文物进行深入研究，挖掘民俗文物的精神内涵，出版相应的书籍资料，促进民俗文化的传播与交流。其次，博物馆研究人员要结合研究成果帮助参观者更好地了解当地民俗文化的源流、演变及延续情况，加深参观者对民俗文化的认识。最后，研究人员还要整合馆内的民俗文物和相关资料，结合博物馆实际运作思考经验、总结理论，为博物馆的发展模式提出意见和建议。

策展人员通过观众喜闻乐见的方式来展示民俗文物独特的文化内涵，主要包括藏品展陈及活动策划。藏品展陈可以借助一些道具，通过声音、灯光、展板、视频及相应道具总体设计展馆布局，把握展馆的各个细节，策划展陈方式，促进民俗文化的有效传播。另外，策展人员还要做好活动流程及相关应急措施的设计，并在活动中启发观众思考，带领观众积极参与，融入其中，从而加深对民俗文化的认知并获得良好的体验。

经营人才可推动民俗文创产品的开发与营销，促进民俗文物展陈的常态化，合理发掘民俗文物所具有的经济价值，从而获得收益，扩大博物馆的经费来源，推动博物馆更好地对民俗文物进行保护和研究。由此来看，经营人才一方面要有较系统的知识储备；另一方面，还要有扎实的经营专业知识和经验，以促进民俗文物文创产品的开发，拓宽产品流通渠道，从而使民俗文物通过博物馆平台实现良性传播与传承。

志愿者的作用看似微不足道，但他们同样是不可缺少的存在。他们需要参与日常民俗文物展品的讲解，是展品与观众沟通的重要桥梁。确实，很多参观者在面对民俗文物的时候，如果没有专业人士进行讲解，也只能从形态、颜色等方面观赏，很难了解到其更深层次的文化和精神内涵。从这一层面来说，志愿者这一架在民俗文物和参观者之间的"桥梁"举足轻重。

（二）邀请非遗传人

有些民俗文物属于手工艺类，虽然其中的一些手工艺文物制作方法已经失传，但多数的手工艺类民俗文物都有着传承人，在对民俗文物进行保护的时候，这些传承人是不能忽视的。民俗博物馆的功能虽然主要体现在对实物的保存和展陈上，但如果有传承人的加入，无论对于研究，还是对于展陈无疑都有着非常积极的意义。所以，博物馆应该根据实际情况或者文物的类别，定期或者不定期地邀请一些非物质文化遗产（简称"非遗"）传人参与，甚至可以邀请一些非遗传人常年驻馆。

当然，在邀请非遗传人的同时，也要做好与之相关的展示工作，为非遗传人提供条件完备的展示舞台，让大众可以更好地与非遗传人进行接触。对于非遗传人来说，大众的关注和认可能够提升他们的自我认同感以及自豪感，尤其在现代文化不断冲击传统民俗文化的今天，人民大众的认可可以帮助他们更加坚定传承工作的决心，激发他们的创作热情和艺术情怀。另外，博物馆作为一个大的平台，可以利用这一优势为非遗传人提供一个相互交流的机会，如不定期邀请一些专家、学者以及业内人士做学术上的交流，针对非遗的过去、现在和未来做深入的探讨，从而帮助这些非遗传人更好地传承非遗项目。

（三）关注大众的反馈

民俗博物馆作为一个集收藏、宣传、教育、娱乐于一身的文化服务机构，其价值不单单体现在对民俗文物的收藏和研究上，同时也体现在对人民大众的服务上。人民大众通过去博物馆参观民俗文物，不仅能加深对于民俗文物的认知，丰富精神体验，更在一定程度上提高了对民俗文物的保护意识，这也是民俗博物馆开展文物展览的一个意义所在。

当然，博物馆的展览并不是单方向的展览，而要和大众形成互动，因为大众在参观展览的时候必然会形成一定的印象和认知，这些印象是博物馆改进的重要反馈和建议。博物馆的展览是面向人民大众的，人民大众的喜爱与否在很大程度上影响着文物展览的成败，如果没有达到理想的效果，那文物展览的功效将会大幅度降低。因此，针对每一次的文物展览，无论是固定展览，还是临时展览，都要关注人民大众的反馈，分析他们的体验感和心理需求，针对性地进行改进，帮助观众更好地了解民俗文物，同时吸引更多的人来馆参观，提高博物馆的知名度和口碑。

目前博物馆常用的大众反馈方式就是在展厅的出口处放一个意见簿，让参观的人将自己参观的感触或者意见写到上面，这种方式确实起到了一定的作用，但效果并不明显。因为出于对文物的保护，博物馆展厅的灯光都不会太强烈，所以很多时候人们注意不到那个本子，即便看到了那个本子，因为意见簿里面多是空白一片，很多人翻开之后也不知道写些什么，最后通常是写下一些赞美的话。这些赞美的话对于博物馆来说确实是一个鼓励，但对于博物馆工作上的改进帮助不大，所以还应该对这种传统方式作出一些改进。例如，可以借助网络平台的便捷性，除了开设一个自己的网站外，还可以做一个微信上的服务号，并在里面设置一个意见反馈栏，然后在意见反馈中给大众提供一些提示，如在文物展览类型、展览形式、文创产品等方面作出进一步的细化，让大众在反馈的时候能够有一个方向。总的来说，博物馆只有了解了人民大众的信息和需求，才能有的放矢地为观众提供更人性化、更周到、更全面的展出服务，并从观众的反馈中总结经验，从而取得更好的民俗文物展示效果，促进民俗文物的保护、传承与传播。

三、湘西民俗博物馆对民俗文物的利用途径

（一）利用好民俗文物的社会文化服务价值

博物馆在收藏和展览民俗文物方面，具有自身独特的优势。因此，要充分利用好这种优势资源，更好地开发和利用民俗文物的价值，为社会公众提

供优质的文化服务。博物馆通过民俗文物展览、特色文物旅游资源开发、重要民俗文物修复、社会各界文物捐赠等活动，让社会公众感受到民俗文物的历史价值，在欣赏优秀的历史文化作品的同时，提高对民俗文物的重视，落实好各项保护政策。

博物馆的一个主要责任是提供给社会大众文化服务，向社会展示历史文化的发展进程。对于民俗文物的展示方式应该是多种多样的，必须要用灵活的手段进行展览，如可以对某个民族的特定民俗文化进行展览，也可以对多个民族的不同民俗文化开展专题展览。在展览过程中，应该多使用一些现代化的科技手段，更直观更形象地将各个民族的民俗文物展现出来。例如，播放影视录像的方式能够活跃现场气氛，参观者会了解到该民俗文物的来源和发展情况。在展览过程中，博物馆应该注意让观众亲身参与到展览过程中，让观众在现场体验民俗文物的再生产过程。

另外，博物馆可以和学校进行长期的合作，配合大、中、小学进行课外知识的延伸以及教育工作，尤其在青少年的教育中，博物馆的教育职能越来越凸显。从某种意义上来说，博物馆可以充当学校的"第二课堂"，是对学校教育的一种补充，对传统民俗文化的普及作用是不可代替的。针对中小学生，博物馆可以通过和学校合作编写关于民族文化的乡土教材、学校组织学生到博物馆体验民俗文物展览、邀请博物馆内的传承人去学校开展民俗文物知识小课堂等方式，让他们较为直观地了解土家族、苗族的优秀传统文化和伟大创造力，在这个过程中培养学生的乡土意识、民族意识，唤醒他们的文化自觉。针对大学生，学校可以和博物馆长期合作，建立有关民俗文物的教学实践基地，邀请非遗传承人，以更高要求开展民俗文物的相关教学活动。

（二）利用好民俗文物衍生品的经济价值

近些年来，文创产品逐渐走红，深受人们的喜爱和赞誉，有着很好的前景和市场。而民俗文物有着深厚且独特的文化内涵和精神内涵，为文创产品的开发提供了丰富的素材，所以博物馆要利用民俗文物的这一优势，开发一些文创产品，创造经济上的效益，这样不仅能够增加博物馆的收入，支撑博物馆对文物的研究、修复等工作，也可以使传承人获得经济上的效益，这对于民俗文物的传承和保护无疑起到了积极的促进作用。

对于文创产品来说，博物馆无论是在前期的指导，还是在后期的宣传上都有着极大的优势，因为作为一个社会公共机构，其本身就有着一定的知名度和信誉度，有着深厚的群众基础，是一个架在大众和文创产品之间的"桥梁"。另外，在文创产品的创作上，博物馆可以大量收集参观者的需求信息，然后对这些需求信息进行分析和总结，在不违背传统民俗文化的基础上创作出更加符合大众审美以及精神需求的文创产品。

当然，要真正产生经济上的价值，还需要让参观者产生购买的欲望并真正购买一些文创产品，所以博物馆还需要在营销上作出一些努力。传统的方式是在博物馆内设置一些实体店面，通常会在展馆出口或者观众参观路线中的某一个地方，这种方式因为和文物的展览联系在一起，所以可以即时地吸引参观者，但因其是在博物馆内，所以在开放的时间上受到了一定的约束。因此，在实体店面的基础上，可以开设一些网络销售平台。如今网络购物已经成了一种大众购物方式，不仅便捷，也不受时间上的约束，所以博物馆可以自建或者借助第三方开设一些网络销售平台，以此作为对馆内实体店的一种补充。

第二节　湘西民俗博物馆的陈列展示设计

一、陈列展示的设计原则

在今天，人们离传统的民俗文化越来越远，有些民俗文化甚至到了几近消失的地步，所以怎样使人们沉浸到传统民俗文化的氛围中，使人们深刻感受到传统民俗文化的精神内涵，从而领略到传统民间生活的智慧和质朴，是每一个博物馆在进行展品陈列展示时需要思考的一个问题。笔者认为，我们应该遵循生活化设计原则、地域化设计原则、情感化设计原则、通俗化设计原则和体验化设计原则这五项陈列展示的设计原则。

（一）生活化设计原则

民俗文物与传统文物有着一定的区别，传统文物大多已经远离人们的生活，而民俗文物有些还存在于日常生活之中。当然，这里所指是狭义上的民俗文物，并不是具有一定历史年限的文物，如苗绣这一苗族民间传承的刺绣技艺，虽然历史年代久远，但这一刺绣技艺一直流传至今。不可否认，随着人们审美观念的不断变化，民族服饰的市场越来越小，甚至在苗族青年人中，穿着苗族服饰的人也越来越少，但苗绣这一技艺以及苗绣的服饰却实实在在地存在于苗族人的生活中。所以，从某种程度上来说，有些民俗文物的展示不单单是为了展示物品，更是为了展示物品背后的生活，拉近参观者与民俗文物之间的距离。

有些带着极强生活化气息的民俗文物不应该冷冰冰地躺在博物馆里，它们和参观者应该是亲近的、熟悉的、彼此相关的，所以在陈列展示这些民俗文物时，应该表现出它们的生活化特征，将其通俗化，而不是刻意的营造崇高感，让参观者觉得高不可攀。例如，苗绣服饰如果只是将其冷冰冰地放在展柜里，对于参观者来说，首先就产生了极大的距离感，这种距离感对于服饰来说有着非常大的影响，因为服饰是人们生活中的一部分，而不是一件躺在博物馆里面的冷冰冰的东西。因此，在陈列展示一些生活元素较重的民俗文物时，应该遵循生活化的设计原则，打破展品和参观者之间的距离和隔阂，凸显其生活化的内涵和特征，从而促使其再次走进人们的生活。

（二）地域化设计原则

民俗文物展示陈列的设计要注重地域特征的表达，因为民俗文物是传统民俗文化智慧的结晶，具有明显的地域特征，不同地区的民俗文物具有不同的审美趣味，给参观者带来的文化感受是截然不同的。为了体现民俗文物陈列展示设计的地域性，可以从当地民俗文化着手，比如，从建筑、自然景观上选取原型或者提取元素，甚至可以从地域信仰文化等意识形态的表征发掘设计原型，进行抽象演绎及创新表达。例如，湘西土家族苗族自治州博物馆在展示陈列时，便充分融入了湘西地域的建筑文化特征，这在很大程度上凸显了湘西的地域特征（图5-1）。

图 5-1　湘西博物馆中当地建筑元素的融入

（三）情感化的设计原则

情感传达是实现博物馆中展示信息的高效率传播的实践途径之一，其对观众认知深度与信息交流质量具有重要的影响。在展示陈列由单一实物导向逐渐发展为多元信息导向的背景之下，部分传统博物馆的信息传达系统设计中"情感传达系统"仍非常薄弱，导致阐释展示的信息与展示主体不符合，不能引起参观者的共鸣。参观者只有实现了情感上的共鸣，才能够形成深刻的记忆，才更加倾向于把这些信息传递和表达出来。因此，在陈列展示的设计中，要遵循情感化的设计原则，如借助一些图文影音将一些场景或故事重现，从而多感官地触动参观者，进而使其产生情感上的共鸣。

（四）通俗化设计原则

民俗文物博物馆的受众主体是普通群众，他们一般都没有展示设计专业知识积累，所以在展陈设计时，通俗化的表达是展示信息有效传播的基础。比如，在语言文字上的阐述说明要注意字数的限制、语言的通俗，尽量将阐释说明控制在 75 个字内，字数过多往往造成阐释重点不突出，给参观者造成过度的信息负担。篇幅的论述阐释、拗口的语言措辞、晦涩的含义表达只会带给观众视觉疲劳和心理负担，而且会影响展示信息的正常传播，因此民俗文物的展示应使用简单通俗、明快易懂的阐释语言，强调重点信息的传达与表现，明显地突出展示主题。

（五）体验化设计原则

互动体验不仅仅给展示陈列设计带来更多的创作灵感，也给参观者带来切身的文化感受。传统博物馆以实物静态展示为基础，提供单一视觉的被动体验。然而，民俗博物馆的展示陈列应该以活态展示为核心，注重人的参与，提供多感的互动体验，因为在民俗博物馆中有一些是针对非物质文化遗产的展示，这些展示需要的是互动和体验。在互动体验中，参观者不知不觉地沉浸到非遗的文化氛围之中，完美地实现了非遗"寓教于乐"式的传播。非遗展示的互动体验是指人与人、人与装置、人与展品发生沟通交流，包括感官互动和情感互动，如参观者与非遗技艺传承人之间的互动教学，参观者与体感识别之间的互动识别，参观者主动尝试非遗产品的制作等。体验化设计可以将非遗制作技艺、非遗展演过程完整地、真实地、生动地呈现给观众，能够快速深刻地引发参观者的心理共鸣。

二、陈列展示的空间设计

（一）空间布局类型

民俗博物馆陈列展示的空间布局类型有串联式布局、放射式布局、大厅式布局、混合式布局几种，具体选择哪种布局类型，需要综合考虑周围环境、场地特征、建筑形态、建筑规模等种种因素。

1. 串联式布局

串联式布局是最简单的，也是最基础的空间布局类型。串联式布局是将展示陈列空间彼此首尾相连，串在一起，这种空间布局的优点是简洁明了，空间有强烈的通达性和连贯性，能为观众提供一览无余的展示场景，观众在参观时有很明确的路线规划；而且对于建筑形态和空间要求比较低，具有一定的经济优势。这种空间布局的缺点是将几个展厅单线串联起来，造成参观流线冗长乏味，空间相对呆板；而且在局部空间需要单独封闭布展时，整个展厅将无法使用；在紧急时刻进行人流疏散时，由于疏散路径距离较大容易造成安全事故。

2. 放射式布局

放射式布局是数个展示陈列厅围绕着一个核心空间展开布置，形成由中心向四周放射的模式。在此基础上，周围的展厅也可以首尾相连形成串联式布局。这种空间布局的优点是周围展厅可以保持独立性，又可以结合串联式布局保持一定的连续性；观众可以依据个人爱好，自由选择感兴趣的展厅进行参观；中间的核心空间也可以作为观众休憩之处。这种空间布局的缺点是中间核心空间使用人员纷杂，造成室内噪声污染。

3．大厅式布局

大厅式布局是在一个类似门厅的大空间内，采用临时的隔断进行空间分割，进行各种主题的展示，也可以结合其他布局类型共同使用。大厅式空间形式可以看成特殊的公共空间，其优点是可以灵活自由地根据展品的需要划分空间，可以同时进行不同主题的展览，空间气氛比较活跃、热闹；而缺点是空间的导向性不强，容易产生流向的相互交叉。

4．混合式布局

混合式布局是将多种空间类型进行融合。可以将以上空间类型根据不同的非遗主题选择性地结合，扬长避短，进而形成适宜的空间形态和布局。混合式空间布局的优点是可以集聚不同的空间类型的优点，满足多样展示主题的要求；缺点是由于空间形态复杂，经济造价较高。

（二）空间设计策略

1.简约的空间装饰

在进行空间装饰时，应该结合民俗文物的文化特征和展品特点，有目的性地凸显展品，并适度营造民俗文化氛围。切不可滥用装饰，过犹不及，导致喧宾夺主，弱化了民俗文物的特征和内涵。可以按照"少即是多"的原则，运用较为含蓄的空间装饰，进行简朴无华的空间装饰，以营造"既生动活泼，又实用得体"的展示陈列空间氛围。

2.适度的空间尺度

陈列展示的空间尺度要适合展品尺寸，满足一系列的参观活动。展示陈列空间尺度应符合展品展示的需求，空间高度应大于民俗文物展品，同时能够营造良好的室内通风和采光环境。在对珍贵展品展示时，空间的尺度应该适度变化，区别于一般的展示空间。展示陈列空间尺度应满足不同的参观状态，如在展示一些大型文物的时候，空间的尺度要增大，供参观者在远处观看；而在展示一些小物件的时候，尺度应该适度缩小，以便参观者可以靠近观察其细节。

3.适度的空间划分

民俗博物馆陈列展示的空间划分要适度。第一，空间的划分可以分区展示不同的民俗文物，在空间上使彼此之间形成自然的过渡与衔接，满足不同的展示主题需求，达到对民俗文物的分类分区展示。第二，空间的划分可以满足参观者移步异景的心理需求，参观者在参观时总是渴望尽可能多地获取知识和信息，没有分割的空间单调乏味，参观者常常感到身心疲惫。适度的分割空间可以引起参观者的好奇心理，增强参观者的观展兴趣。第三，空间的划分可以营造更多的展示界面，通过展架、展柜、展布等一系列展具组合成临时的隔断，既分割了空间又增加了展示面积。

4.整体的空间组合

民俗博物馆的陈列展示空间要有整体系统的空间排列组合。第一，整体的空间组合是按照整体系统的空间规划布局排布独立的空间，营造出具有节奏感、韵律感、层次感的整体性空间序列。第二，整体的空间组合强调空间的序列感，经过空间的起承转合，营造出叙事性的空间。比如，按照"前奏空间—过渡空间—高潮空间—结尾空间"的顺序，在这个过程中观众会体会到丰富的情感变化以及起伏跌宕的故事情节。第三，每个小的陈列展示空间在整体设计中担任的角色不同。前奏空间一般在序厅，主要暗示参观者已经到达了观展空间，是调节参观者观展状态的空间；过渡空间是展示一些较为普通的展品，引导人们进行观展；高潮空间展示核心展品，是展厅最精彩的空间，空间尺度较大，空间形态丰富，带给参观者强烈的冲击力，引起参观者内心深处的共鸣；结尾空间暗示展示即将结束，参观者在结尾空间平静收心，感受展览余味。

三、陈列展示的方式分析

（一）静态陈列展示方式

静态陈列展陈方式可以细分为三种方式：壁挂式陈列展示、展台式陈列展示和组合式陈列展示。

1.壁挂式陈列展示

壁挂式陈列展示是主要针对平面展品的展示方式，如传统的字画、服饰等的展示。在展示的时候，可以将字画装框后，直接悬挂于展板上，也可将字画固定在合适的展龛中。对于服饰来说，有些可以直接悬挂起来，然后在服饰前面放置些阻挡物，避免参观者接近、触摸服饰。壁挂式展示操作简单，对于建筑空间要求不高，能够满足一定的光照环境即可。

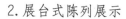

2.展台式陈列展示

展台式陈列展示包括展柜和地台，展柜式陈列展示方式主要用于小型的立体展品，为了提高空间使用效率，一般沿墙布置展柜；地台展示较多用于大型的文物展示，如石刻一类的民俗文物。地台展示同样需要在展品的前面或四周设置围挡物，避免参观者接近、触摸展品。

3.组合式陈列展示

这是一种将壁挂式展示和展台式展示相结合的展示方式，多用在展品种类丰富、单一展示方式不能满足展示需求的时候。在有些大型的民俗博物馆中，组合式展示得到很多的应用，用来展示丰富多样的民俗文物。当然，在经济条件许可时，组合式展示可以结合数字虚拟的展示技术，营造既时尚又传统的展示空间。

（二）动态展示方式

动态展示方式是指利用音频、视频等数字化科技展示民俗文化的方式。通过数字化技术可以更全面地收藏民俗文化资料，也为展品的管理和维护带来极大的便捷。随着现代科技的发展，动态展示方式赢得越来越多年轻人的青睐。动态的方式摆脱了传统静态展示单一视觉的弊端，可以带来视觉、听觉、触觉的全方位体验。目前比较受欢迎的动态展示方式有以下三种。

1.借助互联网

在当今社会，互联网已经蔓延到各行各业，民俗博物馆的展示也可以和互联网结合，在展示中建立"人—民俗文物—互联网—人"模式，使参观者可以通过手机、电脑等个人终端阅览民俗文物的基本信息。例如，可以通过微信扫描识别展品的二维码，观看民俗文物展品的宣传视频，并且参与评论、点赞或转发朋友圈。这种新颖的展示方式不仅打破了传统展示的无聊呆板，还可以让参观者深入了解展品背后的故事，获得更多有关民俗文化的信息。

2.借助虚拟现实技术

最近几年，国内虚拟现实技术实现了飞跃性的发展，给人们带来了奇特的感官体验，因此民俗博物馆文物的展示可以和虚拟现实技术结合，营造出颇为奇幻的场景。比如，针对民俗文物的制作过程或场景，传统的方式是以模特或者图画进行还原和展示，这种方式虽然效果不错，但在感官上不免有几分单调，而通过虚拟现实技术的运用，参观者仅需要带上 VR 眼镜便可以进行体验，并且感官体验更加丰富。

3. 借助非遗传人

在动态陈列展示方式中有一种是活态展示，这一方式主要体现一个"活"字，这个"活"字可以理解为有生命力。这种陈列展示方式不同于实物或者视频展示，而是借助活生生的人去展示，因为民俗博物馆中有些是针对非遗的展示，这些非遗技术的传承人如果能够在馆内直接展示技艺，将非遗的制作方式生动地展现出来，所起到的效果必然会更加理想。当然，在条件允许的情况下，非遗传人除了展示制作的工艺外，还可以和参观者进行互动和沟通，对自己传承的技艺做更进一步的解读，这样不仅可以吸引参观者，还可以使参观者深入地了解非物质文化遗产，从而促进非遗文化的传播。此外，考虑到博物馆的经济效益，在选择非遗技艺展示的时候，可以选择一些能够带来经济效益的项目，这样既对非遗的文化进行了宣传，又为非遗传人以及博物馆带来了经济上的效益，可谓是一举两得。

第三节　湘西民俗博物馆文化创意产业的发展

一、文化创意产业概述

（一）文化创意产业的定义

1. 文化产业

"文化产业"这一术语最早出现在霍克海默和阿多诺合著的《启蒙辩证法》一书之中。它的英语名称为 Culture Industry，可以译为"文化工业"或"文化产业"。联合国教科文组织将"文化产业"定义如下：文化产业就是按照工业标准，生产、再生产、储存以及分配文化产品和服务的一系列活动。由此可见，文化产业是由工业化生产并符合系列化、标准化、生产过程分工精细化和消费的大众化这四个特征的产品及其相关的服务。2003 年 9 月，文化部（现为文化和旅游部）制定颁发的《关于支持和促进文化产业发展的若干意见》中指出："文化产业是指文化部门所管理和指导的从事文化产品生产和提供文化服务的经营性行业。"2004 年，国家统计局对"文化产业"的定义如下："为社会公众提供文化、娱乐产品和服务的活动，以及与这些活动有关联的集合。"根据这个标准，文化产业可以分为核心层、外围

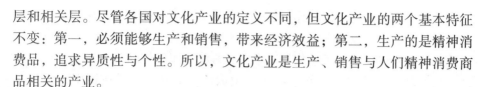

层和相关层。尽管各国对文化产业的定义不同，但文化产业的两个基本特征不变：第一，必须能够生产和销售，带来经济效益；第二，生产的是精神消费品，追求异质性与个性。所以，文化产业是生产、销售与人们精神消费商品相关的产业。

2. 创意产业

创意产业是作为英国的一项国家产业政策理念而诞生的。1998年，英国创意产业特别工作组在报告中指出，创意产业是指源于个体创意、技巧及才能，通过知识产权的开发和运用，具有潜力创造财富和就业机会的行业。英国文化经济学家约翰·霍金斯在《创意经济——人们如何从思想中创造金钱》一书中指出，创意产业是指其产品都在知识产权法保护范围内的经济部门。他认为版权、专利、商标和设计这四个部门共同构建了创意产业和创意经济。澳大利亚学者斯图亚特·坎宁安在《从文化产业到创意产业：理论、产业和政策的含义》一文中提出，创意产业是一个相当新的学术、政策和产业论述范畴[a]。

中国最早关于创意产业的权威定义出现在《上海创意产业发展"十一五"规划》中，该规划明确创意产业具体是指以创新思想、技巧和先进技术等知识和智力密集型要素为核心，通过一系列创造活动，引起生产和消费环节的价值增值，为社会创造财富和提供广泛就业机会的产业，主要包括研发设计、建筑设计、文化艺术、咨询策划和时尚消费等几大类。随后，广州、深圳、重庆、西安等城市相继提出了自身城市的创意产业发展思路。国内学者厉无畏在其《创意产业导论》一书中指出，凡是由创意推动的产业均属于创意产业，把以创意为核心增长要素的产业或缺少创意就无法生存的产业称为创意产业。

3. 文化创意产业

在世界范围内，中国台湾是最先使用"文化创意产业"这个概念的，其在2002年制定的《文化创意产业的发展规划和行动方案》中提出，文化创意产业是指源自创意或文化积累，透过智慧财产的形式与运用，具有创造财富与就业机会潜力，并促进整体生活提升之行业。随后，中国香港沿用了这一概念，并把文化创意产业作为经济发展的新增长点之一进行大力的政策扶持。中国大陆最早使用"文化创意产业"是在北京市的"十一五"规划中，

---

a　斯图亚特·坎宁安. 从文化产业到创意产业：理论、产业和政策的含义 [G]. 世界文化产业发展前沿报告，北京：社会科学文献出版社，2004.

文化创意产业被描述为以创作、创造、创新为根本手段，以文化内容和创意成果为核心价值，以知识产权实现和消费为交易特征，为社会公众提供文化体验的具有内在联系的行业集群。联合国教科文组织则认为文化创意产业包含文化产品、文化服务与智能产权三项内容。综合来看，所谓文化创意产业，就是要将抽象的文化直接转化为具有高度经济价值的"精致产业"。换言之，就是要将知识的原创性与变化性融入具有丰富内涵的文化中，使它与经济结合起来，发挥出产业的功能。

（二）文化创意产业的功能定位

1. 促进经济发展

厉无畏认为，创意产业的出现颠覆了传统的经济发展模式，是对经济运行系统的创新。他在《创意改变中国》一书中，以更广阔的视野从思想观念的变革、人的全面发展、企业的赢利模式、产业升级和城市的综合发展等层面，阐释了创意产业内涵以及其如何从微观和宏观上改变中国和增强中国综合国力。陈亚民指出，文化创意产业的发展方向体现区域产业结构向高级结构升级的一般规律。因此，文化创意产业的发展可以提升区域产业结构，优质选择区域主导产业，发展区域产业的集群化，从而实现区域经济价值增值。

2. 提升城市形象

厉无畏和于雪梅认为，城市和创意产业存在互动的关系，城市的经济基础、社会环境和文化制度等影响创意产业的形成与发展；与此同时，创意产业提升了城市的综合竞争力，塑造了城市良好的整体形象。张孝辉认为，文化创意产业对城市的整体形象的塑造、对城市文化含金量增加以及对城市文化品位提升起突出的积极作用。李洪琴和郭俊华认为，文化创意产业是将文化资源运用于人类经济活动领域并由此产生经济效益的一种经济行业，因此其具有产业关联度高、产业链条长、投入产出比例大、就业带动率高的重要特征。总的来说，文化创意产业的发展能加快城市的产业结构升级，形成巨大的聚集效应，提升城市的文化品位。

3. 保护传统文化

韦信宽指出，地方特色文化具有民俗性，由此决定了民众成为推动地方特色文化创意产业发展的主力军，为地方的发展提供大量的就业机会，也带动了创意区域的发展，丰富了区域文化内涵，推进了区域精神文明建设。纪峰称，文化创意产业是 21 世纪的"新兴产业"和"绿色产业"，它的发展一方面推进消费的升级，即个性化的休闲娱乐式生活消费；另一方面传播某种文化价值观念，即可以通过其来继承与发扬我国优秀的传统价值观。所以说，文化创意产业不仅能够带动经济发展，更可以起到保护传统文化的积极作用。

（三）文化创意产业的特征

1.高风险与高附加值并存

文化创意产业也是高风险的行业，主要因为文化创意产品的市场需求是不断变化、难以确定的，文化创意产业的产品不是生活必需品，需求弹性大。文化创意产品包含精神、文化、娱乐等诸多元素，主要满足人类的精神需求；与此同时，文化的差异、时尚潮流、宣传策略、社会环境等不确定因素对受众的选择会产生很大的影响。另外，文化创意生产机制和产品利润回流方式的特殊性以及创意载体化产品的非保值性使其创意产品缺乏风险分摊机制，也导致了文化创意产业的高风险性。

文化创意产业遵循市场"高风险、高回报"的基本原则，知识、信息特别是文化、技术和艺术等无形资产都是具有高度自主产权的高附加值要素，文化创意产业的核心生产要素以这些要素为主，也就具有了高附加值的特征。此外，文化创意产业处于技术创新和研发等产业价值链的高端，从这个意义上来说，其也具有高附加值的特性。文化创意产业通过多元化的运作改变了产品的外在特性和其在市场上的地位，无形之中为其产品增加了价值。

2.突出的产业关联性和辐射性

产业关联性是指产业与产业之间通过产品供需而形成的互相关联、互为存在前提条件的内在联系。文化创意产业具有高度的产业关联性，它跨越了传统的产业边界，与各行各业相互渗透、整合。这主要表现在两个方面。一是在产品的供需方面，文化创意产业的产品可以成为其他产业的生产要素，同时，其他产业的产品也会被其作为生产要素来使用。二是在产业的技术供给方面，文化创意产业的生产需要其他产业为其提供技术水平层次相当的生产手段，同时，它的发展也推动了其他相互关联产业的技术进步，从而使整个产业的技术水平不断向更高层次发展。文化创意产业可以拉动多个相关行业的发展，有利于产业的延伸，不断拓展、延长市场链条，形成多元化、多层次的赢利模式。

除了通过知识传播和技术创新在产业之间形成关联性外，文化创意产业还具有很强的辐射性，使经济之外的其他层面发生明显改变。在经济全球化大背景下，蓬勃发展的文化创意产业影响的范围不再仅限于一个地区或国家。全球经济、政治、文化的交流使国家和地区之间的联系更加紧密，文化观念、传统习惯、核心价值观等因素在碰撞中相互渗透和融合，这样的大背景也使文化创意产业的影响进一步扩大。概括来说，文化创意产业强辐射性的重要表现是，当人们强烈追求文化内涵时，文化的传播和影响力就会促进有丰富文化内涵的产品在市场上扩张。

3. 知识文化要素密集性和人才的强依赖性

文化创意产业的兴起和发展突出地依靠创意阶层，即文化水平高、科技素养高、管理能力强、创意水平高的高端人才。任何文化创意产业都与文化密不可分，必须以某种形式的文化为基础，又是对文化的创新和升华。区别于原来以自然资源为基础的物质生产活动，文化创意活动是以文化、知识、智慧活动为代表的文化符号的创造、生产、销售的活动；不同于传统产业生产的物质产品，文化创意产业的产品可以是有形的商品，也可以是无形的文化产品。创意本身就是富含文化的，文化创意产品的核心是文化、创意理念，是人类的知识、智慧、想象和灵感在产业化时代的物化表现。

正是由于文化创意产业知识文化要素密集的特征，具有创意的高素质人才成为文化创意产业发展的灵魂，甚至可以说，创意人才决定着此产业的发展空间。创意具有综合性，不能简单地等同于智能或知识的叠加，而创意人才不同于传统产业人才，他们的培养需要花费更多的精力和时间。创意人才主要是知识型工作者，是能够迸发出灵感的设计高手和特殊人才，他们的工作具有特殊性和不可替代性。一个完美的创意需要多种因素共同作用才能实现，创意工作者要用创新的理念和办法解决繁杂的问题。从工作条件来说，相对自由的工作时间和宽松的氛围对触发他们的激情是十分有利的。

（四）文化创意产业发展的基础理论

1. 比较优势理论

比较优势理论是针对国际贸易提出来的，但从某种程度上来看，这一理论也适用于区域层面的发展。区域比较优势可以解释为区域在其发展过程中相对于一定发展的目标来说应该考虑区域自身具备的特殊的有利条件。那么从资源禀赋的角度出发，区域比较优势主要体现在自然禀赋（自然、区位等资源）和获得性禀赋（经济、社会资源等）两个方面。我国学者林毅夫认为，任何经济体都应该根据资源禀赋比较优势原则来确定其发展的产业、产品及技术。因此，区域间本身所具备的和二次获得的比较优势，就成为文化创意产业得以形成、发展、壮大的基础，所以文化创意产业的发展也必须以区域为大环境，区域经济的比较优势势必将影响文化创意产业，并为文化创意产业找到正确的产业定位提供正确的方向以及先进的战略理论。

2.创意经济理论

美国经济学家罗默认为，在经济增长的众多因素中，新思想是一个主要的因素，并提出了新经济内生增长理论。创意经济理论便是在罗默的新经济内生增长理论基础上发展而来的，并强调知识与创意是新经济可持续增长的主要动机。另外，创意经济理论的思想大师熊彼特也明确指出，资本和劳动力不再是现代经济发展的根本动力，知识和信息的生产、传播、使用所形成的创新才是。文化创意产业产生于信息、知识经济时代，并且创意经济已经被视为信息化社会发展的催化剂，文化创意发展又是以知识与创意为主要的动力机制，其发展模式的形成自然而然受到罗默的内生增长理论以及创意经济理论的影响。因此，创意循环内生机制的生成是推动文化创意产业发展的巨大动力机制，也是实现文化创意产业经济效用规模递增的新的增长极。

3.系统学理论

从系统学理论可以看出，文化创意产业是通过构成其系统诸多要素或不同子系统的相互协调来构建有效系统并实现其不断发展的。而文化创意产业发展模式表现为影响文化创意产业的各子系统的组合形成的一定发展规律的特性，由此，文化创意发展模式具有一定的区域产业关联性，一方面体现在文化创意产业的发展需要有一定的产业基础作为支撑，另一方面体现在文化创意产业的发展必然受到区域特色资源和区域经济、文化和环境的影响。所以在推动文化创意产业的发展时不能仅仅从产业或者从区域的角度出发，应结合文化创意产业自身的特点，从区域产业综合的复杂系统的角度分析影响文化创意产业的发展模式。

二、湘西民俗博物馆文化创意产业 SWOT 分析

（一）优势分析

1.原生态文化保持较好

湘西是一个以土家族、苗族为主体民族的少数民族地区，由于地理位置

偏远、较为封闭，加之经济上欠发达，文化植被受外界的影响和现代生产力破坏相对较小，文化留存较具原生态，民俗民风原汁原味，是湘鄂渝黔四省市边区土家族、苗族文化保存最完整、表现最鲜明的地区之一。以非物质文化遗产为例，湘西共有非物质文化遗产 10 大类 3200 项，其中列入世界非物质文化遗产名录的有 1 个，列入国家级非物质文化遗产名录的有 24 个，列入省级保护名录的有 50 个，列入州保护名录的有 276 个，列入县级保护名录的有 641 个；有国家级非物质文化遗产代表性传承人 18 人，省级传承人 44 人，州级传承人 336 人，县级传承人 429 人；拥有中国民间文化艺术之乡 12 个，州级非物质文化遗产传习所 19 所。

2.历史文化积淀深厚

湘西的历史文化积淀非常深厚，被誉为中国最美丽的两座小城之一的凤凰古城被列为国家级历史文化名城；印证苗疆历史的南方长城蜚声中外，始建于唐代的黄丝桥古兵营是全国保留最完整的古城之一；反映土家族历史的溪州铜柱和老司城是国家重点文物保护单位；特别是在龙山县考古发掘的价值连城的里耶战国古城和秦简，在考古界和旅游界引起轰动，被称为"惊世大发现"，考古专家和权威人士称之生动地"复活"了秦王朝历史，把它定位为"北有西安兵马俑，南有里耶秦简牍"。

3.民俗文化神秘多彩

湘西"十里不同风，百里不同俗"，民族民间民俗文化既神秘又多彩。有充分彰显民族个性和习俗的节日文化，如社巴节、赶秋节、挑葱会、鹊桥会、四月八、六月六等；有庄重神秘的祭祀文化，如八部大王祭、跳香、跳马、接龙舞、椎牛等；有生动反映民族历史和古朴生活的原始歌舞文化，如苗族鼓舞、土家摆手舞、苗歌山歌、茅古斯等；有多彩的服饰文化，如苗族银饰、西兰卡普、扎染蜡染等；有独特的饮食文化，如酸鱼、酸萝卜、腊肉等；还有古老的居住文化，苗族、土家族的居住习俗具有鲜明的民族特色，除了典型的山寨吊脚楼和古式建筑的木结构房屋外，还有一些古老而极富特色的生产工具和生活用品。

（二）劣势分析

1.经济发展相对滞后

湘西地处武陵山脉，是少数民族的聚居区。由于历史和地理原因，在我国的整体经济发展格局中，湘西属于经济欠发达地区，经济总量和整体实

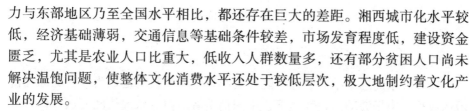

力与东部地区乃至全国水平相比，都还存在巨大的差距。湘西城市化水平较低，经济基础薄弱，交通信息等基础条件较差，市场发育程度低，建设资金匮乏，尤其是农业人口比重大，低收入人群数量多，还有部分贫困人口尚未解决温饱问题，使整体文化消费水平还处于较低层次，极大地制约着文化产业的发展。

2.产业体系不完善

民俗博物馆文化创意产业是整个文化创意产业中的一个组成部分，但无论是具体到博物馆，还是从整个大的产业去看，其产业体系都不是非常完善。其实，相对于一些中小型企业而言，民俗博物馆无论是在创意还是在销售上，都具有一定的优势，但依旧不可避免地存在一些问题，如高端文化创意人才缺乏，导致产品在创意上不能总是尽如人意。另外，由于文化创意产业本身发展的时间并不是很长，所以在知识产权保护上也不是十分健全，很多文化创意产品推出之后，如果市场反应良好，马上就会出现仿制品和复制品，从而极大冲击博物馆文创产品的销售。

（三）机遇分析

1.政策环境利好

政策环境是产业能够实现快速发展的基本条件。进入 21 世纪以来，党和国家开始注重我国文化产业的发展，"十二五"规划中将文化产业纳入重点统筹规划产业，"十三五"规划中明确文化创意产业的概念，并提出到 2020 年，文化产业竞争力和综合实力显著增强，使得文化产业成为国民经济体系的支柱产业。在 2016 年，国家文物局印发了《关于促进文物合理利用的若干意见》，其中提出六条意见，要求多措并举，切实让文物活起来；2018 年中共中央办公厅及国务院联合印发了《关于加强文物保护利用改革的若干意见》，其中主要任务中要求大力推进文物合理利用，要求激发博物馆创新活力，鼓励文物博物馆单位开发文化创意产品。此外，湖南省也愈加关注本省的文化和旅游发展，并在 2019 年发布了湖南文旅产业发展工作要点，明确要加强文化和旅游产业融合发展政策研究，启动首批省级文化和旅游产业融合创新示范基地认定工作，强化文化和旅游产业市场主体培育，指导文化和旅游产业园区基地健康发展，加快推进文化和旅游产业重点门类高质量发展，加快培育文化和旅游产业新业态，大力促进文化和旅游消费，做好文化和旅游创意产品开发，做好文化旅游投融资服务工作，做好重点展览展会活动。这一系列政策的提出，无疑为博物馆发展文化创意产业提供了有力的支持。

2. 人民消费理念升级

南开大学周恩来政府管理学院社会心理学系教授管健认为，在全球经济增速放缓、市场波动的大环境下，中国消费者对财务状况依然充满自信，近几年来，中国最终消费对世界消费增长的年均贡献率位居世界第一，个人经济状况和消费意愿的提振，正有力带动消费增长。随着社会公众消费观念和消费方式的转变，中国消费结构也在进一步发生改变，这主要表现为生存型消费日渐平稳，发展型消费的巨大潜力逐步释放。收入的增长、消费能力的提升以及对美好生活的追求，都给人民群众带来日益增强的获得感，这体现了经济社会发展带来的物质生活和精神生活水平的提高。确实如此，经济基础决定上层建筑，随着人民收入的不断增长和对美好生活的不断向往，人民的消费不再集中在吃、喝、住等物质层面上，而是逐渐向精神、文化层面转变，消费理念在不断升级。在新的消费理念下，文化创意产业的市场也随之不断扩大，这就为民俗博物馆文化创意产业的发展提供了潜在的市场空间。

3. 社会关注度不断提升

一方面，从博物馆本身来说，自2008年我国博物馆开启免费时代以来，神秘而高贵的博物馆逐渐走入了寻常百姓的视野，各级政府也在积极发展博物馆事业，推动博物馆融入社会公共服务当中。特别是在2013年，台北故宫博物院推出了"朕知道了"胶带，引起社会各界的广泛关注，媒体争相报道相关博物馆文化创意产业的发展，博物馆的文化创意产业前景也被普遍看好。在国家大力重视和发展博物馆文化创意产业的大环境下，博物馆相对稳定的专项资金投入和优秀的人才基础，在发展文化创意产业方面有着一定的优势，并且许多博物馆都在发展文化创意产业方面取得了一定成果，受到了许多人的关注和赞誉。另一方面，从民俗文化的层面讲，民俗文化对于很多人来说充满了未知和神秘，这本身就是一种非常大的吸引力，而近些年来国家大力提倡对民俗文化的保护，这使得人民对民俗文化的关注更进了一步。民俗博物馆作为典藏、陈列民俗文物的地方，是人们了解民俗文化的一扇大门，所以在对民俗文化关注提高的同时，对于民俗博物馆的关注也自然会随之提高。

（四）挑战分析

1.外来文化对民族文化的冲击

在今天，经济全球化的趋势已不可阻挡，与之伴随而来的是文化之间的相互渗透，所以每个民族的文化都或多或少地会受到外来文化的冲击，中国也不例外。中国作为一个历史文化悠久的国家，历史文化积淀非常深厚，并且作为一个多民族国家，民族文化丰富多彩，虽然这其中有一些封建文化思想糟粕，但更多的是非常优秀的民族文化。然而，有些人对于自己本土优秀的民族视而不见，甚至嗤之以鼻，对于外来的文化却大加赞扬，这显然是一种文化不自信的表现。外来文化有很多优秀的地方，这一点不置可否，我们应该借鉴这些优秀的文化，以此来弥补我们自身文化的不足，但不应该建立在否定本土文化的基础上。对于民俗博物馆来说，发展文化创意产业必然要立足于自己的民俗文化，要凸显民族文化的特性，外来文化的冲击与同化或许会成为民俗博物馆发展文化创意产业路上的一个拦路虎。

2.其他行业的文化冲击

从情感层面来说，虽说人们有着追求高层次精神文化的欲望，但在生活节奏不断加快的今天，缓解自身的压力已经逐渐成了人们的第一选择。确实，在有限的时间里选择自己喜欢的、有趣的产品，能够有效缓解压力，电影、游戏、综艺节目等。现如今，随着科学技术的不断发展，休闲娱乐的方式也层出不穷，这使得人们有了更加多元和丰富的选择。显然，博物馆的文创产品在形形色色的娱乐方式面前，难免显得有几分单调。所以，面对其他行业的文化冲击，民俗博物馆在发展文化创意产业的时候，要多去考虑参观者的需求，无论是从文化创意产品的创意上，还是在推广的措施上，都要做出多样化的尝试，不能故步自封，局限在博物馆本身的功能上，只有这样才能使民俗博物馆的文化创意产业在众多的文化产业中占有一席之地。

三、湘西民俗博物馆文化创意产业发展对策

（一）探索多种途径，提高经济效益

博物馆文化产业的发展不能离开经济效益，只有实现"自身的造血功能"，才能在一定程度上缓解博物馆的资金压力。对于很多民俗博物馆来说，无论是在政策上，还是在资金上，国家都会给予一定的支持，但从长远来看，

如果民俗博物馆能够提高自身的经济效益，对其发展将有着非常积极的促进作用。而且对于文化创业产业来说，无论是前期的开发，还是后期的生产、销售，都需要不小的资金投入，如果最终不能从文创产品上实现经济效益，不仅会影响博物馆的资金流转，还会打击创作团队创作的积极性。2016 年印发的《关于推动文化文物单位文化创意产品开发的若干意见》中也明确指出："推动文化创意产品开发，实现社会效益和经济效益相统一，既传播文化，又发展产业、增加效益，实现文化价值和实用价值的有机统一。"

博物馆可以尝试"众筹 + 文创"的方式，这种方式不仅能够为博物馆带来资金，还在无形之中扩大了宣传。例如，位于日本静冈县的久能山东照宫博物馆，通过这种形式为其修复馆藏文物募集到大量资金。久能山东照宫主要收藏了江户幕府的大将军德川家康的众多遗物，久能山东照宫为了募集馆内收藏的 10 把刀剑文物的修复费用，邀请了日本网络游戏《刀剑乱舞》进行合作，将游戏 IP 与馆藏文物相结合，设计出多款文化创意产品，包括漫画海报、朱印账、手提袋、漆制酒杯等。普通民众通过众筹的方式，一方面满足其公益意愿，另一方面也可以获得这些具有独特文化内涵的文创产品作为回报。这次跨界合作，使得用 3 个月时间募集 500 万日元的目标，在活动开始 6 个小时后便达成了，并在活动最终结束时共获得了 2935.9 万日元的众筹资金。

作为当下比较火的一种资金筹集方式，博物馆发起的众筹更容易得到人们的信任，而且很多人在保护民俗文化上都有着不小的热情，即便是得不到任何回报，仅仅是出于一种情怀，很可能也会拿出一笔资金来支持民俗博物馆的文化产业发展。当然，即便民众不要求回报，博物馆还是要通过多种方式去回馈参与众筹的人，况且"众筹 + 文创"方式的目标并不只是为了资金，这还是一种对产品的宣传，通过这种方式让更多的人关注文创产品。另外，在众筹的过程中还可以收集民众的意见，了解民众的需求，让更多的人为文创产品的开发提供创意，这同样也是"众筹 + 文创"方式的一个价值所在。

（二）借鉴他馆经验，助推产业发展

湘西的民俗博物馆有些有着较长的建馆时间，无论是在自身的发展，还是在文创产品的开发上都有着比较丰富的经验，如湘西州博物馆。但是，放眼全国，乃至全世界，有很多更加成功的博物馆，这些博物馆对于湘西民俗博物馆来说是非常好的学习对象。荀子曾经说过："君子生非异也，善假于物也。"意思是君子的资质与一般人没有什么区别，君子之所以高于一般人，是因为他善于利用外物。湘西民俗博物馆在文化创意发展的道路上同样可以借助外物，只是这些外物不是实际的东西，而是其他博物馆的经验，并从中积极寻找和学习适合自身发展的经验，这样能够使博物馆在发展文化创意产业的道路上少走弯路。

例如，大英博物馆作为世界著名博物馆之一，其文化创意产业的发展模式便有很多值得学习和借鉴的地方。在营销策略上，大英博物馆主要采取以下三点策略。

其一，将明星藏品进行衣、食、住、行一条龙式的系统开发。因大英博物馆收藏有世界各地不同文化的藏品，因此文创产品的样式也令人眼花缭乱。大英博物馆会选取文化认同度高的，或是具有异国风情特点的一些重点文物、明星藏品进行一条龙式的系统开发，让游客在选择之间同时增加收集不同品种、风格文化产品的欲望，增加购买数量，如著名的罗塞塔石碑，大英博物馆就围绕其开发了 60 多种文创产品。

其二，双 IP 结合策略，将社会中的多种原创 IP 元素，通过合作的形式与大英博物馆内收藏的著名藏品进行融合开发，并且避免因为新潮设计而使衍生品带有廉价的消费质感、丧失文化的本性品格。大英博物馆衍生品的开发虽然追求创新，但通常保持对文物、艺术品严谨、审慎的态度，不会过于卖弄和天马行空。从"符号直译"的表皮式到"功能转换"的骨架式，再到"意境诠释"的整合式，通过知名设计者的品牌效应，上承经典，下接地气。

其三，特殊时机提供特殊产品，新活力不断注入，配合节庆、节日开发文创产品，如在复活节、圣诞节等节日推出特殊产品。这种相关节日主题的产品，可以让到访游客结合特别日子得到特别参观体验，从而提高销售量，如 2012 年为庆祝伊丽莎白二世女王登基 60 周年，大英博物馆与 V&A 联合推出了有关"钻石禧年"的纪念品系列。

当然，博物馆之间由于其性质不同，会存在文化、管理等多方面的差异，所以对于其他博物馆的成功经验不能依样画葫芦，更多的时候是为自身的发展提供一些思路。民俗博物馆最终还是要立足于自身馆舍的特色文化，不能在学习和借鉴中丢失了自我，否则便得不偿失了。

（三）谋求社会资源，加强跨界合作

博物馆作为一个征集、典藏、陈列和研究代表自然和人类文化遗产的机构，并不是独立于这个社会而存在的，而是这个社会组成中的一个重要部分，所以在发展文化创意产业的时候，民俗博物馆应该积极张开自己的怀抱，谋求社会上更多的资源，加强与其他行业的跨界合作。例如，郑州东方翰典文化博物馆已经与河南根文创文化产业有限公司达成深度战略合作，一方面，河南根文创文化产业有限公司为郑州东方翰典文化博物馆打造设计一系列文化创意产品，另一方面，郑州东方翰典文化博物馆的黄海涛馆长还受聘为河南根文创文化产业有限公司的文创总裁。他们还与新郑市黄帝故里管委会达成协议，成为黄帝文化 IP 开发的重要合作伙伴。

此外，除了和其他企业进行创意上的合作外，还可以和一些广播电台进行合作，加强对博物馆及其文创产品的宣传，从而提升博物馆及其文创产品的知名度。例如，《上新了·故宫》便是由北京故宫博物院和北京电视台、华传文化联合出品，春田影视制作的大型文化季播节目，这款节目的出现打破了大家对故宫的刻板印象，使故宫"零距离"地走进公众视野，并打造承载故宫故事的文创产品，传承故宫文化。不得不说，《上新了·故宫》是一档非常成功的文化类节目，虽说故宫的名气非常之大，但没去过故宫的大有人在，即便去过，相信很多人也只是走马观花地看一遍，未能深入了解故宫深厚的历史文化内涵，但这档节目使故宫"零距离"地走进公众视野，让人们更加深入地了解了故宫，并看到了那些围绕故宫产生的文创产品。

所以说，在发展文化产业的道路上，湘西民俗博物馆要谋求社会上更多的资源，加强与其他行业的跨界合作，通过多个渠道去开发文创产品，并通过多个渠道去进行宣传，从而在社会各方的合作下促进湘西民俗博物馆文化创意产业的发展。

第四节　湘西民俗博物馆文创产品传播策略

一、国内博物馆文创产品传播背景与问题

（一）传播背景

如今，国内大众对于博物馆参观的需求逐渐增大，一方面是因为人民生活水平不断提高，人们更加注重精神文化需求，家长也越来越重视孩子的教育问题，休闲时间会选择参观文博机构，另一方面，国家提倡博物馆免费政策，博物馆要迎接更多的参观者。传播是博物馆和大众之间重要的桥梁，正常

情况下中等博物馆一天的接待量为 5000 人，年参观数总额约 150 万人次，目前我国大多数博物馆基本上是以展览为主要的传播方式，大型展览处于饱和状态。随着台北故宫博物院的一系列创新举措，大陆部分博物馆也逐渐加大探索与发展的步伐，北京故宫博物院、上海博物馆、南京博物院等大型博物院都推出了种类繁多的文创产品并进行传播，取得了文化创意发展和传播的先机。

2015 年，李克强总理在政府工作报告中提出"互联网+"概念后，各行各业也跟随时代脚步，与时俱进尝试多种新兴技术，提高自身产业创新能力。博物馆文化传播结合了"互联网+"技术，开设各大博物馆社交传播渠道。国家在《"十三五"时期文化产业发展规划》中提出要增强民众文化自信，逐渐实现文化产业成为国民经济支柱型产业的战略目标，又再一次给博物馆提供了发展契机。例如，南京博物院作为中国三大博物院之一，近几年已经陆续开发出 2000 多件文创产品，既能够加深受众对博物馆的印象和关注，也能够让博物馆在文化传播中取得可观的利益回报。南京博物院开设品牌专柜，方便大众在参观过程中购买，同时也在其他博物馆同步售卖，打通了多个售卖渠道，在线上渠道建立了官网博物馆商品栏目，推出了"南京博物院"微信公众号，定期推送相关文章介绍文物、展览和文创产品。

（二）存在的问题

1. 传播内容缺乏新意

随着信息产业的发展，手机等移动设备占据了受众接收信息的主导地位，它能在碎片化的时间和任何地点接收信息，也培养了大众新的阅读习惯和消费习惯。目前，很多博物馆都观察到受众行为的改变，相继建立微博和微信等平台来推广自己的文化内容和产品。但是，很多博物馆网络平台的内容基本上都是以展讯和基础服务为主，没有形成定式的模块，也没有定期地更新，只有特殊节日和重大活动才发布信息，信息内容大同小异，受众群体针对性不足，传播内容吸引力不强，没有做到线上线下多渠道联合，传播方式创新力不够，没有使受众养成良好的阅读习惯，导致受众对于博物馆的更新并不是很关注，参与性也不够。只有少数博物馆定期进行内容更新，稳步开发和创新，给大众留下较深的印象，如北京故宫博物院，其文创产品的推出会得到大众的关注和支持。

2. 传播过程缺乏大众参与

"互联网+"带来了互动交流的便利化，受众可以随时随地用移动设备进行沟通交流，在微信、微博和淘宝等平台，都有留言、评论和转发等方便大众参与互动的功能，但大部分博物馆没有利用好这一功能，没有对大众的参与进行奖励和及时反馈，久而久之受众就缺乏参与互动的积极性。互动是与产品建立交流，有可能是面对面的，也有可能是通过线上平台的，依托兴趣爱好、态度方式、真实意图等进行交流。互动媒介与互动主题有着密集的联系，使受众在支配权、主动性和情绪方面的体验不一样。互动交流是博物馆文创产品传播的助推器，博物馆文创产品传播能增加互动交流，有利于树立博物馆富于生机活力的形象，让受众在使用前体会产品的实际使用状态，给予产品使用后的评价。其实，对于民俗博物馆和文创产品来说，互联网只是提供了一个平台或渠道，真正传播的基础还是大众，如果没有弄清这个主次关系，只是将互联网和传播胡乱地画上一个等号，最终也只会使博物馆的各个网络平台成为一个无人问津的摆设。

二、湘西民俗博物馆文创产品传播的主体与对象

（一）传播主体

1. 设计者

文创产品的设计者，虽然表面上来看没有参与产品的传播，但严格意义上来说，他们也是传播的一个主体。文创产品传播的目的不仅仅是使文创产品形成品牌，实现经济上的效益，更要借助文创产品传播湘西的民俗文化。由此可见，设计者传播的是文化内涵，要通过其创意和设计将湘西的民俗文化传播出去，这是设计者作为湘西民俗博物馆文创产品传播者必须要肩负起的一个责任，也是必然要实现的一个目标。

2. 策划者

所谓策划者，顾名思义就是针对湘西民俗博物馆文创产品宣传进行策划的工作人员。虽说湘西民俗文化本身就具有一定的吸引力，但如果不进行设计策划，只是让湘西民俗博物馆的文创产品自己摆在博物馆的商店或网店中，效果也必然不会太过理想。所以需要策划者定期或者不定期地策划一些活动，将湘西民俗博物馆文创产品的文化内涵全方位地呈现出去，使人们能够对文创产品的设计有一个更加深入的了解，而不是单纯停留在文创产品的表征上。另外，还要在策展活动结束之后，对参与的观众进行调查，然后对观众的反馈进行整理、分析，作出效果评估。

3.宣传者

如果将民俗博物馆文创产品传播分为多个阶段，宣传者担任的是最后一个阶段的工作，将直接影响传播的效果，所以他们身上的担子最重。宣传是传播学中的重要的信息传递形式，宣传者要通过不同的形式和途径将湘西民俗博物馆的文创产品宣传出去，包括市场的反馈也需要宣传者进行收集、整理和分析，然后有针对性地调整宣传途径和方式，从而更好地将文创产品推广出去。

（二）传播对象

传播对象是一个庞大的集合体，从宏观上来说，每一个人都是湘西民俗博物馆文创产品的宣传对象。当然，为了使宣传对象更好地接收信息，需要从大众的行为和心理等方面做进一步的微观分析。通过"使用与满足"理论可知，传播的受众可以被看成有着特定"需求"的个体，他们参观博物馆以及购买文创产品是对"需求"的一种"使用"，然后使"需求"得到"满足"。这样表达或许有几分抽象，简单来说就是博物馆文创产品的传播并不是单向的传播，很多人其实是有着自身的需求才会去参观博物馆并购买文创产品，所以受众的主观能动性应该得到满足和发挥。基于这一点，湘西民俗博物馆在进行文创产品宣传的时候先要了解大众的需求，然后对大众的需求进行细致的分析和研究，最后选择合适的传播方式和传播渠道将信息传播出去。

三、湘西民俗博物馆文创产品传播的过程与内容

（一）传播过程分析

1.促进二次传播

借助微信、微博等新媒体为大众提供可参与和再次传播的平台，激活大众的传播积极性，调动受众的参与性，使受众主动针对某一事物和事件进行讨论和留言，形成一定的话题性，刺激沟通元的分享与扩展，持续地复制、延伸沟通元。从原来被动的传播模式转化成主动的传播模式，从被动接受博物馆文化信息到主动关注博物馆文创产品内涵，使大众主动参与到传播传统文化的任务中去。其实，目前多种新媒体传播方式都有很好的分享传播功能，湘西民俗博物馆要充分利用这些渠道，开拓新的分享传播形式，让大众

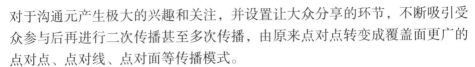

对于沟通元产生极大的兴趣和关注，并设置让大众分享的环节，不断吸引受众参与后再进行二次传播甚至多次传播，由原来点对点转变成覆盖面更广的点对点、点对线、点对面等传播模式。

2.受众参与协同创意

增加博物馆与大众的互动机会，这样，受众发现感兴趣的地方就会积极地参与和投入，并轻而易举地参与到协同创意的过程中来。使受众通过特定的方式参与传播，激励受众贡献自己的创意或想法，可以解决博物馆文创产品传播过程和产品开发环节中所遇到的创意不足的难题。协同创意有明显的普适性，受众因为沟通元所传达的兴趣、好奇、感动等情绪而参与到协同创意中来，是一种自发的、不求回报的行为。协同创意不仅可以为博物馆文创品牌的建构带来新的传播形态，也会带来品牌价值体系的充实和完善。受众自愿参与文创产品开发和传播的过程，实际是品牌和受众协商的过程，让大众有足够的空间参与品牌互动，实现个人价值，最终与博物馆以及文创产品实现情感上的共鸣。

3.关注市场反馈

在对博物馆文创产品进行传播的过程中，市场通常有三种反馈结果：一是积极的结果，即引起了人们的关注，甚至得到了人们对文创产品的赞誉；二是消极反馈，即虽然引起了人们的关注，但人们对于文创产品并不喜欢；三是无效反馈，即传播的消息仿佛石沉大海，没有收到有效的反馈信息。针对积极反馈，则要继续深化，继续扩大传播；针对消极反馈，博物馆要及时调整文创产品的创作思路，降低研发的经济损失；针对无效反馈，要分析是传播的问题还是产品的问题，及时做出反应。

（二）传播内容探讨

在文化创意产品的创意设计过程中，文创产品的传播内容主要指产品作为设计载体所承载的所有地域文化信息和产品设计信息。其中，基于湘西民俗文创产品的特殊性，需要更加关注地域文化信息内容，而产品设计信息是指由功能信息、认知信息、审美信息等若干复杂信息组成的综合体。设计师在对这些传播内容进行信息选择和表达时，应该把握好相关原则，这样才有利于使信息传受双方理解的信息接近、对称，如此才能确保文化创意产品被深入理解，且能够有较大可能性与消费者产生情感共鸣。

1.传播内容的表现形式

（1）地域文化信息

文化总是通过符号来表现的，它只有通过符号才能在时间和空间里得到继承和传播。湘西各民族的文化内容都可以通过符号的抽象形式来体现。文化符号涵盖的内容很多，其形式表现也各式各样，如建筑、服饰、动植物、自然环境、手工技艺，图腾信仰、风俗礼仪等。所以，文化符号除最主要的物质形态外还包括行为形态以及思想形态。这些涉及面极广的文化符号都是地域文化信息的集中体现，都能展现地域文化特色或反映其内涵意义。而设计者在设计过程中的首要工作就是对地域文化信息进行筛选，继而是优化提炼和加工应用。也就是说，地域文化将透过文化符号的形式表现传播的信息内容，最终以文化创意产品的创意表达和产品表征为载体来表现文化符号背后不同层面的文化内容和文化意义。

（2）产品设计信息

文创产品虽然是一种文化创意产品，但其功能信息也不能被忽视，尤其是其实用功能。关于认知、审美的精神功能信息是依据产品与人之间的信息沟通，即透过产品设计语言、设计符号来对人起作用的。认知信息可以传达产品类别、使用方法和社会意义；审美信息具有唤起受众情感体验、自我认同的作用。以上这些产品信息最终都以其设计造型、特征、属性构成了产品设计符号系统和产品设计语言。如材料、结构、形态等各个形式的设计表征要素，它们都是符号构成的物质媒介。

2.传播内容的选取原则

（1）地域性原则

对于湘西民俗博物馆的文创产品来说，其传播内容的重点必然要落在地域信息上，这是其传播的优势，也是传播的一个重要目标。因此，要选取具有地域文化代表性的元素或符号进行文创产品的设计和传播，从而提升文创产品的地域识别性，凸显文创产品的地域特色，摆脱文创产品同质化的问题，进而逐渐形成品牌效应。

（2）情感性原则

在传播学中有一个非常重要的点，就是要引起受众情感上的共鸣，只有传播的受众在情感上产生共振，才更加容易形成文化上的认同，从而接受传播的信息。而且当信息传播的受众产生了情感上的共鸣之后，便会自发地进行二次传播，二次传播相较于一次传播来说更具有说服力和影响力。因此，在传播内容的选择上，要遵循情感化的原则，如选取一些具有故事性的文化信息，让信

息受众在了解故事的过程中形成情感上的共鸣。

（3）象征性原则

象征是人类表达自身心理活动与精神世界的一种媒介，是艺术与文化中常用的一种表现手法。在各个民族中，不同的事物有着不同的象征，这些内在的象征意义是民族文化的一个重要载体。在湘西民俗博物馆文创产品传播内容的选择上，要遵循象征性的原则，这样不仅可以提升产品的文化内涵，也可以彰显其民族文化内涵，可谓是一举两得。

四、湘西民俗博物馆文创产品传播的具体策略

（一）文创产品传播定位策略

民俗博物馆文创产品的传播首先要确定所要传播产品的定位，在产品开发阶段就应该思考与计划传播的过程，不能把开发阶段和传播阶段单独分开。文创产品的受众、定位、形成都会对传播产生直接影响，因此要注意细分目标受众、寻找产品定位和制定产品形象。

1. 目标受众定位

（1）儿童群体

儿童具有很强的好奇心，喜欢尝试和探索新鲜的事物，其消费观念具有好奇、攀比、冲动的特点。由于这个群体没有自己的收入来源，通常依靠家长提供零花钱，因此儿童购买行为主要由其家长决定，他们日常生活主要以学习为主。文创产品传播受众定位是儿童群体，也有可能传播定位是父母群体，父母协助儿童购买，在这一定位上会出现偏差，因此产品传播定位上要尽量符合儿童"色、动、趣"的心理，特点也要符合家长教育孩子的心理，调动儿童群体积极性的同时，也需要满足家长选择儿童使用的需求，共同满足双方需求。针对这类群体，可提供一些具有玩具性质或开发智力和提升动手能力的产品，创造出一些兼具趣味和教育意义的沟通元，既符合孩子的喜好又迎合家长的心理，从而提高家长为孩子购买产品的欲望。

（2）青少年群体

相比于儿童群体来说，青少年群体会定期从父母那里得到一些零花钱，所以大多都具有一定的购买能力。但是，青少年群体往往注重追求自我个性，对于那些能够彰显性格的东西有着较强的兴趣，对于那些特别大众的东西往往不屑一顾。所以，对于青少年群体来说，文创产品应该突出其独特的文化内涵，凸显其特色，一旦和青少年的价值观重合，便会迅速受到青少年

群体的青睐。

（3）青年群体

青年群体中多数人已经就业，有一定的文化水平和收入水平，具有较强的购买力。他们思维活跃、大胆果敢、情感丰富、喜欢新颖的信息，具有文艺气息，注重审美，有丰富的想象力和创造力，是二次传播能力较强的人群。另外，他们对于科技含量高，具有美感，具有个性化、品牌化的话题点比较感兴趣，有自己选择和决定的能力，一旦触发传播，将快速转发和分享。在博物馆传播文创产品的过程中，这个群体应该是传播的重要群体，"子弹论"的传播理论最适宜青年群体，只要博物馆创造出具有强大兴趣点的沟通元，就会在这个群体得到很大回应，并迅速在这一群体中传播开来。

（4）中年人群体

中年人这个群体普遍有稳定的收入来源，购买力强，他们的文化水平较高，思想成熟，考虑问题较全面，注重产品的实用性和美观性，购买行为较为理性、谨慎，更注重产品实际用处和内涵价值。另外，这部分群体有一定的文化积累，对人生也有一些感悟，转变了生活态度，对生活品质有更高的要求，因此产品传播要体现一定的寓意、品位、兴趣、档次、愿望、祝福、彩头等。

（5）老年人群体

老年人的心态比较沉稳，接受新兴信息比较慢，思想相对保守，对新兴媒体的关注较少，其关注重点主要在传统媒介上，购买行为一般以实用性和保健性为主，对老牌子认同感较强并有很强的品牌依赖性，对于科技感强、设计感强的产品接受比较缓慢。因此，对于老年人群体，文创产品的传播重点应更加侧重具有健康理疗、文化内涵、寓意彩头的产品，尤其注重吉祥、幸福、长寿、美满等美好寓意的注入。

2. 品牌定位

文创产品作为一款特殊的产品，也需要打造自己的品牌知名度，这样才有利于在国内，甚至国外传播，因此湘西民俗博物馆需要为自己的文创产品进行品牌上的定位，赋予其品牌属性。

（1）地域性

在湘西这片土家、苗、汉等各个民族繁衍栖息的土地上，经过长期以来的孕育、碰撞和交融，诞生了源远流长而又迥异于汉族文化的边地异质文化，这种地域性是文化品牌的一个重要属性。中国是一个地大物博、幅员辽阔的国家，同时又是一个多民族共存的国家，每个民族和地区都有自己独特的文化，这些文化是区别于其他文化的重要体现，也是凸显本民族特性的根本，所以在民俗博物馆文化创意产品的品牌定位上，地域民族性是必然要体现的一点。当然，基于地域性而出现的地方特有材料、传统工艺也同样能够体现地域特色，所以同样可以融入文创产品的品牌定位中。总的来说，民俗博物馆在传播文创产品的过程中要结合当地特色，创造出具有创意性的文创产品，结合当下大众较为接受的传播形式，进行大众传播，把博物馆地域特色的一个信息点传播变成大众面的社会化传播。

（2）系列性

系列性是博物馆文创产品创作的必要手段，具有深刻的意义。一方面可以提升产品开发效率和降低生产成本，另一方面对于文创产品可以进行持续的宣传和传播，树立独特的博物馆品牌形象，提高产品辨识度和受众对产品的品牌依赖度。文创产品传播需要具有系列性的传播计划，针对某一个产品赋予其不同的概念主题。从开始的首发宣传，到后续的跟进传播，在适当的时间节点可以配合传播，让沟通元产品一直出现在大众的视线之中。例如，北京故宫博物院淘宝平台推出了近10款清朝娃娃，产品都采用清朝人物衣着形象特征，设计出格格、皇帝、太后、御前侍卫等有趣形象，至今一直在故宫淘宝上售卖，在不同的文章推送、淘宝店铺首页上和实体店的柜台上经常可以看到清朝娃娃产品，有的是拍摄成趣味照片或者配有玩味的文字，还有的做成了表情包，使这些清朝娃娃产品以不同的方式出现在大众的视野中。北京故宫博物院同时也在微信公众号平台上推送相关文章且附有购买链接，线上传播和线下售卖结合起来，填补了线下传播的空白。

（二）文创产品传播渠道策略

博物馆文创产品的传播渠道大致分为自有传播资源、付费传播资源、可占有资源、传统媒体资源四种类型，不同传播渠道有各自的形式和特点，四种传播资源相互触发形成互补立体化的传播渠道，不同资源的传播策略受到传播时间、速度、周期、信息量等影响会有所差别，对此，民俗博物馆需要全面思考规划。

1.自有传播资源开发

自有传播资源是博物馆最基本的传播资源，主要依托于自身所具有的资源对文创产品进行传播。比如，馆内的实体商店便是一种自有资源，它是文创产品销售的主要场所，是博物馆的重要组成部分。一般设置在大众参观完博物馆过程中的必经之地，有的在出口处的大门附近，也有的在一些展厅侧面的柜台，比较分散，没有固定位置，但是要确保与参观者的参观路径有重合，尽可能选择醒目的区域，避免无人问津的尴尬。博物馆商店就是展厅的延续，大众通过参观博物馆展馆对博物馆的馆藏产品和文化有了一定的认知，并可在此基础上挑选其所感兴趣的文创产品。

另外，除了实体店之外，博物馆官方网站上开设"文创商店"，在人们访问网站的时候，展示相关的文创产品。当然，因为网站的访问并不是十分便捷，所以博物馆还可以推出自己的微信公众号和官方微博，定期或不定期推送符合自身博物馆文化内涵的内容。微博和微信等移动互联网平台是内容传播模式的一种交融，可以将文字、声音、动图、图片、视频多种内容形式综合传播，而且微信公众号首页界面下有菜单栏，大众可以根据需求快速寻找到相关信息，也可以直接发信息和微信小编交流，并且部分博物馆借用微信的微店功能，可以在实现大众的直接购买。这种信息交流模式适合当下信息创意传播的需求，增加了互动性和趣味性。

2.付费传播资源开发

无论是博物馆的官方网站，还是微博与公众号，用户的总量终归不是很多，所以还需要借助一些流量大、用户活跃的平台，以此来拓展湘西民俗博物馆文创产品传播的途径。比如，北京故宫博物院便借助淘宝这一平台，开创了"故宫淘宝"网上店铺，售卖的文创产品包含文具、故宫娃娃、首饰、服饰、陶瓷等，关注人数超过 600 万。目前来看，淘宝是多数博物馆依靠的一个第三方平台，因为淘宝的用户基数非常之大，而且淘宝的进驻门槛较低，后台运营和管理系统相对成熟，有淘宝全屏图、直通车、宝贝推荐等付费传播渠道，使用操作较为方便。

另外，博物馆还可以结合自身文化特色开发一些手机 App，将自身文化以及文创产品等加到 App 当中。仍旧以北京故宫博物院为例，2013 年北京故宫博物院推出了首个"胤禛美人图"的 App，用户可以 360 度全方位地欣赏文物并深入了解藏品知识，获得苹果手机应用商店的推荐；2015 年，北京故宫博物院针对儿童群体推出了"皇帝的一天"这款 App，里面有近 200 个交互设置供儿童互动参与，体验皇帝的一天，还有很多闯关小游戏，通过一个才能开始第二个，以此激发孩子的求知欲。把"皇帝的一天"通过游戏的方式进行传播，寓教于乐，在传播过程中能充分调动儿童的感官，更好地把"皇帝的一天"这个沟通元传达给儿童，使之从小就积淀对传统文化的熟悉度。

3.可占有资源开发

可占有资源是指博物馆可以利用一些社会平台、公益平台等渠道进行传播，让大众有更多分享和创新的机会，不断贡献个人的创意和想法，这样不仅能得到大众的关注，还能在这些平台上实现创意的碰撞，激发出更多好玩有趣的点子，增强传播效果。比如，台北故宫博物院通过举办比赛进行文创产品的传播，在"国宝衍生品设计竞赛"中涌现出很多优秀的作品，官方购买了刚毕业的刘轩慈、王伟伦两人设计的"古文胶带"的理念加以后期开发。和台北故宫博物院相比，北京故宫博物院文创产品无论种类、设计，还是营销方面都有不小的差距，其中一个不可忽视的原因就是没有吸收大众的创意，也没有引起大众的关注。后来，北京故宫博物院也开始面向大众征收创意，并举办了"紫禁城杯"设计大赛，面向文博单位工作人员、艺术领域工作者、文化产品设计人员和在校学生广泛征集作品，以公开征集的方式作为"文化创意贴近生活、融入时尚"的第一步，打开文创产品设计和传播的大门，选拔了很多优秀的设计作品，拓宽了文创产品传播资源的道路。在这一点上，湘西民俗博物院可以借鉴北京故宫博物院的经验，举办一些文化创意征集大赛，面向大众征集作品，用年轻人新鲜的创意理念丰富民俗博物馆文创产品的思路，并借此对文创产品做进一步的宣传。

4.传统媒体资源开发

传统媒体资源经过长时间的积淀也拥有稳定的传播群体，部分老年群体和中年群体依旧是电视、广播等渠道的固定观众，甚至对于一些年轻人来说，虽然手机不离手，但电视也有其不可替代性。所以即便在互联网愈见发达的今天，传统资源仍旧是湘西民俗博物院文创产品传播的一个途径。例如，2015 年，北京故宫博物院与中央电视台合作，推出了《我在故宫修文物》的电视专题片，讲述文物修复者兢兢业业修复珍贵文物的日常生活。该片第一次系统梳理了中国文物修复的历史渊源，总共有三集，分别讲述青铜器、宫廷钟表、陶器、书画等文物的修复过程，在豆瓣上获得 9.3 的评分。这些文物修复工作者以日复一日的修复传达出他们的匠人精神以及对于文物坚持精益求精的态度，体现了他们对文物不可磨灭的热情，鼓舞了一代人向他们学习。2017 年第四季度推出的《国家宝藏》也取得了巨大反响，在该节目中，中央电视台与九大国家级重点博物馆合作，以综艺节目的外表，将传统文化的内涵展示给大众，缩短了大众与藏品的距离，在豆瓣获得 9.2 的高分。

（三）文创产品传播方式策略

1.传播方式与时俱进

目前国内很多大型博物馆文创产品的传播方式涉及线上的官方网站、手机应用、社交媒体、电视电影等渠道以及线下开设的实体博物馆商店、文创展会等方式，覆盖了相当广泛的受众群体。如今已经进入信息化的时代，世界的变化越来越快，所以博物馆在文创产品传播的方式上也要做到与时俱进。仍旧以北京故宫博物院为例，在2018年，微信小程序非常火爆，北京故宫博物院推出了"玩转故宫"的微信小程序，小程序有多种游览方式，全景游、快速游、精华游等向大众提供了新的体验路线，同时增加打卡功能，大众可以记录自己的脚步，打造属于自己的路书小程序还增加了与大臣聊天等趣味传播方式，传统和现代的结合传达了一座生机勃勃北京的故宫博物院。

直播目前已经逐渐走进了人们的生活，成了很多人娱乐或学习的方式。六朝博物馆抓住这一潮流，和龙虎网合作直播"小茶人邀请赛"，通过直播这种形式传播博物馆文化。显然，湘西民俗博物馆文创产品的传播也可以结合直播这一形式，将捕捉到的合适沟通元素运用到直播平台进行传播，既可以直接传播给观看群体，也可以使用微信和微博把链接分享给他人，达到多向传播的效果。

随着直播的兴起，短视频也受到了人们的青睐，在众多的短视频平台中，抖音、快手是短视频的两大平台。2018年，中国国家博物馆、湖南省博物馆、南京博物院、陕西历史博物馆、广东省博物馆、浙江省博物馆、山西博物院7家博物馆联合当下热门短视频分享平台抖音，发起了"第一届文物戏精大会"，各大博物馆内的文物在夜晚"活"了过来，结合当下热点进行跳舞、吐槽和演戏等活动。这次跨界传播运用高技术手段的H5传播了7家博物馆的经典文物。许多文物大众本来就有所了解，有一定的积淀，再结合时下风趣的语言、音乐和动作，就更有亲切感了。此次传播活动带动了7家博物馆和抖音平台合作，在抖音软件上很多博物馆都注册了官方账号，如中国国家博物馆、浙江省博物馆等，发布了一些短视频动态，使用馆内藏品创造出不同视频表现形式，向大众传播馆内文化，加深大众对藏品的认识和理解。这种传播方式十分新颖，有针对性地推出具有创意的想法，结合了年轻人群体的需求和行为，使博物馆形象更加亲切。当下，博物馆文创产品迎来了政策、技术、经济发展带来的黄金时代，因此湘西民俗博物馆需要寻求多种传播方式，与时俱进，进一步拓宽传播的途径。

2.利用文化 IP

IP 是指具有可持续商业价值和影响力的资源，如博物馆具有丰富的文化资源，可在挖掘自身资源后积极寻找合作平台，形成一个开放的 IP 平台，传播文化的同时提高经济效益。比如，台北故宫博物院每年 4 月、8 月、12 月都会对外征集合作厂商，主要涉及 IP 的使用与授权，并由厂商提出针对台北故宫博物院馆藏文化的设计方案，进行文创产品的设计开发和生产。中国国家博物馆利用其文化 IP 与阿里巴巴集团合作，创建"文创中国"线上平台，并与中国（上海）自由贸易试验区管理委员会合作，让文博单位、设计师、研究机构、媒体机构、生产企业等都有机会参与合作。

中国国家博物院与阿里巴巴集团签署 IP 自愿资源授权协议，由中国国家博物院向阿里巴巴集团提交 IP 资源，由阿里鱼·云设计中心对接设计方案，然后阿里负责招商生产并在阿里平台销售，资金按约定分配。同时，为创造出更好、更多的精品，中国国家博物院加强与设计师沟通和交流，帮助他们了解藏品内涵，中国国家博物院和阿里巴巴集团共同严格把控每一件产品的开发和传播。这种合作方式由文博机构提供藏品 IP，优秀设计团队负责产品方案设计和生产，专业化分工更明确，获得产品研发成功的概率更大。中国国家博物院在"文创中国"平台上授权了 400 个文化 IP，湖南省博物馆已完成签约，上海博物馆、南京博物院等博物馆也在积极地寻找协作。北京故宫博物院和上海博物馆充分利用文化 IP 资源，推出创意微信和 QQ 表情，北京故宫博物院与嗷大喵、酷巴熊等表情合作，设计了"皇帝很忙""故宫大冒险"等 QQ 表情。上海博物馆从文物自身 IP 资源出发，推出了"文物总动员"的微信表情。

博物馆应利用自身文化 IP 的影响力，吸引更多企业的合作，使更多优秀的设计团队参与到文创产品的设计和开发中来，然后借助企业极强的推广能力，将文创产品迅速推广出去，从而在获取效益的同时，实现文创产品的有效传播。对于湘西民俗博物馆来说，其文化 IP 的影响力也非常大，如果能够有效利用其文化 IP，也必然能够收到不错的效果。

参考文献

[1] 孙丽霞. 民俗文物与非物质文化遗产的保护 [J]. 山东社会科学, 2010（9）：31–35.

[2] 聂景爰. 试论民俗文物的文化价值展示及其保护 [J]. 中国民族博览, 2019（4）：229–230.

[3] 乌丙安. 中国民俗文物学的创新与开拓——评《中国民俗文物概论》[J]. 民俗研究, 2008（1）：257–265.

[4] 关昕. 民俗文物：领域抑或视角？[J]. 民俗研究, 2013（4）：94–100.

[5] 孙芳. 浅谈民俗文物文化价值的认识、展示与思考——以年画藏品为例 [J]. 北京民俗论丛, 2013（0）：106–116.

[6] 马金梅. 浅析民俗文物的价值及其认定标准 [J]. 湖北第二师范学院学报, 2010, 27（9）：69–70+79.

[7] 宋才发. 民族文物内涵的界定及其征集探讨 [J]. 贵州民族研究, 2010, 31（3）：38–46.

[8] 徐艺乙. 民俗文物的认定与鉴定 [C].《民族遗产》（第 2 辑）. 中央民族大学中国少数民族研究中心, 2009：159–172.

[9] 赵冬菊. 民俗文物与非物质文化遗产的联系 [J]. 东南文化, 2008（3）：59–63.

[10] 赵冬菊. 民俗文物与非物质文化遗产的相互渗透 [J]. 中国文物科学研究, 2008（1）：82–87.

[11] 魏小安. 旅游文化与文化旅游 [J]. 旅游论丛，1987（2）：18.

[12] 田茂军. 保护与开发：民俗旅游的文化反思——以湘西民俗旅游为例 [J]. 江西社会科学，2004（9）：227-230.

[13] 吴祥雄. 湖南侗族风情 [M]. 长沙：岳麓书社，2003.

[14] 尹文钰. 关于民族贫困山区发展旅游业的思考 [J]. 民族论坛，1996（2）：31-32.

[15] 阎友兵. 旅游地生命周期理论辨析 [J]. 旅游学刊，2001（6）：31-33.

[16] 中国旅游业可持续发展研究组. 中国旅游业可持续发展研究 [M]. 石家庄：河北科学技术出版社，1999.

[17] 张丽华，张琼霓. 关于旅游可持续发展的思考 [J]. 湖南商学院学报，2001（2）：42-43.

[18] 吴亚亚. 乡村振兴战略背景下民俗旅游资源的开发与保护研究 [J]. 宿州教育学院学报，2019，22（5）：44-46.

[19] 张良，董菁；代道军. 文化旅游资源开发模式评价研究——以西安市文化旅游资源为例 [J]. 河西学院学报，2019，35（5）：69-77.

[20] 孙金慧. 古村落民俗旅游发展的困境与反思 [J]. 文物鉴定与鉴赏，2019（21）：150-151.

[21] 安宇，张玲. 江苏民俗文化旅游资源开发与设计——以淮安市为例 [J]. 文化创新比较研究，2019，3（33）：55-56.

[22] 谭冰. 基于地区民俗文化体验的旅游专业实践教学模式探析——以张家界航院为例 [J]. 课程教育研究，2019（47）：18.

[23] 孙潇. 产业融合视角下的民俗旅游发展研究——以北京市延庆区千家店镇为例 [J]. 农学学报，2019，9（8）：80-84.

[24] 徐倩. 基于民俗旅游文化本真性的多维度思考 [J]. 中国民族博览，2019（7）：56-57.

[25] 王琳. 民俗旅游的现状和发展前景研究 [J]. 农村经济与科技，2019，30（12）：58-59.

[26] 谢秋慧. 浅谈南方少数民族民俗中的文化体现——评《贵州少数民族民俗文化研究》[J]. 中国教育学刊，2019（9）：119.

[27] 刘是今，申鸣凤. 特色村寨民俗文化旅游营销策略研究——以湖南常德枫树维回族乡为例 [J]. 营销界，2019（33）：150-151.

[28] 陈昆莲 . 四川省民俗旅游的开发及对策研究 [J]. 营销界，2019（38）：92-93.

[29] 贺志远 . 内蒙古：民俗文化旅游资源发展之路 [J]. 区域治理，2019（35）：35-37.

[30] 赵常春 . 湘西傩面具装饰形象在文创产品设计中的应用 [J]. 大众文艺，2019（1）：91.

[31] 赵常春 . 浅析湘西地区傩面具文创产品开发的现状与策略 [J]. 大众文艺，2019（10）：77-78.

[32] 康胜 . 湘西南文创产品的现状研究 [J]. 北极光，2019（9）：58-59.

[33] 张颖 . 浅谈湘西土家织锦纹样在文创产品中的应用 [J]. 西部皮革，2019,41(21)：79-85.

[34] 刘小欢 . 湘西文创产品吉祥文化的主题化开发策略研究 [D]. 吉首：吉首大学，2018.

[35] 刘致远 . 基于湘西土家族纹样的文创产品设计 [D]. 长沙：长沙理工大学，2018.

[36] 颜其香 . 中国少数民族风土漫记（上）[M]. 北京：农村读物出版社，2002.

[37] 孙熙国，刘志国 . 全球化与中国传统文化的现代转换 [M]. 济南：山东大学出版社，2009.

[38] 吴娟 . 湘西傩文化旅游发展浅论 [J]. 网络财富，2009（11）：158-160.

[39] 林佳 . 面具纹样在现代设计运用的研究 [D]. 沈阳：沈阳师范大学，2012.

[40] 彭樱，田遇春 . 湘西土家族苗族自治州的民俗文化旅游开发研究 [J]. 旅游纵览（下半月），2018（14）：87.

[41] 黄炜，陈听，王丽 . 民俗旅游产品创新中的顾客价值需求研究——以湘西自治州为例 [J]. 旅游学刊，2013，28（12）：64-70.

[42] 邝桃林 . 湘西民俗文化旅游产品开发问题与对策 [J]. 商场现代化，2013（9）：116-117.

[43] 陈听，黄炜，张婷婷 . 民俗旅游产品创新中游客生态诉求研究——以大湘西为例 [J]. 企业导报，2012（7）：146-147.

[44] 孙英慈 . 湘西民俗旅游开发的新思路和建议 [J]. 现代经济信息，2011（22）：259.

[45] 覃雯. 旅游目的地民俗文化资源营销创新研究——以湘西地区旅游演艺产品为例 [J]. 财经问题研究，2010（4）：116-121.

[46] 刘冰清. 湘西民俗旅游发展中的问题及对策——以傩文化的旅游开发为例 [J]. 重庆科技学院学报（社会科学版），2008（7）：86-87.

[47] 覃美绒. 论湘西民俗旅游的可持续发展 [J]. 科技信息（科学教研），2007（20）：177-184.

[48] 吕贵彦. 湘西古镇旅游资源开发利用研究 [D]. 长沙：中南林业科技大学，2009.

[49] 刘冰清. 大湘西民俗文化旅游资源的开发 [J]. 金融经济，2005（18）：135-136.

[50] 武秀英. 浅谈民俗博物馆对民俗文物的研究和保护 [J]. 文物世界，2009（4）：79-80.

[51] 肖桔，赵湘萍. 博物馆民俗文物的保护和发扬探析 [J]. 赤子（上中旬），2017（1）：38.

[52] 王维东. 浅谈博物馆对民俗文物的保护与利用 [J]. 中国民族博览，2017（12）：237-238.

[53] 吴岳. 博物馆陈列空间的展示设计研究 [J]. 现代装饰（理论），2017（2）：120-121.

[54] 李林. 关于对中小博物馆陈列布展的设计理念的探讨 [J]. 赤子（上中旬），2016（21）：176.

[55] 李叶. 博物馆陈列空间的展示设计研究——电能科技博物馆陈列 [D]. 益阳：湖北美术学院，2015.

[56] 贾宇希. 文化创意产业下工业产品中的生活美学 [D]. 长春：吉林大学，2016.

[57] 陈亚民. 文化创意产业发展与区域产业结构升级 [J]. 商业研究 2011（2）：113-116.

[58] 张孝辉. 借文化创意产业发展助上海城市形象提升 [J]. 东华大学学报（社会科学版），2009，9（3）：233-235.

[59] 李洪琴，郭俊华. 文化创意产业对城市竞争力的作用 [J]. 前沿，2009（6）：75-78.

[60] 张尧 . 基于博物馆资源的文化创意产品开发设计研究 [D]. 苏州：苏州大学，
2015.

[61] 王慕然 . 博物馆文创产品创意传播策略研究 [D]. 南京：南京林业大学，2018.

[62] 吴英琦 . 数字技术背景下遗址博物馆品牌传播策略研究——以金沙遗址博物
馆为例 [D]. 成都：电子科技大学，2018.

[63] 梁又子 . 我国博物馆文化创意产品网络传播研究 [D]. 湘潭：湘潭大学，2017.

[64] 张艺军 . 博物馆文创产品架起传播的桥梁 [J]. 中国博物馆文化产业研究，2015
（0）：61–66.